物 権 法

[第2版]

松井 宏興
Matsui Hirooki

[民法講義 2]

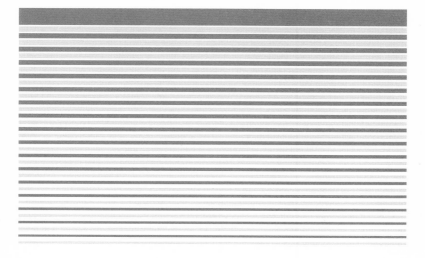

成文堂

第2版　はしがき

　2017年に民法が改正され，2020年4月から施行されている。この改正は特に債権法にかかわるものであるが，物権法の条文もいくつか改正された（284条・291条・292条）。また，2018年に相続法が改正されて共同相続における権利の承継の対抗要件に関する規定（899条の2）が新設され，2019年7月から施行されている。そのため，不動産の物権変動における「相続と登記」の問題について，これまでの説明を改める必要が出てきた。このようなことから，ここに第2版を出すことにした。その際に，新しい判例の追加および説明の補充や変更も行った。これにより初版よりも分かりやすくしたつもりであるが，それが成功しているかどうかは，本書を読まれた方々の判断に委ねざるを得ない。忌憚のないご意見を頂戴して，本書をより良いものにしていきたい。出版に当たっては，初版と同様に成文堂編集部の飯村晃弘氏のお世話になった。ここに記して謝意を表したい。

　2020年6月

松　井　宏　興

初 版　は し が き

　私の「民法講義シリーズ」の第3冊目として，『物権法』が出版される運びとなった。前著の『債権総論』が出たのが2013年であるので，その時から数えれば3年というこれまでと比べて短い期間で完成したことになる。しかし，実をいえば，当初は物権法の教科書からこのシリーズを書き始める予定であった。というのは，私は大学の授業では永年の間主として物権法の科目を担当してきており，講義ノートもそれなりに出来上がっていたので，それを基にして最初に物権法の教科書を書こうと考えていたからである。そして，執筆に取りかかっていたところ，関西学院大学の法科大学院で担保物権法と債権総論の科目を担当することになり，その授業のためにまず担保物権法，次いで債権総論の教科書の執筆に手を染めたわけである。その間『物権法』の原稿は書きかけのまま中断していたが，ようやく『担保物権法』と『債権総論』を書き上げたので『物権法』の執筆を再開したところ，物権変動論の執筆で二度ほど暗礁に乗り上げたりして思わぬ時間がかかり，この度ようやく完成に漕ぎ着けた。

　物権法の最も重要でかつ難解な部分は，周知のとおり物権変動論であるので，読者が十分に理解できるように，本書ではこの部分に最も多くの頁を割いて，やや詳しすぎると思われるほど説明を加えている。また，前著と同様に，本書も所々に＊印を入れて，一定の事項の説明などをしている。これは，本文の説明を補充するためや本文で取り上げると詳しくなりすぎると考えられものを説明するためのものである。さらに，この＊印のいくつかで私見を述べており，単に判例・通説の叙述だけで終わらないように配慮している。もっとも，それぞれの問題について私見がどれだけ的を射たものであるかは保証の限りではないが。さらに本書では，占有権を最後の章に置いており，民法第2編物権の章立てに従っていない。これは，占有権は物権の中でも特殊な権利であり，他の物権と非常に異なった性質のものであるので，物権法の最後に勉強する方が理解しやすいと考えたからである。

　本書も，前著と同様に法科大学院生を対象にしているが，内容的には学部

学生にも十分理解できるように，もっぱら判例・通説に従って平易に書いたつもりである。そして，読者の理解の一助として，簡単な設例を随所に採り入れて説明を行っている。物権法の理解に少しでも役立つことができれば幸いである。

　以上のような著者の意図が十分達成されているかは，本書を読まれた方々の判断に委ねざるを得ないところである。また，本書の内容について思わぬ間違いを犯しているかも知れない。本書を使用された方々からの忌憚のない意見や批判を頂戴して，本書をより良いものにしていきたいと考えている。

　最後になったが，本書の原稿の段階で関西学院大学大学院生の山田孝紀君（法学研究科博士後期課程）に目を通してもらい，誤字・脱字や不十分な表現の指摘だけでなく，内容についても有益な意見を頂いた。また，出版に当たっては，前著と同様に成文堂編集部の飯村晃弘氏のお世話になった。ここに記して，両名の方にお礼を申し上げたい。この後は，民法総則の教科書の執筆に取りかかりたいと考えている。

　2016 年 10 月

松　井　宏　興

目　次

第 2 章　物権の一般的効力

第3章　物権の変動

第 4 章　所　有　権

第5章　用益物権

第6章　占有権

凡　例

1　判例集・法律雑誌の略語

民録	大審院民事判決録
民集	大審院・最高裁判所民事判例集
高民集	高等裁判所民事判例集
下民集	下級裁判所民事裁判例集
新聞	法律新聞
判時	判例時報
判タ	判例タイムズ
百選Ⅰ・Ⅱ・Ⅲ	民法判例百選Ⅰ・Ⅱ・Ⅲ（判例百選で取り上げられている判例は，学習の便宜を考えて百選の版数と事件番号を引用した。）

2　法令名の略記

本文カッコ内の法令の引用に関しては，民法については条文番号のみを記した。それ以外の法令は，有斐閣六法全書の法令名略語に従った。

【参考文献】

1　教科書・体系書

淡路剛久ほか『民法Ⅱ物権〔第4版補訂〕』（有斐閣，2019年）

生熊長幸『物権法』（三省堂，2013年）

石口修『民法講論2物権法』（信山社，2015年）

石田穣『民法体系（2）物権法』（信山社，2008年）

稲本洋之助『民法Ⅱ（物権）』（青林書院新社，1983年）

内田貴『民法Ⅰ総則・物権総論［第4版］』（東京大学出版会，2008年）

梅謙次郎『訂正増補民法要義巻之二物権編』（明治44年版復刻版）（有斐閣，1984年）

近江幸治『民法講義Ⅱ物権法〔第4版〕』（成文堂，2020年）

大村敦志『基本民法Ⅰ総則・物権総論（第3版）』（有斐閣，2007年）

於保不二雄『物権法（上）』（有斐閣，1966年）

加藤雅信『新民法体系Ⅱ物権法（第2版）』（有斐閣，2005年）

川井健『民法概論2（物権）〔第2版〕』（有斐閣，2005年）

佐久間毅『民法の基礎2物権〔第2版〕』（有斐閣，2019年）

清水元『プログレッシブ民法［物権］』（成文堂，2008年）

末川博『物権法』（日本評論社，1956年）

鈴木禄弥『物権法講義5訂版』（創文社，2007年）

滝沢聿代『物権法』（三省堂，2013年）

田髙寛樹『クロススタディ物権法』（日本評論社，2008年）

富井政章『訂正民法原論第2巻物権』（大正12年合冊版復刻版）（有斐閣，1985年）

広中俊雄『物権法〔第2版増補〕』（青林書院，1987年）

舟橋諄一『物権法』（有斐閣，1960年）

星野英一『民法概論Ⅱ（物権・担保物権）』（良書普及会，1973年）

松井宏興『担保物権法〔第2版〕』（成文堂，2019年）

松井宏興『債権総論〔第2版〕』（成文堂，2020年）

松岡久和『物権法』（成文堂，2017年）

安永正昭『講義物権・担保物権法〔第3版〕』（有斐閣，2019年）

山野目章夫『物権法〔第4版〕』（日本評論社，2009年）

柚木馨＝高木多喜男『判例物権法総論〔補訂版〕』（有斐閣，1972年）

我妻栄＝有泉亨『新訂物権法（民法講義Ⅱ）』（岩波書店，1983年）

2　注釈書

我妻栄＝有泉亨＝清水誠＝田山輝明『**我妻・有泉コンメンタール民法（第5版)**』（日本評論社，2018年）

舟橋諄一＝徳本鎮編『**新版注釈民法（6）物権（1）**〔補訂版〕』（有斐閣，2009年）

川島武宜＝川井健編『**新版注釈民法（7）物権（2）**』（有斐閣，2007年）

3　その他

星野英一編集代表『**民法講座2物権（1）**』（有斐閣，1984年）

星野英一編集代表『**民法講座3物権（2）**』（有斐閣，1984年）

広中俊雄＝星野英一**編**『民法の**百年Ⅱ**個別的観察（1）総則編・物権編』有斐閣，1998年）

（以上の文献を引用する場合には，それぞれゴシック体の部分で引用する。）

第 1 章　物権法序論

　この**第 1 章**では，これから本書で学んでいく物権法が対象としている物権について，第 1 に，それはどのような権利であり，またどのような法的性質を備えているのかという物権の意義と法的性質の問題を（→**第 1 節**参照），第 2 に，物権にはどのような種類のものがあるのかという物権の種類の問題を（→**第 2 節**参照），そして第 3 に，物権はどのような物に成立するのかという物権の客体または対象の問題を（→**第 3 節**参照）取り扱う。

第 1 節　物権の意義と法的性質

1.1　物権の意義

　民法は，財産権の重要な種類として，物権と債権を規定している。物権は，「特定の物を直接的かつ排他的に支配して，一定の利益を享受することができる権利」と定義され，人の物に対する支配権（対物権）と解されている。民法は大きく財産法と家族法から構成され，前者の財産法は物権法と債権法に，後者の家族法は親族法と相続法に分けられる。そして，本書で扱う物権法は，物権を対象とする財産法の分野である。物権は物の人への帰属の仕方に関わる権利であることから，物権法は，どの物が誰に帰属し，その人のどのような支配に服しているのかという財産の帰属秩序を規律する法であるということができる。A が甲地を所有している場合を例に挙げると，この場合 A は甲地に対して所有権という物権を有していることになり，このことは甲地という特定の物が A に帰属し，しかも A によって自由に使用・収益・処分されるという全面的な支配に服していることを意味している（206 条参照）。そして，物権法は，このような甲地が A に帰属してその全面的な支配に服しているという，所有権に基づく甲地の A への帰属秩序を規

律しているのである。

> **＊債権の意義**　　物権とともに民法上の財産権とされる債権は，「特定の人（債権者）が特定の人（債務者）に対して一定の行為（給付）を請求することができる権利」と定義され，人の人に対する請求権（対人権）ととらえられている。この債権を対象とする財産法の分野が債権法であり，ＢがＡとの間で売買契約を結んでＡの甲地を買い受けるというような財産の移転秩序に関する法である。すなわち，ＡＢ間において売買契約が成立すると，売主Ａは，買主Ｂに対して売買代金の支払いを請求することができる権利を取得し，Ｂは，Ａに対して売買の目的物である土地の引渡しを請求することができる権利を取得する。これらの権利は，相手方に一定の行為，ここでは代金の支払いや土地の引渡しという行為を請求することができる権利（債権）として現れる。そして，Ａが自己の土地をＢに引き渡し，Ｂが代金をＡに支払うことによって，これらの権利が消滅する。他方では，このＡＢ間の売買契約に基づいて，最初Ａに帰属していた土地の所有権がＢに移転し，Ｂがこの土地を支配するという関係が成立することになる。

1.2　物権の法的性質

1.2.1　支配権

　物権は，特定の物を直接的・排他的に支配する権利であり，**支配権**とされる。支配とは，権利者の物理的な力だけではなく，その者の有する権利に基づく法的な力が何らかの形で物の上に及んでいることをいい，所有権について規定されている「使用，収益及び処分」（206条）は，その代表的なものである。これに対し，債権は，債権者が債務者に対して一定の行為（作為または不作為）を請求することができる権利であり，請求権とされる。

1.2.2　物権の直接性

(1)　意　義

　物権は，特定の物を直接的に支配する権利である。直接的に支配するとは，物権を有する者は他人の行為を介在しないで目的物を支配することができることを意味し，これを**物権の直接性**という。例えば，所有者は，所有権に基づいて自己の所有物に対して使用・収益・処分という形で支配を及ぼし

ているが，所有者が所有物に対してこのような支配を及ぼすためには，他人の行為の介在を必要としないということである。このような物権の性質は，物権が物に対する支配権であること，すなわち物権が権利者の物に対する支配関係として捉えられていることに由来する。

(2)　債権との対比

債権は，債権者が債務者に対して一定の行為を請求することができる権利であるので，債務者という特定の人の行為が行われて初めてその権利の内容が実現される。例えば，B が友人 A からその所有するパソコンを買った場合，買主 B は，この売買契約に基づき，売主 A に対して目的物であるパソコンの引渡債権を取得する。しかし，これは A によるパソコンの引渡行為を請求することができる権利であるから，B がパソコンの引渡しを受けるためには，B の請求に応じて A がパソコンを B に引き渡すことが必要となる。B の債権の目的物がパソコンであるからといって，この債権の効力が直接パソコンに及んでいるわけではない。

このように，権利の内容が実現されるために他人の行為を必要とするかどうかで物権と債権の間に違いがあり，物権は，他人の行為を必要とせずに権利の内容を実現することができる権利である。

1.2.3　物権の排他性

(1)　意　義

物権は，特定の物を排他的に支配する権利である。物権は物に対する支配権であることから，同一物の上に同一内容の物権は 1 個しか成立しない。そのため，物権には，同一物の上に内容の衝突する物権が成立することを排除する性質があり，これを**物権の排他性**という。例えば，A がすでに所有している甲地について，B が同時に所有権を取得することはできない。なぜなら，甲地に A の所有権が成立している以上，それと内容的に衝突する B の所有権の成立が物権の排他性によって排除されるからである。

もっとも，A と B が甲地を共同で所有しあうことや，乙地について所有者 C が債権者 D と E のためにそれぞれ抵当権を設定することはできる。前者は，甲地に対する 1 つの所有権を A と B が共同で持ち合う関係であり，

ABによる甲地の「共有」として認められており（→**第4章第5節**参照），後者については，DとEが取得する抵当権には1番，2番という順位が付き（373条→松井・担保**第2章 2.3.1**参照），それぞれの抵当権は同一内容のものではないので，物権の排他性に反しないからである。

(2) 物権の排他性と公示制度

排他性によって，同一物の上に同じ内容の物権は複数成立することができないことから，物権の存在，すなわちある物の上に誰がどのような物権をもっているのかということを，他人が認識することができるような形で公に表示（公示）することが必要となる。そのために，不動産上の物権については登記（177条），動産上の物権については引渡し（178条）という**公示制度**が設けられている*。そして，この公示制度が設けられている結果，登記や引渡しによって公示された物権が優先することになる。例えば，Aが所有の甲地をBとCに二重に譲渡した場合，物権の排他性によってBとCが同時に所有権を取得することはできず，BとCのどちらかが所有権を取得することになるが，それは先に登記を備えることによって決まる（177条→**第3章 3.2.1**参照）。仮にBが先に登記を備えたとすると，Bの所有権取得が優先し，Bが甲地を取得することになる。

> ***動産譲渡の登記**　法人が動産を譲渡した場合については，特別法によって動産譲渡登記ファイルに譲渡の登記をすることができ，この譲渡の登記が178条の引渡しに代わるものとされている（動産債権譲渡特例法3条→**第3章 4.3.3**末尾**参照）。

(3) 債権との対比

人に対する請求権である債権には，原則として排他性がなく，同一の債務者に対して同じ内容の債権が複数成立することができ，しかもそれらの債権の間には優劣関係が存在しない。例えば，AがBとの間で5月3日の午後2時から4時まで大阪の甲という場所で講演をするという契約を結んだ後に，Cとの間でも同じ日の同じ時間に東京の乙という別の場所で講演をする契約を結んだ場合，Aが同時に甲と乙という場所で講演することは現実には不可能である。しかし，それぞれの契約は有効であり，BとCのAに対して

講演を請求する債権は有効に成立し，しかも AB 間の契約が先に成立したのでBの債権が優先するということはない。そして，当日にAが甲という場所で講演した場合には，AはCに対しては債務を履行しなかったことになるので（Aによる契約違反），Cに対して損害賠償責任を負う可能性が生じる（415条1項）。

1.2.3　物権の絶対効と債権の相対効

　物権は絶対的な権利であるのに対して，債権は相対的な権利であるといわれることがある。これは，物権は物に対する支配権であることから，物権には誰に対しても主張することができるという絶対効（物権の絶対性）があるのに対して，債権は人に対する請求権であることから，債権には債務者という特定の人に対してしか主張することができないという相対効（債権の相対性）しかないとされる。言い換えれば，物権においては，物権者以外のすべての者が物権者の物の支配を侵害してはならないという義務を負うのに対して，債権では，債務者という特定の人だけが義務（債務）を負うというものである。この違いの結果として，物権の侵害は不法行為になり，また物権的請求権（→第2章第2節参照）によって排除されるが，債権については債務者以外の第三者による侵害は考えられず，また債権に基づく妨害排除請求権は認められないと解されてきた。しかし，現在では，第三者による債権侵害が不法行為となる場合のあることが学説・判例によって承認されており，また債権に基づく妨害排除請求権が認められる場合もあるので，このような区別はもはや意味がないといわれている。ただ，不法行為の成立要件に関しては物権と債権との間で異なった取扱いがなされており（→不法行為法の教科書・参考書参照），また債権で妨害排除請求権が問題となるのは主として不動産賃借権についてであるなどの点で，物権と債権との間にはなお質的な違いが残っていることは否定できない（→松井・債権第3章第6節参照）。

第2節　物権の客体

2.1　物

2.1.1　有体物

物権は，原則として物の上に成立する。ここでいう物とは，**有体物**をさす（85条）。有体物とは，気体・液体・固体のいずれかであり，外界の一部を占めている物質をいう（物の意義やその分類については→民法総則の教科書や参考書参照）。しかし，例外として，財産権を客体とする物権が存在する。例えば，権利質（362条），一般の先取特権（306条），地上権や永小作権を客体とする抵当権（369条2項）などである。

2.1.2　支配可能性

有体物であっても人の支配可能性がなければ，その上に物権は成立しない。例えば，人の力の及ばない深海底にある有体物には人の支配可能性がないので，物権は成立しない。これに関連して，満潮時には海面下に没し，干潮時には海面上に現れる干潟について私人の所有権の成立が認められるかどうか問題となる。これについて，判例は，海は自然の状態のままで一般公衆の共同使用に供されてきた公共用物であり，国の直接の公法的支配管理に服し，特定人による排他的支配の許されないものであるから，そのままの状態では所有権の客体たる土地に当たらない，しかし，国が行政行為などによって一定範囲を区画して排他的支配を可能にしたうえでその公用を廃止すれば，私人の所有に帰属させることが不可能であるということはできず，そうするかどうかは国の立法政策の問題であるとして，国の立法政策によって干潟が私人の所有権の客体としての土地になりうることを認めている（最判昭61・12・16民集40巻7号1236頁［百選I5版補-11］―本件では，結論的には所有権の客体である土地には当たらないとされた）。

2.2　一物一権主義

2.2.1　意　義

　物権の客体については，**一物一権主義**と呼ばれる原則がある。これは，1つの物権の客体は 1 個の特定した独立の物でなければならないという原則である。この原則は，物権は物に対する支配権であり，そのことから物権には排他性という強力な性質があるため，物権の効力の及ぶ範囲を明確にしておかなければならないことから要請されるものである。

　＊一物一権主義は，同一物の上に同一内容の物権は 1 個しか成立しないという物権の排他性に関する原則と解されることもあるが，本書では物権の客体に関する原則ととらえている。

2.2.2　特定性と独立性

（1）　特定性

　一物一権主義の原則により，物権は，「この物」というように特定された物の上でなければ成立することができない。このように物権の客体は特定された物でなければならない（特定性）。したがって，「〇〇ビール 1 ダース」という種類物について売買契約が結ばれた場合，買主は売主に対して約束の種類・数量のビールの引渡しを請求することができる債権（種類債権）を取得するが，買主の所有権が成立するには，引渡しの対象となる「〇〇ビール 1 ダース」がこの 1 ダースというように特定されなければならない（種類債権の特定については→松井・債権**第 2 章 2.2.3** 参照）。

（2）　独立性

　一物一権主義の原則により，物権の客体は 1 個の独立した物でなければならない（独立性）。このことから，第 1 に，複数の独立した物の上に 1 個の物権は成立することができない。例えば，A が 100 冊の本を所有している場合，その 100 冊の蔵書全体の上に 1 個の A の所有権が成立することは認められず，蔵書 1 冊ずつが独立した物であるのでそれぞれ 1 冊ずつに 1 個の所有権が成立する。第 2 に，1 個の独立した物の一部に物権は成立することが

できない。例えば，B所有の1軒の住宅について，その一部の柱がCの所有物であるというようなことは認められない。

2.2.3　集合物

　一物一権主義の原則にもかかわらず，独立した物の集合体（集合物）の上に1つの物権の成立を認める経済的必要性があり，特別法や判例・学説によって集合物を1個の物ととらえて，1つの物権の客体とすることが認められている。すなわち，資本制経済の重要な担い手である企業は，土地・工場・事務所・機械その他の企業設備から成り立っているが，これらを個々の物に分解するよりも，1個の組織体として把握するほうが大きな価値を有することになる。ことに企業が金融機関から融資を受ける場合には，融資の担保のために企業設備全体を一体的にとらえて，その上に担保物権を設定する必要性が強い。そこで，集合物を1個の物ととらえて，その上に1つの担保物権の成立を認める法技術が要求されることになる。特別法で定められている各種の財団抵当制度（工場抵当法〔明治38〔1905〕年〕による工場財団抵当*や鉄道抵当法〔明治38年〕による鉄道財団抵当など）や企業担保法（昭和33〔1958〕年）による企業担保権がそれである。また，判例や学説では，倉庫の中の商品全部というように，内容の変動する「集合動産」の上に1つの譲渡担保の成立が認められている（集合動産の譲渡担保）**。

＊**工場財団抵当**　　これは，工場抵当法8条以下で定められており，財団抵当制度の代表的なものである。同法によれば，工場の所有者は，①工場に属する土地および工作物，②機械・器具・電柱・電線などの付属物，③地上権・賃借権・工業所有権・ダム使用権といったものの全部または一部から構成される工場財団を組成することができ（同法11条），この工場財団は1個の不動産とみなされて，その上に財団抵当という特殊な抵当権が設定される（同法14条）。
＊＊**集合動産の譲渡担保**　　集合動産の譲渡担保について特徴的なことは，譲渡担保の客体である集合動産を構成する個々の独立した動産（商品）が常時流出と流入を繰り返すことである。そこで，このような譲渡担保の客体となる集合動産の範囲を特定する基準が問題となる。判例は，目的動産の種類・所在場所・量的範囲という3つの基準によって客体の範囲が特定されるとして

おり（最判昭62・11・10民集41巻8号1559頁［百選Ⅰ4版-98］など），学説もこれを支持するのが通説である（→松井・担保**第5章** 3.3 参照）。

2.3 　物権の主な客体

　物権の主な客体として，以下に述べるようなものがある。物権の客体については，前述した一物一権主義の原則がとられていることから，1個の物かどうかを判定する基準が問題となる。しかし，これには明確な基準があるわけではなく，結局のところ取引通念または常識で決まるというほかない。ただ，公示制度としての登記（→**第3章** 3.1 参照）が用いられる物については，登記技術との関係から1個の物かどうかの判定基準が定められている。

2.3.1　土　地

(1)　意　義

　土地は，物理的には連続しているが，法律上は人為的に区分されて1個の土地とされる。すなわち，人為的に区分され，地番をつけて登記されているものが1個の土地であり，1筆（いっぴつ・ひとふで）と数えられて1つの物権の客体になる。また，土地は個数を変更することが可能であり，不動産登記法に定める登記手続に従って（不登39条〜41条），1筆の土地を2筆以上の土地に分けたり（分筆），2筆以上の土地を1筆の土地にまとめたり（合筆）することができる。

(2)　1筆の土地の一部

　1筆の土地の一部について物権，特に所有権の成立が認められるかという問題がある。判例は，まず所有者が一線を画しあるいは標識を設けるなどして，1筆の土地の一部を事実上分割して売却した場合には，その部分の所有権が買主に移転することを認める（大連判大13・10・7民集3巻476頁［百選Ⅰ8版-10]，最判昭30・6・24民集9巻7号919頁）。1筆の土地は地表を人為的に区画したものにすぎないので，これをさらに分割してそれぞれを所有権の対象にすることは差し支えないからである。ただし，分筆をしてその部分を1筆の土地としない限り，所有権移転の登記をすることができない。次に，わが民

法が占有のみを要件とする所有権の取得時効を定めているため（162条），判例は，1筆の土地の一部について時効による所有権取得を肯定している（大連判大13・10・7民集3巻509頁）。学説もこれらの判例を支持している（通説）。

2.3.2　建　物

(1)　意　義

民法では，土地とその定着物が不動産とされる（86条1項）。土地の定着物とは，取引観念上土地に継続的に付着された状態で利用されると認められるものをいう。そして，定着物には，大きく分けて土地とは別個の不動産とされるものと土地と一体をなすものとがあるが，建物は前者に該当し，常にその敷地とは独立した不動産と扱われる（370条参照）。建築中の建物がいつから独立した不動産になるかということが，とくに登記との関係で問題になる。判例は，屋根および周囲の荒壁ができて土地に定着する1個の建造物として存在するに至っている場合には，床および天井が備わっていなくても不動産となり，登記をすることができるとする（大判昭10・10・1民集14巻1671頁［百選I8版-11]）。

(2)　建物の個数

原則として，1棟の建物が1個の建物であり，それが1つの物権の客体になる。しかし，主たる建物のほかに付属建物（離れ座敷・倉庫・車庫など）がある場合には，付属建物は主たる建物と一緒に登記され，両者をあわせて1個の建物として扱われる。さらに，「1棟の建物に構造上区分された数個の部分で独立して住居，店舗，事務所又は倉庫その他建物としての用途に供することができるものがあるときは」，それぞれの建物部分が独立の建物として所有権（区分所有権）の客体となることができる（建物区分1条）。この場合には，1棟の建物（区分所有建物）が数個の建物から成り立っていると扱われる（建物の区分所有については→**第4章第6節**参照）。

2.3.3　立木・未分離の果実

(1)　立　木

山林など土地に生えたままの樹木の集団を**立木**^{りゅうぼく}という。これは本来土地の

一部であり，土地からの独立性をもたないものである。しかし，わが国では民法施行前から立木だけが取り引きされる慣行が存在していた。そこで，立木ニ関スル法律（立木法〔明治 42〔1909〕年〕）によって登記された立木は，土地から独立した不動産とみなされ，所有権と抵当権の客体になることが可能とされた（立木 2 条）。また，判例によれば，立木法による登記がされていない立木であっても，土地と分離して譲渡することができ（大判大 5・3・11 民録22 輯 739 頁），明認方法という特殊な公示方法（例えば，樹木の皮を削って所有者名を墨書きしたり刻印を押すあるいは所有者名を書いた札をつけるなどの方法）を施せば，所有権の移転を第三者に対抗することができる（大判大 10・4・14 民録 27輯 732 頁［百選 I 初版-62]）。ただし，抵当権の設定については，明認方法は認められていない（明認方法については→**第 3 章第 5 節**参照）。個々の樹木も，取引上の必要がある場合には，立木と同じように扱われる（大判大 6・11・10 民録23 輯 1955 頁）。

(2)　未分離の果実

みかん（大判大 5・9・20 民録 22 輯 1440 頁［百選 I 初版-63]），桑の葉（大判大9・5・5 民録 26 輯 622 頁），稲立毛（田に成育中の稲）（大判昭 13・9・28 民集 17 巻1927 頁）などの未分離の果実は，本来土地の一部であり，独立の物ではない。しかし，これらの果実が未分離の状態で取り引きされる経済的必要性があるときには，前述の明認方法を施して誰が所有者であるかが分かるようにしておけば，未分離のままでも独立の動産として取り扱われ，所有権の移転を第三者に対抗することができる。

第 3 節　物権の種類

3.1　物権法定主義

3.1.1　意義と採用の理由

(1)　意　義

「物権は，この法律その他の法律に定めるもののほか，創設することがで

きない」(175条)。すなわち，物権は，民法その他の法律に定められている
ものに限られ，人が自由に創設することはできない。言い換えれば，物権の
種類・内容は，すべて民法その他の法律に定められているものに限られる。
この原則を**物権法定主義**という[1]。これには，第1に民法その他の法律に定
められていない新しい種類の物権を作ることはできない，第2に民法その他
の法律に定められている物権に，それと異なる内容を与えることはできな
い，という2つの意味が含まれている。第2の意味から，例えば，所有権は
自由に物を使用・収益・処分することができる権利と規定されているので
(206条)，AB間で甲に対するAの所有権を売買でBに譲渡するに際して，
甲を他に譲渡（処分）できる権能を有しない所有権として譲渡されても，B
は甲を譲渡する権能を失うわけではなく，Bが甲をCに譲渡した場合には，
Cは有効に甲を取得することができる。

(2) 採用の理由

　物権法定主義が採用された理由として，次の2つのことがあげられる。第
1は歴史的な理由である。すなわち，近代社会以前に存在していた土地上の
様々な封建的権利関係を整理して，土地上の権利関係を単純化するととも
に，封建的権利関係の復活を阻止することによって，自由な所有権を確立し
て自由な土地取引を確保するということである。もし新しい種類や内容の物
権を自由に作ることができるならば，廃止された封建的権利関係が再び復活
し，自由な土地所有権が損なわれるおそれが生じるので，このような危険を
防ぐために，法律によって物権の種類と内容を限定する物権法定主義という
原則が打ち立てられたということができる。

　第2は法律によって物権の種類と内容を限定し定型化することによって，
物権の公示，とくに物権の登記をしやすくするという，物権取引上の理由で
ある。すでに述べたように，物権には同一物上の同じ内容の物権の成立を排
除する排他性という強力な性質があるために，物権の取引において，その物
についてどのような物権が成立しているかということを第三者に公示する必
要がある。さもないと，その物についてすでにある物権が成立していること
が分からずに，第三者がそれと衝突する内容の物権を別個に取得しようとす

1)　物権法定主義については，中尾英俊「物権法定主義」星野編『講座2』1頁以下参照。

ることが生じうるからである。しかし，物権の種類や内容を人が自由に創設
することができるのであれば，それらの様々な種類や内容の物権を一つ一つ
公示することは非常に煩雑であり，また公示内容を見ても様々な種類や内容
の物権を理解することが困難となる。そこで，法律によって物権の種類と内
容を限定し定型化することによって，物権を容易に公示できるようにしたわ
けである。

3.1.2　慣習法上の物権

(1)　物権法定主義の問題点

175 条が定める物権法定主義については，民法施行以後次の 2 つの問題が
生じている。第 1 は，民法施行前から認められてきた慣習法上の物権を物権
法定主義との関係でどのように扱うかという問題である。具体的には，流水
利用権（水利権）・温泉専用権（温泉権）・上土権などが問題となった。第 2 は，
民法施行後の取引社会の発展の中で取引慣行として新しく生成された権利を
物権法定主義との関係で物権として承認することができるかという問題であ
る。このような権利として，譲渡担保権・根抵当権・仮登記担保権があげら
れる。

これらの問題は，解釈論としては，慣習法上の物権を認めることができる
かという問題として論じられている。この問題については，175 条とそれを
補強する民法施行法 35 条のほかに，慣習に法律としての効力（慣習法）を認
める法の適用に関する通則法（以下では「通則法」という）3 条が関係し，これ
ら 3 つの条文の関係をどのように考えるかで学説は分かれている。

(2)　判　例

判例は，河川やため池などの水を農耕や流木などのために利用する権利で
ある流水利用権（大判明 38・10・11 民録 11 輯 1326 頁，大判大 6・2・6 民録 23 輯 202
頁，最判昭 25・12・1 民集 4 巻 12 号 625 頁など）や温泉専用権*については，慣習
法上の物権と認めたが，他人の荒地を開墾して田畑を開発した場合に開墾者
が慣行として取得する上土権（地表を所有できる権利であるが，実体は慣習法上の
耕作権。これに対し，従来の地主がもつ地盤を所有する権利を底土権という）につい
ては，慣習法上の物権を否定した（大判大 6・2・10 民録 23 輯 138 頁「大阪上土権事

件」)。また，譲渡担保権・根抵当権・仮登記担保権などの新しい権利については，判例はその物権性を承認しており，さらに根抵当権と仮登記担保権については，立法によってその物権性が確認されている（根抵当権は昭和 46（1971）年に民法 369 条ノ 2 以下で立法化，仮登記担保権は昭和 53（1978）年に仮登記担保法として立法化された）。

＊**慣習法上の物権としての温泉専用権**　　温泉専用権とは，地下から湧出する温泉を排他的に管理・利用することができる権利をいう。この温泉専用権を慣習法上の物権として認めた有名なものが，いわゆる「鷹の湯温泉事件」（大判昭 15・9・18 民集 19 巻 1611 頁［百選 I 8 版-49]）である。その事案は，長野県松本地方の浅間温泉の旅館「鷹の湯」の経営者 A が温泉専用権（この地方では湯口権と呼ばれる）を借金の担保として Y に質入れした後，湯の出る土地（源泉地）とその湯口権を X 銀行に売り渡した。そして，A から弁済を受けられなかった Y がこの湯口権を差し押さえたので，X 銀行が第三者異議の訴え（民執 38 条）を提起したというものである。原審は，湯口権の変動を第三者に対抗するにつき，公示方法その他特別な方式を必要とする規定が存在しないことから，X 銀行は特別な公示方法なしに湯口権の取得を Y に対抗することができるとして，その異議を認めた。これに対し，大審院は，「本件係争ノ……湯口権ニ付テハ，……長野県松本地方ニ於テハ，右権利ガ温泉湧出地（源泉地）ヨリ引湯使用スル一種ノ物権的権利ニ属シ，通常源泉地ノ所有権ト独立シテ処分セラルル地方慣習法存スルコト」を認め，この権利の変動を第三者に対抗するためには，特別な公示方法を講じなければならないとした。そして，その公示方法として，温泉組合または地方官庁に備えられた登録簿への登録，立札その他の標識，温泉所在の土地自体に対する登記などを示唆し，原審は湯口権取得の公示方法について何ら考慮していないとして，破棄差戻をした。

(3)　学　説

学説は，慣習法上の物権を認めるべきであるという結論については，今日では一致している。すなわち，物権法定主義が採用された理由に対応して，①その内容が自由な所有権の障害となるような封建的な権利ではなく，②適切な公示方法によって権利の公示が可能であれば，慣習法上の物権として認められるべきであるとする[2]。しかし，前述の 175 条・民法施行法 35 条お

---

2)　このほかに，第 3 の要件として，その権利が慣習法と認められるほどの法的確信に支えられていることが必要であるとする見解がある（鈴木・436 頁，淡路ほか・5 頁，生熊・51 頁など）。

および通則法3条の関係をどのように解釈すべきかについて，説が分かれている。

　まず，民法施行法35条については，民法施行前の慣習法上の物権の整理に関する規定であり，民法施行後に発生する慣習法上の物権まで否認する趣旨のものではないと解するのが，今日の学説一般の理解である。したがって，譲渡担保権などの民法施行後に取引慣行として新しく生成されてきた権利を慣習法上の物権と認めることについては，民法施行法35条は障害にならない。次に，175条と通則法3条の関係については，①慣習法上の物権は通則法3条の「法令に規定されていない事項」に当たり，そのような事項に関する慣習は同条により「法律と同一の効力を有する」とされるので，このような慣習は175条の「法律」の中に含まれるとする説[3]，②「法令に規定されていない事項」に関する慣習は，通則法3条により「法律と同一の効力を有する」ので，175条とは無関係に通則法3条によって慣習法上の物権が認められるとする説などがあり[4]，②説が多数説である。

　＊私見　　両説のいずれをとっても結論は同じであり，両説は説明の違いにすぎないといえよう。そうすると通則法3条により「法律と同一の効力を有する」とされる慣習をわざわざ175条に取り込む必要はなく，通則法3条自体によって慣習法上の物権が認められるとする方が直截的でよく，②説が妥当であろう。

3.2　物権の種類

3.2.1　民法上の物権

　民法は，占有権（180条以下）・所有権（206条以下）・地上権（265条以下）・永小作権（270条以下）・地役権（280条以下）・入会権（263条・294条）・留置権（295条以下）・先取特権（303条以下）・質権（342条以下）・抵当権（369条以下）の10種類の物権を定めている。

3）　末川・27頁，川井・7頁など。
4）　舟橋・18頁，近江・9頁，鈴木・436頁，石田・31頁，生熊・50頁など。

＊これら 10 種類の物権は，次のように分類することができる。

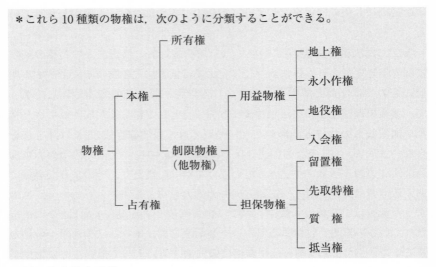

(1)　占有権と本権

　占有権は，物を現実に支配しているという事実状態に基づいて認められる権利であり，物に対する事実上の支配状態を保護するものである。そこでは物を支配する権原の有無は必要とされない。これに対し，**本権**とは，現実に物を支配しているか否かにかかわりなく，物の支配を根拠づける権利であり，占有権以外の物権はすべて本権とされる。

(2)　所有権と制限物権

　本権は，所有権と制限物権に分類される。**所有権**は，使用・収益・処分というやり方で目的物を全面的・包括的に支配することができる権利であり，近代民法における物権制度は，この所有権を中心に構成されている。**制限物権**は，所有権と異なり，目的物を一定の限られた範囲でのみ支配することができる権利であり＊，原則として他人の物の上にしか成立しないので，他物権ともいわれる。

(3)　用益物権と担保物権

　制限物権は，用益物権と担保物権に分類される。**用益物権**とは，他人の土地を使用・収益することができる権利をいい，地上権・永小作権・地役権・入会権＊＊がこれに含まれる。**担保物権**は，他人の物を債権の担保すなわち

債権の弁済確保のために支配することができる権利であり，留置権・先取特権・質権・抵当権がこれに該当する。

＊所有権を制限する効力を持つことから制限物権と呼ばれると解する説もある。
＊＊入会権には入会地の共有という性質を有するもの（263 条）と有しないもの（294 条）とがあり，前者は所有権の一種（共同所有の 1 形態―総有〔**→第 4 章 5.1.3 参照**〕）となるが，後者は用益物権の一種となる（**→第 5 章第 4 節**参照）。

3.2.2　特別法上の物権

(1)　商　法

商法が定める物権として，商事留置権（商 31 条・521 条・557 条・562 条），船舶先取特権（商 842 条以下），商事質権（商 515 条），船舶抵当権（商 847 条・848 条）などの担保物権がある。

(2)　商法以外の特別法

商法以外の特別法が定める物権として，鉱業権（鉱業 5 条・12 条），租鉱権（鉱業 6 条・71 条），採石権（採石 4 条），漁業権（漁業 6 条・23 条），入漁権（漁業 7 条・43 条）などの用益物権と，工場抵当権（工抵 2 条），工場抵当法・鉱業抵当法・漁業財団抵当法などによる各種の財団抵当，企業担保権（企業担保 1 条），自動車抵当法・建設機械抵当法・航空機抵当法などによる各種の動産抵当権，仮登記担保権（仮登記担保法）などの担保物権がある。

第2章　物権の一般的効力

　第2章では，物権の優先的効力と物権的請求権を取り上げる。これらは，物権について一般的に認められる効力と考えられているので，物権の一般的効力と呼ばれる。まず，**物権の優先的効力**とは，物権相互の間では時間的に先に成立する物権が後に成立する物権に優先し，物権と債権との間では物権が債権に優先するという効力をいう。これは物権の法的性質と関連する重要な効力であり，なぜこれが認められ，どのような内容をもつのかということを**第1節**で学ぶ。次に，**物権的請求権**とは，物権による物の支配が侵害されまたは侵害されるおそれがある場合に，物権者が侵害者または侵害のおそれがある者に対して，侵害の除去または侵害の予防を請求することができる権利をいう。民法にはこの物権的請求権を定めた規定はないが，物権をその侵害から保護するために，物権者には当然に物権的請求権が認められると解されている。しかし，明文の規定がないので，物権的請求権をめぐるいろいろな問題は解釈に委ねられている。**第2節**では，この物権的請求権の性質・種類・内容などを検討する。

第1節　物権の優先的効力

1.1　物権相互間の優先的効力

1.1.1　原　則
　すでに述べたように，物権には排他性があるために，同一物について内容の相容れない物権が複数成立することはできない。そのため，同一物について両立できない物権が競合する場合には，いずれの物権が優先するか問題となる。物権相互間の優先的効力の問題といわれるものである。

【設例Ⅱ-1】　A は所有する甲土地を B と C に二重に売却した。B と C はともに甲土地の所有権を取得することができるか。ともに取得することができない場合，BC どちらの所有権取得が認められるか。

【設例Ⅱ-2】　D は所有の乙土地を E に売却したが，他方では F のために地上権（265 条）を設定した。F は E に対して地上権の取得を主張することができるか。

　【設例Ⅱ-1】の場合，物権の排他性によって BC のどちらかしか甲土地の所有権を取得することができない。そのため，BC どちらの所有権取得が優先するのか問題となる。また，**【設例Ⅱ-2】**の場合にも，乙土地の利用をめぐって所有権と地上権は衝突するので，E の所有権取得と F の地上権取得のどちらが優先するかによって，E の取得する所有権の効力に違いが生じる。すなわち，F の地上権取得が優先する場合には，E は F の地上権付きの所有権，言い換えれば地上権による利用制限を受けた所有権を取得する。これに対し，E の所有権取得が優先する場合には，F の地上権は排除されるので，E は地上権の利用制限を受けない完全な所有権を取得する。

　このように同一物について物権が競合する場合には，時間的に先に成立する物権が後に成立する物権に優先するというのが，物権相互間の優先的効力の原則である（時において早いものは権利においても優先する）。したがって，**【設例Ⅱ-1】**の場合には，もし B が時間的に先に所有権を取得していれば B の所有権取得が認められ，また**【設例Ⅱ-2】**の場合には，F の地上権取得が時間的に先であれば E の取得する所有権は地上権によって制限されたものになる。しかし，このような原則に対しては，つぎのような重要な例外が存在する。

1.1.2　例　外

(1)　対抗要件を備えた場合

　公示制度が備わっている物権については，登記や引渡しといった公示方法（対抗要件）を先に備えたものが優先する（177 条・178 条）。例えば，**【設例Ⅱ-**

1】においてCの所有権取得の登記がBより先になされたときは，Cの方が優先し，また【設例Ⅱ-2】でFの地上権取得よりも先にEの所有権取得の登記がなされたときは，Fの地上権はEの所有権に優先することができず，Eの所有権は地上権の負担のない完全なものとなる。現在では，一部を除いて対抗要件を備えない物権は考えられないので，物権相互間の優先的効力についてはこの例外が逆に原則となっている。そして，対抗要件を共に備えていない物権相互間でもこの例外が働き，対抗要件が備わっていない以上両者に優劣は存在しないと解されている。

(2)　法定の順位がある場合

先取特権は，特定の債権を保護するために法律が特別に認めた担保物権であるため，先取特権相互間および先取特権と他の担保物権との間の優劣関係について順位が法律で定められている（329条〜331条・334条・339条）。そのため，物権成立の時間的先後によらない（→松井・担保**第4章** 2.3 参照）。

1.2　債権に対する優先的効力

1.2.1　原　則

債権の目的となっている物について物権が成立した場合，物権と債権のどちらが優先するか問題となる。物権の債権に対する優先的効力の問題である。

【設例Ⅱ-3】　AはBに賃貸していた高級一眼レフのデジタル・カメラをCに売却した。この場合に，CはBに対してカメラの引渡しを請求することができるか。

【設例Ⅱ-3】の場合，問題のカメラについて，一方ではCが所有権を取得し，他方ではBの賃借権の目的物になっている。このように同一物について物権と債権が競合する場合には，その成立の時間的先後に関係なく物権が債権に優先するのが原則である。したがって，【設例Ⅱ-3】では，カメラの所有権を取得したCは，賃借人Bに対して所有権を主張してそのカメラの引渡しを求めることができる（売買は賃貸借を破る。ただし，CがBに対して所有

権を主張するためには，カメラの所有権取得について対抗要件を備えていることが必要である→**第 3 章 4.3.3** 参照）。このように物権が債権に優先するのは，物権は物に対する直接的な支配権であるのに対し，債権は人（債務者）に対する請求権であり，物に対して直接に効力を及ぼさないからである。しかし，このような原則についても，次のような例外がある。

1.2.2　例　外

(1)　不動産賃借権の場合

> **【設例 II-4】**　E は D から宅地を賃借し，建物を建てて自己名義の所有権の登記をした上で，そこに居住していた。その後，F は D からこの宅地を買い受けて所有権を取得した。この場合に，F は E に対して建物を収去して土地を明け渡すことを請求することができるか。

不動産の賃貸借は，次の場合に後から成立する物権に優先する（売買は賃貸借を破らない）。すなわち，第 1 に不動産賃借権が登記されている場合（605条），第 2 に建物所有を目的とする土地賃借権（借地権）について，借地上の建物に借地人名義の所有権登記がなされている場合（借地借家 10 条），第 3 に建物賃貸借について，賃借人がその建物の引渡しを受けている場合（借地借家 31 条 1 項）である。したがって，**【設例 II-4】**では，先に借地上建物に E 名義の所有権登記がなされているので E の土地賃借権が優先し，F の請求は認められない（この場合，F が所有権移転登記を備えているかどうかは問題とならない）。

(2)　債権が仮登記を備えた場合

不動産物権の変動を目的とする請求権（債権）は，仮登記を備えることによって，それが本登記されるまでの間に成立した物権に優先する効力を与えられる（不登 105 条 2 号・106 条→**第 3 章 3.5.3** (2)参照）。

第2節　物権的請求権

2.1　序　説

2.1.1　物権的請求権の意義

> **【設例Ⅱ-5】** Ａ所有の空き地にホームレスのＢが無断で粗末な小屋を建てて住んでいる。ＡはこのＢ土地からＢを追い出したい。法的にはＡはどのような手段を執ることができるか。

　物権的請求権とは，物権による物の支配が侵害されまたは侵害されるおそれがある場合に，物権者が侵害者または侵害のおそれのある者に対して，侵害の除去または侵害の予防を請求することができる権利をいう[1]。例えば，**【設例Ⅱ-5】**の場合，Ａ所有の土地にＢが無断でバラックを建てたことによって，Ａの所有権による土地の支配が侵害されていることになる。この場合，Ａは無断で建てられたバラックを実力で取り除いて，所有権による土地の支配を回復することができない。近代国家の法治主義の下では，原則として権利者であっても実力で自己の権利を実現したり回復したりすることが許されないからである（自力救済の禁止）。その代わりに，Ａは土地所有権に基づいてＢに対しバラックの撤去と土地の明渡しを請求し，さらにはＢを被告として裁判所に訴えを提起することができる。そして，Ａの訴えが認められてもＢがバラックを撤去して土地を明け渡さないときには，Ａは裁判所（国家）の力によってバラックを取り除いて土地を明け渡してもらうことになる（強制執行）。このように，物権の侵害状態や侵害のおそれがある場合に，物権者は，侵害状態を作り出している者または侵害のおそれのある者に対して，侵害状態の除去や侵害の予防措置を請求し，さらにはこれらの者を被告として裁判所に訴えることができる。この請求や裁判所への訴えのために物権者に認められている権利が物権的請求権である。

1）　物権的請求権については，佐賀徹哉「物権的請求権」星野編『講座2』15頁以下，舟橋＝徳本編『新版注民（6）』112頁以下［好美清光］参照。

2.1.2　物権的請求権の根拠

(1)　形式的根拠

　民法の起草者は，物権について物権的請求権が認められるのは当然のことと考えていたために，民法に物権的請求権を定めた明文の規定を設けなかったといわれている。しかし，学説は，物権的請求権が認められる根拠について検討を加えている。まず，形式的根拠（条文上の根拠）として，①本権の有無を問わず物を支配しているという事実に基づいて認められる，仮のあるいは一時的な権利ともいうべき占有権について，その侵害から保護するための占有の訴え（197条以下→**第6章 3.3** 参照）が認められている以上，占有権より強力な本権である物権についても，その侵害からの保護を目的とする物権的請求権が認められるべきであること，②202条1項が占有の訴えのほかに「本権の訴え」を規定しており，これを物権的請求権と解釈できることが挙げられている。

(2)　実質的根拠

　物権的請求権の認められる実質的根拠（理論的根拠）については説が分かれている。すなわち，①権利の不可侵性に根拠を求める説，②物権の絶対性に根拠を求める説，③物権の直接支配性に根拠を求める説，④物権の排他性に根拠を求める説などがある。すでに述べたように，物権は物に対する直接的な支配権であり（物権の直接性），この直接的な支配が侵害されたり侵害されるおそれがある場合に，侵害の除去や予防を求めて物に対する直接的な支配を確保する機能をもつのが物権的請求権であると解することができよう[2]。

2.1.3　物権的請求権の法的性質

(1)　物権的請求権の法的性質

　債権については，原則として債務者に対する請求権が発生するだけであるので，債権自体と区別された請求権を考える必要はほとんどない。これに対し，物権については，物権は物に対する支配権であることから，物権自体と物権の侵害者に対して生じる物権的請求権を区別して考えることができる[3]。そ

2）　舟橋・23頁，我妻＝有泉・12頁，佐久間・305頁など。
3）　鈴木・17頁，生熊・19頁。

のため，物権と物権的請求権との関係をどのようにとらえるべきかという物権的請求権の法的性質をめぐって見解の対立がある。これについて，判例は，物権的請求権を物権の作用であって独立の権利ではない（大判大5・6・23民録23輯1161頁など），または物権の効力として生じる請求権と解している（大判昭3・11・8民集7巻970頁）。学説では，物権的請求権は物に対する直接の支配ではなく人に対する請求権であるから，物権そのものとは別の権利であるが，物権と運命を共にし，物権から派生するものであるとする見解が通説である[4]。判例や通説の見解に従えば，物権的請求権は物権と離れては無意味であり，物権と運命を共にし，物権が移転すれば物権的請求権も移転し（前掲大判昭3・11・8），物権が消滅すれば物権的請求権も消滅する。

(2) **物権的請求権と消滅時効**

(ア) **問題の所在**　物権的請求権の法的性質との関係で多少議論されているのが，物権的請求権は物権とは独立に消滅時効にかかるかという問題である。地上権や永小作権などの用益物権が時効によって消滅し（166条2項），あるいは所有権が他人の時効取得（162条）によって消滅する場合には，前述したように，物権自体が消滅するために物権的請求権の時効消滅を問題にする余地はない。ここで問題とするのは，物権自体は存続しながら，物権的請求権だけが時効によって消滅するかということである。

(イ) **判例・通説**　この問題につき，判例は，物権的請求権は物権の作用であって独立の権利ではないとして，物権的請求権だけが消滅時効にかかることはないとする（前掲大判大5・6・23）。学説でも，判例と同様に，物権的請求権だけの消滅時効を否定するのが通説である。しかし，通説は，物権的請求権の性質論からではなく，次のような実際的考慮から，その結論を導き出している。すなわち，① 166条2項によって所有権は消滅時効にかからないのに，物権的請求権だけが時効で消滅することになると，所有物を奪われた所有者は所有権があるのに返還請求ができず，侵奪者は所有権がなくても返還する必要がなくなって不都合な結果が生じ，また②物権的請求権は，物権の侵害を除去するためのものであるから，侵害状態が継続している間は絶えず発生しており，したがって消滅時効にはかからないというものである*。

4）　我妻＝有泉・23頁。

＊判例・通説の考え方に対して，特定の侵害者に対する関係で具体的に発生した個別の物権的請求権は消滅時効にかかると解する有力な見解もある[5]。すなわち，時効によっていわば抽象的な物権的請求権が包括的に消滅すると解するならば，通説の主張するように，不都合な結果が生じることになる。しかし，特定の具体的な侵害状態が存在するにもかかわらず，物権者が物権的請求権を行使せず長年放置している場合に，その特定の侵害に対する関係で消滅時効によりもはや物権的請求権の行使を認めないと解しても，それは背理ではない。この消滅時効は，特定の具体的な侵害に対する物権的請求権についてだけであり，これによっておよそ一般的に当該物権について物権的請求権が消滅するものではないので，他の侵害に対しては，物権者は依然として物権的請求権を行使することができるとする。

2.1.4　類似または関連する制度との関係

(1)　占有の訴えとの関係

　占有の訴えは，物に対する事実上の支配である占有をその侵奪や妨害などから保護する制度である。これに対し，物権的請求権は，事実上の支配の有無にかかわりなく物の支配を根拠づける本権の保護を目的とする制度である。占有の訴えは，現在の支配状態の回復を目指すものであるに対し，物権的請求権は，あるべき権利状態の回復を目指すものであるということができる。したがって，両者は併存することが可能であるが，その場合の両者の関係が問題となる（202条→**第6章3.3.5**参照）。

(2)　不法行為法との関係

　例えば【設例Ⅱ-5】において，土地所有者Aは，不法占有者Bに対して物権的請求権を行使してバラックの撤去と土地の明渡しを請求することができる。しかし，Bが不法に占有していた間Aが土地を使用できなかったことによる損害は，物権的請求権ではなく，Bによる土地所有権の侵害という不法行為を理由に賠償請求することになる。

　物権的請求権と不法行為を理由とする損害賠償請求は，1つの事実関係について併存して認められるが，両者の目的やその適用の要件・効果に違いがある。第1に目的については，物権的請求権は物権の違法な侵害を排除して

---

5)　舟橋＝徳本編『新版注民(6)』120頁［好美］。

物権による円満な物の支配を回復することにあるのに対し，不法行為を理由とする損害賠償請求は物権の違法な侵害による損害を補塡することにある。第2に要件については，物権的請求権では現在の侵害者について故意・過失を必要としないのに対し，不法行為を理由とする損害賠償請求では不法行為者の故意・過失が要件である。第3に効果については，不法行為ではもっぱら損害賠償の請求であり，物の返還は認められないが，物権的請求権では物の返還が認められる。

(3)　他の債権的請求権との関係 （請求権競合の問題）

> 【設例Ⅱ-6】　Aは，所有の甲土地を1年間の約束で資材置き場としてBに賃貸したが，約束の期間が終了したにもかかわらずBは借り受けた甲土地をAに返そうとしない。この場合，AがBから甲土地を返還してもらう方法として，どのようなものがあるか。

【設例Ⅱ-6】において，AがBから甲土地を返還してもらう方法として，理論的には土地所有権に基づく物権的請求権（返還請求権）の行使と賃貸借契約の終了に基づく債権的返還請求権の行使が考えられる。この場合，Aは物権的請求権と債権的請求権の両方を行使することができるのか，それともいずれか一方しか行使することができないのかということが問題となる（同様の問題は，債務不履行による損害賠償請求権と不法行為による損害賠償請求権との関係についても生じる→松井・債権**第3章 4.6.3** 末尾＊参照）。これについては，①Aは，物権的請求権と債権的請求権のいずれを行使してもよく，一方を行使して敗訴しても，他方で再訴することができるとする請求権競合説（判例・通説），②物権法は特殊な関係がない者の間で一般的に適用されるものであるのに対し，契約という特殊な関係にある者の間では契約法が優先して適用されるべきであるとして，Aは賃貸借契約に基づく債権的返還請求権しか行使することができないとする請求権非競合説（法条競合説）[6]，③Aは，物権的請求権と債権的請求権の双方の性質を併せ持つ1個の請求権を有するとする規範競合（統合）説[7] などが主張されている。

6）　鈴木・20頁など。
7）　石田・59頁など。

2.2　物権的請求権の種類

2.2.1　序

　物権的請求権の種類として，①物権者が物の占有を喪失した場合に認められる**物権的返還請求権**，②物権者が占有喪失以外の態様で物の直接的支配を妨害されている場合に認められる**物権的妨害排除請求権**，③物権者が物の直接的支配を将来妨害されるおそれがある場合に認められる**物権的妨害予防請求権**の 3 つがある。それぞれ占有の訴えにおける占有回収の訴え（200 条）・占有保持の訴え（198 条）・占有保全の訴え（199 条）に対応するものである。物権のもっとも典型的なものである所有権については，これら 3 つの物権的請求権すべてが認められる（所有物返還請求権・所有物妨害排除請求権・所有物妨害予防請求権）。また，所有権以外の物権では，地上権と永小作権についても，物権的返還請求権・物権的妨害排除請求権・物権的妨害予防請求権のいずれもが認められる。しかし，それ以外の物権については必ずしもそうではない*。そこで，以下では所有権に基づく物権的請求権を例にして説明する。

＊とくに担保物権に関しては，次のような例外がある。①留置権は，占有を内容とする権利であるが，留置権者の占有喪失によって消滅するので（302 条本文），返還請求権が生じる余地はない。②先取特権は占有を伴う権利ではないので，返還請求権は問題にならないといえそうであるが，同じく占有を伴わない抵当権について判例は返還請求権を認めているので（最判昭 57・3・12 民集 36 巻 3 号 349 頁［百選 I 8 版-90］），返還請求権が認められる余地はある。③動産質は，質権者が物の占有を奪われた場合には，占有回収の訴えによる保護を受けるだけであるので（353 条），質権者は返還請求権を行使することができない。動産質では，質物の占有継続が第三者対抗要件とされ（352 条），質権者の占有喪失によって質権を第三者に対抗することができなくなるからである（→松井・担保**第 3 章 2.2.1** (1)参照）。④抵当権は，先取特権と同様に占有を伴う権利ではないが，上述のように判例によって返還請求権が認められている（→松井・担保**第 2 章 3.4.2** 参照）。

＊＊不動産賃借権に基づく妨害排除請求権　　債権についても，その侵害から債権を保護するための権利が認められるかどうかが問題となるが，これについてはとくに不動産賃借権に基づく妨害排除請求権が議論されている（→松井・債権**第 3 章** **6.3** 参照）。

> 【設例II-7】　ＣはＡとの間でその所有の甲土地について賃貸借契約を結んだが，それ以前からホームレスのＢがＡに無断でその土地に粗末な小屋を建てて住んでいた。Ａから甲土地の引渡しをまだ受けていない賃借人Ｃは，甲土地を利用するために，その土地からＢを追い出したいと考えている。Ｃはどのような法的手段を執ることができるか。

　【設例II-7】において，Ｃが甲土地から不法占有者Ｂを排除することができるための法的手段として，次のものが考えられる。
　①　賃借権に基づく妨害排除請求権の行使　　不動産賃借権が605条の2第1項に規定する対抗要件を備えている場合には，不動産の占有を妨害している第三者に対する妨害停止の請求権（賃借権に基づく妨害排除請求権）が認められるので（605条の4第1号），ＡＣ間の賃貸借についてその対抗要件が備えられておれば，Ｃはこの権利を行使することによってＢを甲土地から追い出すことができる。なお，605条の2第1項の対抗要件を備えている不動産賃借権については，不動産を占有している第三者に対する返還請求権も認められている（605条の4第2号）。
　②　賃貸人の妨害排除請求権の代位行使（債権者代位権の転用）　　Ｃは債権者代位権（423条）を用いて，甲土地の所有者ＡがＢに対して有する所有物妨害排除請求権を代位行使することができ（大判昭4・12・16民集8巻944頁［百選II5版補-12]），しかもＢに対して甲土地を直接Ｃ自身に明け渡すように請求することができる（最判昭24・9・24民集8巻9号1658頁など）。ただし，代位行使される賃貸人の妨害排除請求権そのものが否定される場合には，この方法は採ることができない（例えば，【設例II-7】のＢも甲土地の賃借人である場合）（債権者代位権の転用については→松井・債権第4章 1.5 参照）。
　③　占有の訴えの行使　　賃借人がすでに賃借不動産を占有している場合であれば，占有保持の訴え（198条）または占有回収の訴え（200条）によって第三者による不法占有を排除することができる。しかし，【設例II-7】ではＣはまだ占有を取得していないので，この方法を採ることはできない。

2.2.2　物権的返還請求権

(1)　意義と要件

　(ア)　意　義　　**物権的返還請求権**とは，所有物の占有を失った所有者が無権原の占有者に対して所有物の返還（占有の回復）を請求することができる権利をいう。ＢがＡの所有地に無権原で建物を建て，それによってＡが土地

の占有を全面的に失った場合に，A が B に対し所有権に基づく返還請求権を行使して，建物の収去と土地の明渡しを求めるというのが，その 1 例である。不動産については，返還請求権と次に述べる妨害排除請求権との区別が微妙であるが，不動産の占有が全面的に失われておれば返還請求権の行使となり，土地の一部に不法に工作物が建てられたりして不動産の占有が部分的に失われておれば妨害排除請求権の行使になるとされている。しかし，占有回収の訴えと占有保持の訴えの場合と異なり，権利の行使について両者には違いがないので（198 条・200 条・201 条参照），両者の厳密な区別は重要でないとされている[8]。なお，動産の返還請求の場合には「引渡請求」，不動産の返還請求の場合には「明渡請求」と呼ばれることが多い。

　(イ)　**要　件**　　物権的返還請求権が認められるための第 1 の要件は，所有者が所有物の占有を失うこと（占有の喪失）である。所有者が失う占有は，自己占有でも代理占有（181 条）でもよい（自己占有・代理占有については→**第 6 章 1.3.1**(1)参照）。所有者が代理占有を失う場合とは，例えば所有者 A が自己の土地を C に賃貸していたところ，B がその土地を不法に占有したために C が自己占有を失った場合である。また，所有者が占有を失った原因は問わない。例えば所有者が占有を奪われた場合（占有侵奪）はもちろんのこと，占有物を詐取された場合（96 条 1 項・2 項により詐欺を理由に売買契約などを取り消す必要がある）でも，所有者は返還請求権を行使することができる。

　第 2 の要件は，占有者の占有が法律上正当な権原に基づかない不法なものであることである。この不法な占有については，占有者の故意または は過失に基づくことを必要としない。また，所有者 A からの賃借人 C が A の承諾を得ないで B に賃借物を転貸したり賃借権を譲渡したときにも，B の占有は A にとって不法な占有となるので，A は B に対して返還請求権を行使することができる。この場合に，A は賃貸物を直接自己に返還するよう B に請求することができるかが問題とされている。判例はこれを肯定する（最判昭 26・4・27 民集 5 巻 5 号 325 頁―宅地の無断転貸，最判昭 41・10・21 民集 20 巻 8 号 1640 頁―宅地賃借権の無断譲渡―など）。学説では，AC 間の賃貸借が解除されないで C がまだ占有権原を有している場合には，C が物の返還を受ける意思を有し

---

8)　生熊・27 頁，安永・16 頁。

ないか返還を受けることができない事情があるときを除いて，AはCへの返還を請求することができるだけであるとするのが有力である[9]。

(2)　請求権者

物権的返還請求権を行使することができる者は，所有物を占有していない所有者である。物権的請求権は，物の支配を根拠づける本権（所有権）を保護するものであるから，所有者がこれまで占有していたかどうかは問題にならない[10]。したがって，第三者に不法占有されている所有者からの譲受人も返還請求権を行使することができる。所有権について登記（不動産の場合）または引渡し（動産の場合）などの公示手段（対抗要件）を備えていることが必要であるが，請求の相手方が侵奪者などのような不法行為者であるときには，これらの公示手段を備えている必要はない。

(3)　返還請求権の相手方

一般に物権的請求権の相手方は，物権者の物の直接的支配を現在侵害している者または現在侵害のおそれを生じさせている者である。返還請求権については，他人の所有物を現在無権原で占有している者が請求の相手方になる。そして，過去の侵害者は相手方にならない。物権的請求権は物権による物の支配を回復するものであるから，現在の侵害を除去しなければ意味がないからである。したがって，例えばBがAの自転車を盗んでそのまま使用している場合には，当然にBが返還請求権の相手方になる。これに対し，盗まれた自転車の占有がBからCに移転した場合に誰が請求の相手方になるのかについては，場合を分けて考える必要がある。

(ア)　当初の無権原占有者が占有を失っている場合

> **【設例Ⅱ-8】**　Aからその所有の自転車を盗んだBは，それをCに売却して引き渡した。そして，現在Cがこの自転車を使用している。この場合，誰がAの自転車の返還請求権の相手方になるか。

占有が承継されて当初の無権原占有者が占有を失っている場合には，占有の承継人が他人の所有物を現在無権原で占有している者となるので，この者

9）　我妻＝有泉・262頁，舟橋＝徳本編『新版注民(6)』185頁［好美］，石田・68頁など。
10）　舟橋＝徳本編『新版注民(6)』145頁［好美］。

が返還請求権の相手方になる。【設例Ⅱ-8】では，A 所有の自転車を無権原で占有する B がこれを C に売却して引き渡しているので，C にその占有が承継されて B はもはや自転車の占有を失っている。したがって，現在の無権原占有者である C が返還請求権の相手方になる（ただし，即時取得〔192 条以下→第 3 章 4.4 参照〕によって C が所有権を取得した場合には，A はもはや返還請求権を行使することができない）。

(イ)　当初の無権原占有者が間接占有している場合

> 【設例Ⅱ-9】　A からその所有の自転車を盗んだ B は，それを C に貸し，現在 C がこの自転車を使用している。この場合，誰が A の自転車の返還請求権の相手方になるか。

【設例Ⅱ-9】では，【設例Ⅱ-8】とは異なり，B は自転車に対する占有を失っているわけではなく，借主 C（占有代理人）を通じて間接的に占有（代理占有）している。他方，C も B から引渡しを受けて自転車を直接的に占有（自己占有）している。このような場合に，所有者は誰を相手に返還請求権を行使すべきかということが問題となる。これについて，判例は，①所有者 A は占有代理人 C に直接請求してもよいし（大判大 10・6・22 民録 27 輯 1223 頁），②B みずからが自転車の現実の占有を A に移転することができるとき，例えば B が C から自転車を取り戻してただちに A に返還することができるときは，A は B に請求してもよく（大判昭 13・1・28 民集 17 巻 1 号），そして③B みずからが返還することができないときは，A は，B が C に対して有する契約上の返還請求権を自己に譲渡するよう請求することができる（大判昭 9・11・6 民集 13 巻 2122 頁）と解している。学説も同様のようである。

2.2.3　物権的妨害排除請求権
(1)　意義と要件
(ア)　意　義　　物権的妨害排除請求権とは，所有者が所有物の占有の喪失以外の態様で物の直接的支配を妨害されている場合に，妨害者に対して妨害の排除を請求することができる権利をいう。例えば，隣地の樹木が大風によって自己の所有地に倒れた場合に，土地の所有者が樹木の所有者に対し妨害

排除請求権を行使して，樹木の撤去を請求するというのが，その1例である。妨害排除請求権が問題となるのは，所有者が物の占有を一部保持していて全面的に失っていない場合であるので，それは通常不動産について問題となる。

　(イ)　**要　件**　　物権的妨害排除請求権が認められるための第1の要件は，物の占有の喪失以外の態様で物の直接的支配の妨害状態が存在することである。妨害発生の原因は問わない。人の行為による場合（例えば他人が無権原で自己の所有地に木材を置いた場合）だけでなく，自然力による場合（例えば隣地の樹木が大風のために自己の所有地に倒れ込んだ場合）でもよい。第2の要件は，妨害状態の発生が妨害者の正当な権原に基づかないことである。そして，妨害状態の発生について妨害者の故意または過失を必要としない。

　(2)　**妨害排除請求権の主体と相手方**

　物権的妨害排除請求権を行使できる者は，物の直接的支配を妨害されている所有者である。請求権の相手方は，物の支配の妨害状態を現在発生させている者である。物によって支配が妨害されている場合には，妨害物の現在の所有者が妨害排除請求権の相手方になる。例えば，家屋の賃借人CがBから所有機械を借りて賃借家屋に備え付け，家屋の賃貸借が終了して立ち退いた後も機械を撤去しない場合，家屋の賃貸人（所有者）Aは機械の現在の所有者Bに対して機械の撤去を請求することができる（大判昭5・10・31民集9巻1009頁）。そして，妨害物が第三者に譲渡された場合には，譲受人が妨害排除請求権の相手方になる。この場合，譲受人が妨害の事実を知っていたかどうかは問わない。

2.2.4　物権的妨害予防請求権

　(1)　**意義・要件・請求権の当事者**

　物権的妨害予防請求権とは，所有者が将来物の直接的支配を妨害されるおそれがある場合に，妨害のおそれを生じさせている者に対して妨害発生の予防を請求することができる権利をいう。物権的妨害予防請求権が認められるための第1の要件は，客観的な妨害のおそれがあることである。一度現実に妨害が発生したことを必要としない。第2の要件は，妨害のおそれが妨害者

の正当な権原に基づかないことである。物権的妨害予防請求権を行使できる者は，物の支配を妨害されるおそれのある所有者である。請求権の相手方は，正当な権原なしに現在妨害のおそれを発生させている者である。

(2) 請求の内容

妨害予防として請求する内容は，①物の直接的支配の妨害になるような行為をしないこと（不作為）を請求する場合（例えば，他人の所有地を自己の所有地と主張して開墾植樹し，将来も同様の行為をするおそれがあるために，そのような行為の停止を請求する場合〔大判大 9・5・14 民録 26 輯 704 頁〕）と，②物の直接的支配の妨害を未然に防ぐ積極的な措置（作為）を請求する場合（例えば，宅地に隣接する畑を水田に変更する目的で境界線上から約 75 センチメートル掘り下げたところ，断崖が生じ隣接宅地とその上の建物が自然崩落する危険が生じたために，その崩落を防ぐための設備を請求する場合〔大判昭 12・11・19 民集 16 巻 1881 頁 [百選Ⅰ8 版-50]〕）がある。

＊物権的請求権と権利の濫用　　物権的請求権の行使が権利の濫用に当たるとして裁判上否認されることがある。例えば，①物権的返還請求権については，飛行場用地の一部として土地を接収された所有者が国に対して行った土地の返還請求（最判昭 40・3・9 民集 19 巻 2 号 233 頁〔板付飛行場事件〕）や，自動車の所有権留保売買によって所有権を留保している自動車のディーラーが代金をサブディーラーに完済した最終買主に対して行った自動車の返還請求（最判昭 50・2・28 民集 29 巻 2 号 193 頁 [百選Ⅰ6 版-100]）が権利の濫用に当たるとされた。また，②物権的妨害排除請求権については，温泉を引くための木管が無断で他人所有の土地の一部（約 2 坪）に設置された事実を知った者がその土地を譲り受け，隣接する自己の所有地（約 3000 坪）とあわせて時価の数十倍の価格で買い取らせようとしたが，温泉の経営会社に断られたので，妨害排除請求権を行使して木管の撤去を求めたところ，この妨害排除請求が権利の濫用に当たるとされたものがある（大判昭 10・10・5 民集 14 巻 1965 頁〔宇奈月温泉事件〕[百選Ⅰ8 版-1]）。このほか，電気会社が無断で他人の所有地の地下に発電用水路のトンネルを設けた場合（大判昭 11・7・17 民集 15 巻 1481 頁〔発電所用トンネル撤去事件〕）や，鉄道会社が無断で他人の所有地を埋め立てて線路を敷設した場合（大判昭 13・10・26 民集 17 巻 2057 頁）に，土地所有者による妨害排除請求権の行使が権利の濫用とされた（権利の濫用については→民法総則の教科書や参考書参照）。

2.2.5　建物譲渡における建物収去・土地明渡請求の相手方

> 【設例Ⅱ-10】　A 所有の土地に B が無権原で建物を建て，B 所有名義の登記
> をした。その後，B はこの建物を C に売却したが，登記は B 名義のままであ
> つた。この場合，土地所有者 A は，誰を相手に建物収去・土地明渡請求をす
> ることができるか。

(1)　従来の見解

　物権による物の直接的支配を現在侵害している者または現在侵害のおそれ
のある者が物権的請求権の相手方になるという考え方に従えば，【設例Ⅱ-
10】では，B から建物を譲り受けた C が自己の建物によって A の土地所有
権を現在侵害していることになるので，登記名義人 B ではなく譲受人 C が
A による建物収去・土地明渡請求の相手方になるといえよう。

　(ｱ)　**判　例**　　従来の判例は，建物を現在所有している譲受人 C が請求
の相手方になり，しかも C は所有権の登記を備えていることを必要としな
いと解していた。すなわち，①未登記建物の所有者 B がそのまま建物を C
に譲渡した後に登記嘱託の仮処分により職権で B 名義の所有権登記がなさ
れたために，敷地所有者 A が B を相手に建物収去・土地明渡請求をした事
案について，B はもはや建物の管理処分権を持たないことや事実上敷地を支
配しているとはいえないことなどを理由に，A は B を相手に請求すること
は許されず，建物を現在所有することによってその土地を占拠して土地の所
有権を侵害している C を請求の相手方にしなければならないとした（最判昭
35・6・17民集 14 巻 8 号 1396 頁）。また，②建物譲渡のケースではないが，A の
所有地につき賃借権の無断譲渡を受けた B_2 の夫 B_1 がその土地に建物を建築
して所有したところ，所有権の登記は両者の合意で B_2 の名義でなされたの
で，A が B_2 を相手に建物収去・土地明渡請求をした事案では，建物の所有
権を有しない者は，所有者との合意により建物につき自己のための所有権登
記をしていたとしても，建物を収去する権能を有しないから建物収去義務を
負うものではないとした（最判昭 47・12・7民集 26 巻 10 号 1829 頁）。

　(ｲ)　**学　説**　　学説も，通説は従来の判例の見解を支持していた。しか
し，登記名義を有する譲渡人も請求の相手方になるとする有力説も主張され

ていた[11]。その理由として，1つには，登記を保有する譲渡人 B が C 以外の者に建物を二重に譲渡して登記を移転すれば C は所有権を失うことになり，B にはまだそのような処分権があること，2つには，判例・通説のように解すると，土地所有者 A は建物登記を信頼することができず，常に実際の建物所有者を探してその者を相手に請求しなければならないという負担を強いられ，また相手方もたやすく建物所有権の移転を主張して建物収去・土地明渡義務を免れることできることなどが挙げられている。

(2)　平成 6 年最高裁判決の見解

この問題について，平成 6 年の最高裁判決は，土地所有権に基づいて「建物収去・土地明渡しを請求するには，現実に建物を所有することによってその土地を占拠し，土地所有権を侵害している者を相手方とすべきである」として，従来の立場を維持しながらも，「他人の土地上の建物の所有権を取得した者が自らの意思に基づいて所有権取得の登記を経由した場合には，たとい建物を他に譲渡したとしても，引き続き右登記名義を保有する限り，土地所有者に対し，右譲渡による建物所有権の喪失を主張して建物収去・土地明渡しの義務を免れることはできない」と判示した（最判平 6・2・8 民集 48 巻 2 号 373 頁［百選 I 8 版-51］）。

このように登記を保有している譲渡人が建物収去・土地明渡しの義務を免れることができない理由として，次のようなことが述べられている。第 1 に，建物の所有は必然的に土地の占有を伴うものであるから，土地所有者は建物の帰属につき重大な利害関係を有し，建物収去・土地明渡請求における土地所有者と建物譲渡人との関係は，「土地所有者が地上建物の譲渡による所有権の喪失を否定してその帰属を争う点で，あたかも建物についての物権変動における対抗関係にも似た関係」であり，建物譲渡人は，自らの意思で経由した登記を保有する以上，建物所有権の喪失を主張することができない。第 2 に，登記に関係なく建物の実質的所有者を相手方にすべきであるとすると，土地所有者はその探求の困難を強いられ，また相手方はたやすく建物所有権の移転を主張して明渡義務を免れるという不合理が生じる。第 3

---

11)　幾代通『民法研究ノート』79 頁以下（有斐閣，1986 年），鈴木・157 頁以下，広中・244 頁以下，我妻＝有泉・172 頁以下など。

に，建物所有者が本当に所有権を譲渡したのであれば，登記は通常困難ではなく，不動産取引に関する社会慣行にも合致するから，建物譲渡人が登記を自己名義にしたままで所有権の喪失を主張して建物の収去義務を否定することは，信義に反し公平の見地から許されない。

この平成6年最高裁判決に従えば，【設例Ⅱ-10】のBは，建物を譲渡したがまだ自らの意思で経由した登記を保有している以上，土地所有者Aとの関係では，建物所有権の喪失を主張して建物収去・土地明渡しの義務を免れることができないことになる。したがって，Bも請求の相手方になるといえよう。ただ，AがBからCへの建物所有権の譲渡を知っている場合でも，登記名義人Bが請求の相手方になるかどうかは1つの問題である。登記名義人に対する請求が認められるのは，土地所有者が請求の相手方を確知できないことの不都合を避けるためであると解するならば，建物譲受人が判明している場合には登記名義人に対する請求は認められないことになろう[12]。

> **＊平成6年最高裁判決の射程範囲**　この平成6年最高裁判決によって本文の(1)の(ア)で取り上げた①と②の事案に関する2つの最高裁判例が変更されたのではないことに注意する必要がある。というのは，平成6年最高裁判決でも，未登記建物の所有者がそのまま建物を譲渡した後に譲渡人の意思によらずに譲渡人名義の登記がなされた①の場合や，登記名義人が建物を所有したことがない②の場合については，登記名義人ではなく，実際の建物所有者が請求の相手方になるという従来の見解が維持されているからである。①の場合には，譲渡時には建物は未登記であったために，譲渡人に移転登記の懈怠があったと言えないからであり，②の場合には，登記名義人は全くの無権利者であり，建物登記は無効な登記だからである[13]。

2.3　物権的請求権の内容と費用負担

2.3.1　序

(1)　行為請求権と忍容請求権

物権的請求権による物権侵害の除去や侵害の予防に要する費用は，請求権

---

12)　佐久間・310頁。
13)　佐久間・310頁。

者である物権者と相手方のどちらが負担するかということにかかわって，物権的請求権の内容は行為請求権か忍容請求権かということが問題となる。というのは，物権的請求権の内容を行為請求権と解するか忍容請求権と解するかで費用の負担者が異なることになるからである。すなわち，物権的請求権を物権者が相手方に対して物権侵害の除去行為や予防行為を請求する**行為請求権**と解するならば，侵害の除去や予防に必要な費用は相手方の負担になる。これに対し，物権的請求権を物権者が行う侵害の除去行為または予防行為の忍容（受忍）を相手方に請求する**忍容請求権**ととらえるならば，費用は物権者の負担となる。

(2)　費用負担の問題

> **【設例Ⅱ-11】**　Ｃは，Ａから建物を借り受け，その賃借建物にＢから借り受けた工作機械を設置し，小さな工場を営んでいた。その後，Ａとの賃貸借契約が終了したので，Ｃは建物から退去したが，Ｂから借り受けていた工作機械は建物に放置されたままであった。ＡはＣに対して工作機械の撤去を求めようとしたが，Ｃの転居先は不明であった。そこで，Ａは所有者のＢに対して工作機械の撤去を求めたいと考えているが，機械を撤去する費用は，ＡとＢのどちらが負担しなければならないか。

　【設例Ⅱ-11】において，なぜ工作機械の撤去に要する費用の負担が問題になるのかというと，次のように考えられるからである。物権的請求権は，物権を侵害しているあるいは侵害のおそれのある相手方の故意または過失を必要とせずに，客観的に物権の侵害状態や侵害のおそれが生じれば行使することができるものである。すなわち，物権的請求権は，相手方に物権の侵害やそのおそれについて故意または過失があるとしてその責任を追及するのではなく，客観的な物権の侵害状態やそのおそれのある状態を解消して物権の正常な支配状態を回復するための制度と解されている。したがって，**【設例Ⅱ-11】**では，建物賃借人Ｃが借り受けた工作機械を建物に放置したまま出て行ったのであるから，機械の所有者Ｂには機械の放置について責任がないと考えられるとしても，ＡはＢ所有の機械によって所有権による建物の支配を妨害されているので，Ｂに対して妨害排除請求権を行使することができる。しかし，この場合Ｂの側からみれば，Ｂも所有の機械をＡによって無

権原で占有されているということができ，BはAに対して返還請求権を行使することができると解されている。このように2つの物権的請求権が衝突すると考えられる場合に，物権的請求権を行為請求権と解すると，早く訴えを提起して物権的請求権を行使したAまたはBが費用を相手方に負担させて物権による円満な支配を回復することができることになる。これではいわば早い者勝ちになり妥当ではない。そこで，費用負担との関係でAとBが有する物権的請求権の内容をどのように考えるかということが問題になる。

2.3.2 従来の考え方

　この問題については様々な見解が主張されているが，以下では，まず従来の主な見解を取り上げて，**【設例Ⅱ-11】**に即しながら説明を加えることにする。

(1) 行為請求権説

　判例は，物権的請求権を行為請求権と解し，物権の侵害状態あるいは侵害のおそれの発生が相手方の行為によるものかそれとも第三者の行為によるものかを問わない（物権的妨害排除請求権については前掲大判昭5・10・31，物権的妨害予防請求権については前掲大判昭12・11・19［百選Ⅰ8版-50］など）。もっとも，物権の侵害またはそのおそれが不可抗力によって生じた場合や被害者自らが侵害を忍容すべき義務を負っている場合については，傍論ではあるが物権的請求権を否認している（前掲大判昭12・11・19［百選Ⅰ8版-50］）。しかし，それは，不可抗力や侵害を忍容すべき場合には，そもそも物権的請求権そのものが認められないのか，それとも行為請求権としてではなく忍容請求権としての物権的請求権は認められるという意味なのか明確ではない。また，学説でも，物権的請求権を行為請求権と解するのが通説である。

　この見解によれば，**【設例Ⅱ-11】**におけるAの妨害排除請求権もBの返還請求権も行為請求権となり，しかも両請求権の衝突が生じると解するならば，先に物権的請求権を行使した者が費用を相手方に負担させて物権の侵害状態を除去できるという，早い者勝ちになる。

(2) 行為請求権修正説

　これは，原則として物権的請求権を行為請求権と解しながら，返還請求権

については，相手方が自らの意思で占有を取得したのではない場合には，相手方が物の支配を解いて所有者が自ら物を持ち去ることを忍容しただけで所有者の目的を達成することができるので，例外的に忍容請求権になるとする説である[14]。そして，この説は，妨害排除請求権や妨害予防請求権については，物権の侵害やその危険が第三者の行為や不可抗力によって生じた場合でも行為請求権であると解している[15]。

　この説によれば，【設例Ⅱ-11】の場合には，Ａは自らの意思でＢ所有の工作機械を取得したのではないので，ＢのＡに対する返還請求権は例外的に忍容請求権となり，ＡのＢに対する妨害排除請求権は原則どおり行為請求権となる。したがって，ＡとＢの物権的請求権のいずれが行使されても費用は常にＢの負担になるので，費用の負担について不合理な結果にはならない。しかし，この説に対しては，妨害排除請求権や妨害予防請求権については常に相手方が費用を負担することになって不都合であり，また返還請求権について例外を設ける理論的根拠が明らかでないという批判がなされている。

(3)　忍容請求権説

　この説は，物権的請求権は物権侵害やそのおそれという客観的状態を物権者自らが除去することの忍容を相手方に請求することができる権利であると解する。したがって，侵害除去の費用は原則として物権者の負担になるが，相手方が同時に不法行為者であるときは，物権者は要した費用を不法行為による損害の一部として相手方に賠償請求することができるとする[16]。

　この説によれば，【設例Ⅱ-11】においては，Ａは妨害排除請求として自己の費用負担で工作機械を撤去することの忍容をＢに求めることになり，またＢも返還請求として自己の費用負担で工作機械を運び出すことの忍容をＡに求めることになる。そして，工作機械の放置についてＡに不法行為責任が認められるときは，返還請求権を行使したＢは費用を損害としてＡに賠償請求することができ，逆にＢに不法行為責任があれば，妨害排除請求

---

14)　柚木＝高木・453 頁以下。同旨，我妻＝有泉 265 頁。
15)　柚木＝高木・460 頁，474 頁，我妻＝有泉・267 頁以下。
16)　鈴木・21 頁以下。

権を行使した A は費用を B に賠償請求することができる。しかし，機械を放置したのは C であり，A と B のいずれにも不法行為責任がないとされる公算が大きいので，その場合には両者ともに負担した費用を相手方に請求することができない。そのため，先に訴えて物権的請求権を行使した方が費用を負担しなければならないという，いわば早い者が損をするという逆の不当な結果になる。

(4) 責任説

これは，物権の侵害またはそのおそれの発生について相手方に責任（故意または過失など）がある場合には物権的請求権を行為請求権と解し，相手方に責任がない場合には忍容請求権と解する説である[17]。

この説によれば，【設例Ⅱ-11】において，工作機械の放置につき A に責任があって B に責任がなければ，A の返還請求権は忍容請求権，B の妨害排除請求権は行為請求権となって，A が常に費用を負担し，逆に B に責任があって A に責任がなければ，A の返還請求権は行為請求権，B の妨害排除請求権は忍容請求権になって，費用負担は常に B ということになり，費用負担の調整の問題は生じない。しかし，(3)で述べたように，A と B のいずれにも責任がないとされる公算が大きいので，その場合には双方の物権的請求権はともに忍容請求権となり，先に権利を行使した者が自己の費用負担で侵害を除去しなければならなくなり，やはり妥当ではない。そこで，この説の中には，物権者と相手方双方に責任がないときには，費用を折半すべきであるとするものがある[18]。

2.3.3 近時の考え方

以上に述べてきた行為請求権修正説・忍容請求権説・責任説といった見解は，主として【設例Ⅱ-11】の場合には A の妨害排除請求権と B の返還請求権が衝突するということを前提として主張されてきたものである。しかしながら，このような 2 つの物権的請求権が衝突すると解することに対して以前

---

17) 川島武宜『新版所有権法の理論』117 頁（岩波書店，1987 年），舟橋・46 頁など。

18) 渡辺洋三「物権的返還請求権と妨害排除請求権」谷口知平＝加藤一郎編『民法演習Ⅱ』101 頁（有斐閣，1958 年）など。

から批判が出されていた。すなわち，**【設例Ⅱ-11】**の場合，社会観念に従えば，放置された工作機械によって A の建物所有権が侵害されており，A の行為請求権としての妨害排除請求権が認められるだけであるとして，A と B の物権的請求権が衝突することは考えられないという批判である[19]。そして，近時では，このような批判的な立場に立って，放置された工作機械を自己の物として支配する意思が原則として A には認められないとして，B の行為請求権としての返還請求権を否定する見解が有力になっている[20]。

　この見解によれば，B 所有の工作機械によって A の建物所有権が妨害されていると捉えられる以上，A の B に対する妨害排除請求権のみが認められ，しかもその妨害排除請求権は B の費用負担による機械の撤去を請求できる行為請求権と解することになる。ただ，このように解すると，A からの妨害排除請求がない限り，B は自ら建物に立ち入って機械を撤去できないことになりそうである。しかし，B は機械の所有者である以上，所有権による機械の支配を回復するために，B には A の建物に立ち入って機械を撤去することについて A の忍容（受忍）を求めることができると解すべきである（これは B の所有権の効力として出てくるものであり，忍容請求権としての物権的請求権と解することができる）。そして，B が A に対して立入りと機械の撤去の忍容を求めたにもかかわらず，A がこれを拒絶して機械の占有を取得したと認められるときには，もはや B による建物所有権に対する妨害が止み，機械について B の行為請求権としての返還請求権が発生すると解することができる[21]。

---

19)　於保・37 頁。
20)　広中・265 頁，舟橋＝徳本編『新版注民（6）』174 頁以下［好美］，神田博司＝長谷川貞之「物権的請求権」遠藤浩＝川井健＝西原道雄編『演習民法（総則・物権）』352 頁（青林書院，1989 年），佐久間・314 頁以下，安永・24 頁，生熊・26 頁など。
21)　広中・265 頁，神田＝長谷川・前注 20) 353 頁，安永・25 頁など。

第3章 物権の変動

第1節 総 説

第3章では，不動産と動産の物権の変動をめぐるさまざまな問題を取り扱う。そして，第1節では，まず物権の変動とはどのようなことをいうのか，またそれはどのような原因によって生じるのかということを取り上げる。次に，物権の変動について，その公示の必要性および公示に関する原則である公示の原則と公信の原則を説明する。

1.1 物権変動の意義と原因

1.1.1 物権変動の意義

物権の変動とは，権利に生じる変化に焦点を当てていえば，物権の発生・変更・消滅をいう。これを権利の主体（物権者）に生じる変化に焦点を当てていえば，物権の得喪（取得と喪失）・変更となる（177条参照）。例えば，建物を新築したり買い受けたりすれば所有権を取得し，建物を増築すれば所有権の内容が変更され，建物を取り壊したり譲渡したりすれば所有権を喪失するというようなことである。このような物権の得喪・変更は，次のように分類することができる。

(1) 物権の取得

物権の取得（物権の発生）は，まず原始取得と承継取得に分けることができ，後者はさらに移転的承継と設定的承継に細分することができる。

(ア) 原始取得 原始取得とは，①社会において全く新しく物権を取得することや，②前主の物権とは無関係に新しく物権を取得することをいう。建物の新築による所有権の取得や無主物先占（239条1項→**第4章 4.2.1** 参照）などが前者の例であり，時効取得（162条・163条）・即時取得（192条→ **4.4** 参照）・

遺失物拾得（240 条→**第 4 章 4.2.2** 参照）・埋蔵物発見（241 条→**第 4 章 4.2.3** 参照）・添付（242 条以下→**第 4 章 4.3** 参照）などが後者の例である。とくに後者の場合には，原始取得によって前主の物権が当然に消滅するので，前主の物権に付着していた負担（用益物権や担保物権など）や瑕疵なども消滅する。

　(ｲ)　**承継取得**　　**承継取得**とは，前主の物権をその権利の負担や瑕疵とともに取得することをいう。これには，①売買や相続などによって前主の物権をそのまま譲り受ける**移転的承継**と，②地上権や抵当権の取得のように，前主の物権の内容の一部を譲り受ける**設定的承継**とがある。そして，移転的承継は，ⓐ売買による所有権の取得のように，特定の物権を個別に承継する**特定承継**と，ⓑ相続のように，個々の物権を一括して承継する**包括承継**に分類される。なお，民法は，物権の移転的承継を「物権の移転」といい（176条），それが人の意思に基づく場合を「物権の譲渡」と呼んでいる（178条）。また，物権の設定的承継を「物権の設定」と呼ぶ（176条）。

　(2)　**物権の喪失**

　物権の喪失（物権の消滅）は，権利者が物権を失うことであるが，これには，①**物権の絶対的喪失**と②**物権の相対的喪失**がある。前者は，甲建物の焼失による所有権の喪失などのように，社会から特定の物権自体が存在しなくなることをいう。民法は，これを「物権の消滅」と呼んでいる（179条）。これに対し，後者は，売買によって売主は目的物の所有権を失うが，買主はそれを取得する場合のように，物権の主体の変更のことをいう。(1)(ｲ)の移転的承継を前主の立場から見たものである。

　(3)　**物権の変更**

　物権の変更とは，物権自体の同一性を維持しながら，物権の客体や内容が変わることをいう。例えば，平屋の所有家屋を 2 階建てにしたり，抵当権で担保している債権の額を増やしたりする場合などである。

＊以上に述べた物権変動の分類を簡単に図で示せば，次のようになる。

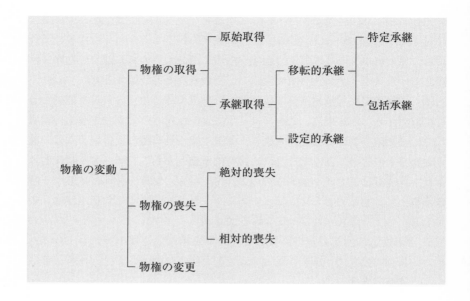

1.1.2 物権変動の原因

　物権の変動は，その原因となる事実（法律事実）に基づき，その法律効果として発生する。そして，一般に法律効果を発生するのに必要な法律事実を法律要件というが，物権変動の原因となる法律事実（法律要件）には様々なものがある。これを大別すると，法律行為とそれ以外のものに区別することができる。

(1) 法律行為

　物権の変動を生じる法律要件の中で重要なものが法律行為である。これには，①売買契約・贈与契約などの債権契約や地上権設定契約・抵当権設定契約などの物権契約と，②遺言や物権の放棄などの単独行為がある。前者の契約が最も重要であり，以下の物権変動をめぐる議論はこの契約（とりわけ売買契約）を中心に述べる。

(2) 法律行為以外の法律要件

　物権の変動は，法律行為以外の法律要件によっても生じる。民法が定めている法律行為以外の法律要件としては，取得時効（162条・163条）と消滅時

効（166条2項），混同（179条→ 6.2 参照），無主物先占・遺失物拾得・埋蔵物発見および添付，相続（882条以下）などがある。このほかに，目的物の滅失などもある。

1.2 物権変動と公示の原則・公信の原則

1.2.1 公示の原則

(1) 物権変動の公示の必要性

> **【設例Ⅲ-1】**　A所有の甲土地をBがすでに買い受けて所有権を取得している。ところが，その後CもAから甲土地を買い受けた。CはAから甲土地を取得することができるか。

> **【設例Ⅲ-2】**　X所有の乙土地についてYが抵当権を取得した後，ZはXから乙土地を買い受けた。そして，その後Yがこの抵当権を実行した。この場合，乙土地に対するZの所有権はどうなるか。

　物権には排他性という性質があり，ある物についてある人が物権を取得すると，他の人はそれと衝突する内容の物権を同時に取得することができなくなる。したがって，**【設例Ⅲ-1】**では，A所有の甲土地はBが時間的に先に買い受けて所有権を取得している以上，原則としてBの所有権取得が優先し，Cは，物権の排他性によってもはやAから所有権を取得することができない。そこで，Cが甲土地を取得するにはBから買い受ける方法を採ることが必要になる。そのためには，売買によってAからBに甲土地の所有権が移転し，現在Bが所有者であることがCに分かるようにしておかなければならない。

　あるいは，**【設例Ⅲ-2】**では，時間的に先に成立したYの抵当権がZの所有権取得に優先するのが原則であるから，Yが乙土地上の抵当権を実行すれば，Zはせっかく取得した所有権を失うことになる。Zがこのような不利益を受けないようにするためには，乙土地についてYのために抵当権が存在することがZに分かるようにしておかなければならない。

　以上に述べたことから明らかなように，ＣやＺが安全に所有権を取得することができるためには，目に見えない観念的な存在である所有権や抵当権の移転や設定をＣやＺに分かるように一定の形式によって外部に表示することが必要となる。ここに，安全な物権取引のために物権の変動を外部から認識することができるように一定の形式によって表示しなければならないという，**物権変動の公示の必要性**が生じてくる。そして，この物権の変動を一定の形式によって表示することを**公示**といい，そのための手段を**公示手段**（**公示方法**）と呼んでいる。民法では，不動産物権の変動については登記（177条），動産物権の変動については引渡し（178条）が公示手段として定められている（なお，特別法によって動産譲渡登記ファイルへの譲渡登記が動産譲渡の公示手段とされている〔動産債権譲渡特例法3条〕**→4.3.3**末尾＊＊参照）。このほか，立木や未分離の果実の物権変動については，明認方法という特殊な公示手段が判例・学説によって認められている（**→第5節**参照）。

　(2)　**公示の原則**

　この物権変動の公示の必要性を満たすために，わが国では物権の変動について次のような原則がたてられている。すなわち，物権の変動を登記や引渡しなどによって公示しておかないと，それと衝突あるいは矛盾する他の物権変動を主張する第三者に対抗することができないという原則である。これを**公示の原則**という＊。つまり，民法によると，例えば法律行為による物権変動の場合，登記や引渡しなどの公示手段を備えなくても，当事者の意思表示のみによって物権変動の効力が生じる（176条）。しかし，生じた物権変動を第三者に対抗するためには，言い換えれば物権の変動を第三者に主張するためには，公示手段を備えていなければならないのである（177条・178条）。そこでは，登記や引渡しなどの公示手段は，物権変動が成立するための要件（成立要件）ではなく，物権変動を第三者に対抗（主張）するための要件（対抗要件）とされている。つまり，公示手段には物権の変動を第三者に対抗することができるという効力が与えられており，このような公示手段に与えられている効力を**対抗力**という（対抗の意味については**→3.2.1**参照）。

　したがって，【**設例Ⅲ-1**】や【**設例Ⅲ-2**】の場合，先に所有権や抵当権を取得したＢやＹが所有権移転や抵当権設定の登記を備えていないときには，

ＣやＺに対して所有権や抵当権の取得を対抗することができないことになる。反対に後から所有権を取得したＣやＺが先に所有権移転の登記を備えると，Ｃの所有権取得がＢに優先し，あるいはＺは抵当権の負担のない完全な所有権を取得する。このことは，公示の原則においては，ＢやＹによる所有権や抵当権の取得という物権の変動があっても，それが公示されていない場合には，ＣやＺなどの第三者との関係ではその物権変動は存在しないものと扱われるということを意味している[1]。

　なお，ドイツ民法では公示手段は物権変動の成立要件とされている（→ **2.1.2** 参照）。したがって，公示手段を備えなければ物権の変動は有効に生じないということが，ドイツ民法における公示の原則であるということができる。

＊**公示の必要性と公示の原則との区別**　　従来の通説は，物権の変動は外部から認識できる一定の表象（公示）を伴わなければならないという原則を公示の原則と説明している[2]。しかし，これは物権変動の公示の必要性を説明しているにすぎず，公示の必要性と公示の原則は区別して考えられなければならない。公示の必要性は，前述のように，物権取引の安全を図るために出されてきたものである。これに対し，公示の原則はどのようにして公示の必要性を満たすかということにかかわるものである。すなわち，わが民法は公示手段に対抗力を与え，物権の変動を公示しておかなければ，それと衝突・矛盾する他の物権変動が生じたときに対抗することができないという不利益を課すことによって，間接的に物権の取引者に公示を促す方法を採用している。公示の原則とはまさに公示手段に与えられる実体法上の効力の意味内容のことであり，公示の必要性を満たすためのものと解することができる[3]。

1）　佐久間・35 頁，安永・31 頁，生熊・191 頁。
2）　末川・51 頁，我妻＝有泉・40 頁，近江・40 頁，内田・437 頁，石田・106 頁，滝沢・42 頁など。
3）　遠藤浩＝川井健他編『民法（2）［第 4 版増補版］』34 頁以下（有斐閣，2003 年）。同旨，安永・30 頁。

1.2.2 公信の原則

(1) 意 義

> **【設例Ⅲ-3】** Bは，A所有の甲土地について，司法書士Dと共謀してAとの売買契約書など登記申請に必要な書類を偽造して所有権の登記を自己名義に移し，この登記を信頼したCに甲土地を売却してしまった。この場合に，AはCから甲土地を取り戻すことができるか。

公信の原則とは，ある者が物権変動の公示を信頼して取引関係に入った場合，その公示が真実の権利関係と一致していなくても，公示に対応した権利関係が存在するものと扱うという原則をいう。(2)で後述するように，わが民法では不動産取引について公信の原則が認められていない。したがって，**【設例Ⅲ-3】**では，AはCから甲土地を取り戻すことができる。しかし，仮に公信の原則が認められているとすると，**【設例Ⅲ-3】**では，不正になされた無効なB名義の所有権登記を信頼して甲土地を買い受けたCのために，Bに登記どおりの所有権があると扱われ，Cは甲土地の所有権を取得することができ，その結果真の所有者Aは所有権を失うことになる。このように公信の原則が認められると，真実の権利関係に合わない無効な公示を信頼して取引関係に入った者は有効に権利を取得することができるという効力が公示手段に与えられる。このような公示手段の効力を**公信力**という。

公信の原則も，物権取引の安全のために認められたものである。そして，この原則においては，物権の変動が生じていないにもかかわらず公示がなされた場合（**【設例Ⅲ-3】**のように，AからBへの所有権移転が生じていないにもかかわらずB名義に登記が移された場合）には，その公示を信頼した第三者（C）との関係で，その物権変動（AからBへの所有権移転）が存在したものと扱われることになる。

(2) わが民法における公信の原則

> **【設例Ⅲ-4】** YはXから借りて使用している自転車を自分の物だと偽って，事情を知らないZに売却して引き渡した。この場合，XはZからこの自転車を取り戻すことができるか。

わが民法は，動産の取引について公信の原則を採用し，動産の占有について公信力を認めている。いわゆる**即時取得制度**である（192条以下→ 4.4 参照）。例えば，【設例Ⅲ-4】において，ZがYの自転車に対する占有を信頼して過失なくYを所有者と信じ，Yから自転車を買い受けて引渡しを受けると，Yには所有権がないにもかかわらず，Zは有効に所有権を取得することができる。すなわち，Yの自転車の占有の効力として，その占有を信頼してYと取り引きしたZのためにYに所有権があるものと扱われ，Zは有効に所有権を取得すると同時に，真の権利者Xは所有権を失う。このようなことから占有に公信力が与えられているということができる。動産は不動産に比べて一般に財産としての重要性が大きくなく，権利者が権利の喪失によって被る不利益は不動産に比べて小さく，他方動産は頻繁に取引されるため，取引者がその権利関係を慎重に調査しなければならないとすると，取引の停滞を招きかねないことになるので，動産の取引については公信の原則が採用されているのである。

これに対し，不動産の取引については公信の原則は採用されていない。すなわち，取引について公信の原則が採用されれば真の権利者が権利を失うこともあるので，生活や生産の基盤として非常に重要な財産である不動産の取引については，真の権利者の保護を重視して公信の原則を認めず，登記の公信力を否定するのが判例・通説である。しかし，現在では，94条2項を類推適用することによって，登記に公信力を認めた場合と同じ結論が導き出されている。いわゆる94条2項類推適用論である（→ **3.5.1**(4)参照）。

第2節　物権変動を生ずる法律行為

物権変動を生じる原因の中で最も重要なものは法律行為であるが，この物権変動を生ずる法律行為についてはまず176条が適用される。そこで，**第2節**ではこの176条に関する以下のような問題を取り上げる。すなわち，売買による所有権の移転を例にして簡単に述べるならば，第1は，売買によって所有権が移転するためには売主と買主の意思表示だけでよいのか，それとも

登記や引渡しを必要とするのかという問題である。第2は，所有権移転のための売主と買主の意思表示は，売買契約を成立させる意思表示をいうのか，あるいはそれとは別の所有権移転を目的とする意思表示をいうのかという問題である。そして，この問題について後者の考え方をとった場合，売買契約が取消しや無効などによって効力を失うと所有権移転はどうなるのかという問題が出てくる。第3は，売買において具体的に所有権が移転する時期はいつかという問題であり，様々な考え方が主張されている。

2.1　物権変動における意思主義と形式主義

2.1.1　序

　物権変動の原因となる法律行為には2つの種類のものがある。第1は，物権変動の原因となりうるが，当事者間に債権・債務を発生させる売買契約や贈与契約などの**債権行為**（債権契約）である。第2は，当事者間に直接物権の発生や移転を生じさせる抵当権や地上権の設定契約などの**物権行為**（物権契約）である。このような物権変動の原因となる法律行為について，次の2つのことが問題となる。第1は，法律行為（債権行為または物権行為）によって物権の変動が生じるためには，意思表示だけで足りるのか，それとも何らかの形式的行為を必要とするのかという問題である（意思主義か形式主義かという問題→ **2.1.2** 参照）。第2は，売買や贈与などの債権行為を原因として物権の変動が生ずる場合，債権行為とは別に物権変動の発生だけを目的とする物権行為のなされることが必要かという問題である（物権行為の独自性の問題→ **2.1.3** (1)参照）。そして，第2の問題に関連して，債権行為が無効や取消しによって効力を失った場合に，物権変動の効力も失われるかどうかという問題が生じる（物権行為の無因性の問題→ **2.1.3** (2)参照）。

　なぜこのようなことが問題になるのかというと，法律行為による物権の変動については，大きくフランス民法の採用する意思主義とドイツ民法の採用する形式主義の対立があり，上述の3つの問題に関して相異なる立場が採られているからであり，さらにはいずれの立場を採るかによってわが民法の解釈についても見解が分かれるからである。そこで，これら3つの問題を理解

するために，意思主義と形式主義を簡単に説明することから始めたい[4]。

2.1.2　意思主義と形式主義

　法律行為によって物権の変動が生ずるためには，意思表示だけで足りるかどうかという問題については，フランス民法の採用する意思主義とドイツ民法の採用する形式主義という2つの立法主義がある。

(1)　意思主義

　フランス民法では，物権の変動は当事者間の意思表示のみによって生じ，登記や引渡しなどの形式的行為を必要としないという立法主義がとられている。当事者間の意思表示のみによって物権の変動が生じることから**意思主義**といわれている。すなわち，売買による所有権移転を例にとれば，所有権は債権の効力によって移転し（フランス民法—以下では「フ民」という—711条），物を引き渡す債務は契約当事者の合意のみによって完成し，引渡しがなされなかった場合でも，物を引き渡すべきであった時から債権者が所有者になる（フ民1138条）。そして，売買は，物の引渡しや代金の支払いがなくても，合意によって当事者間で完全に成立し，買主は，売主との関係で当然に所有権を取得する（フ民1583条）。したがって，フランス民法では，売主買主間の合意によって売買契約が成立し，所有権移転は売買契約の効力によって生じることになる。

　このような意思主義によれば，第三者は第1の物権変動を容易に知ることができないので，二重譲渡の場合などには思いがけない損害を受けるおそれがある。そこで，動産の二重譲渡については，第2譲受人が善意で占有を取得したときには，公信の原則（即時取得）によって所有権を取得するものと規定されている（フ民1141条・2279条）。また，不動産所有権や抵当権などの不動産物権の変動については，特別法によって登記が対抗要件とされている（1855年登記法を全面改正した1955年1月4日のデクレ）。

4）　フランス民法の制度については，滝沢聿代『物権変動の理論』64頁以下（有斐閣，1987年），舟橋＝徳本編『新版注民（6）』34頁以下［滝沢聿代］，ドイツ民法の制度については，舟橋＝徳本編『新版注民（6）』46頁以下［山田晟・石田剛］参照。

(2) 形式主義

ドイツ民法では，物権の変動が生じるためには，当事者間の意思表示だけでは足らず，不動産の場合には登記，動産の場合には引渡しという一定の形式的行為を必要とするという立法主義がとられている。当事者間の意思表示のほかに登記または引渡しという形式的行為を伴うことによって物権の変動が生じることから，**形式主義**と呼ばれている。この形式主義においては，登記または引渡しは物権の変動が生じるための要件となっている（物権変動の成立要件）。

もっとも，動産所有権の移転に必要とされる引渡し（占有移転）については，現実の引渡しだけでなく，簡易の引渡し，占有改定，返還請求権の譲渡という現実の占有移転を伴わない方法が認められているので（ドイツ民法—以下では「ド民」という—929条～931条），動産について所有権移転の公示は十分ではない。そこで，動産取引の安全保護のために，ドイツ民法でも占有について公信力が認められている（ド民932条）。さらに，登記についても公信力が認められているので（ド民892条），不動産取引においても善意の第三者の保護が図られている。

2.1.3　物権行為の独自性・無因性

次に，売買などの債権行為を原因として物権の変動が生ずるためには，債権行為とは別に物権変動の発生だけを目的とする物権行為が必要かどうかという問題についても，フランス民法とドイツ民法はその立法主義を大きく異にしている。

(1)　物権行為の独自性

ドイツ民法では，物権変動が生じるためには，債権・債務を発生させる債権行為とは別に物権変動の発生を目的とする物権行為が必要であり（**物権行為の独自性**），しかもこの物権行為には登記または引渡しという形式的行為を伴うことが要求されている（形式主義）。そして，物権行為を成立させる当事者間の意思表示（合意），言い換えれば物権変動を目的とする当事者間の意思表示を物権的合意（Einigung）という＊。売買を原因とする所有権移転を例に採ると，売買契約（債権行為）のほかに，所有権移転を目的とする当事者間

の物権的合意（物権行為）と登記（不動産の場合）または引渡し（動産の場合）が行われて，不動産または動産の所有権が買主に移転する（不動産所有権の移転についてはド民873条，動産所有権の移転についてはド民929条）。

　このようにドイツ民法によれば，債権行為を原因として物権の変動が生じるために，債権行為とは別に物権変動の発生を目的とする物権行為と登記または引渡しが必要ということになる。そして，物権変動の発生のためには債権行為とは区別された独自の物権行為を必要とすることを「物権行為の独自性」という。これに対し，フランス民法では，すでに述べたように，債権行為の効力として物権の変動が生じるので，物権行為の独自性は否定されている。

＊特に不動産所有権の移転を目的とする物権的合意はアウフラッスング（Auflassung）と呼ばれ，それについては両当事者が管轄官庁に出頭してその面前で所有権移転の旨を表示するなどの特別な様式が要求され，また条件や期限を付けることが許されない（ド民925条）。
＊＊以上のフランス民法とドイツ民法の立法主義を，売買による所有権移転を例にして簡単に図で示せば，以下のようになる。

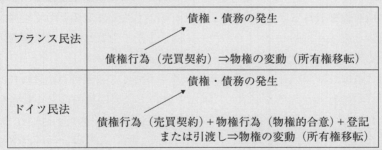

＊＊＊形式主義と物権行為の独自性　　形式主義と物権行為の独自性は常に結びつくわけではない。例えば，スイス民法では，売買による所有権移転を例にあげれば，不動産では売買契約（スイス債務法184条1項）と登記によって所有権が移転し（スイス民法656条1項），動産では売買契約と引渡しによって所有権が移転する（スイス民法714条1項）。そして，そこでいう売買契約はいずれも債権行為である。したがって，スイス民法では，物権変動が生じるためには登記や引渡しという形式的行為が必要であるという点では形式主義をとっているが，債権行為とは区別された独自の物権行為を要求していないと

いう点では物権行為の独自性は認められていないといえよう。なお，スイスにおける支配的な見解は，売主の登記申請行為を不動産所有権の移転に向けられた法律行為（単独行為）と解しているが，それをもって債権行為とは区別された独自の物権行為（物権契約）ととらえているわけでない[5]。動産売買については，契約における売買目的物の合意が同時に所有権の売主から買主への移転についての合意をも形成すると解されているようである[6]。

(2)　物権行為の無因性

　物権変動の原因となった債権行為が無効や取消しによって効力を失った場合，物権変動の効力はどうなるかという問題についても，ドイツ民法とフランス民法は際だった対立を示している。

　ドイツ民法では，物権変動の原因となった債権行為が無効や取消しによって効力を失っても，物権行為の効力はその影響を受けない。これを**物権行為の無因性**あるいは**無因主義**という。例えば，売買契約が詐欺や強迫によって取り消されても，所有権移転のための物権行為が有効に行われていれば，登記または引渡しによって所有権は有効に売主から買主へ移転していることになる。しかし，売買契約が効力を失っているために，買主は法律上の原因なしに所有権を取得したことになり，売主に所有権を不当利得として返還しなければならず（ド民812条），そのためには買主から売主への所有権返還のための物権行為が必要となる。

　もっとも，債権行為が有効であることを条件として物権行為が行われたときは，債権行為が無効や取消しによって効力を失えば物権行為も効力を失う。しかし，不動産所有権移転の物権的合意（アウフラッスング）については条件を付けることができないので（ド民925条2項），この場合には債権行為が効力を失っても物権行為は影響を受けない。また，物権行為も法律行為であるから，それ自体が無効または取消しによって効力を失うことがある。ことに，売買契約において代金支払いと目的物の引渡しが同時になされた場合には，売買契約が無効であったり取り消されたりすると物権行為も効力を失うと解釈されている。債権行為（売買契約）と物権行為が同時になされてい

るので，債権行為だけでなく物権行為にも無効原因や取消原因があると解されるからである。

　これに対し，フランス民法では物権行為の独自性がなく，物権の変動は債権行為の効力として生じるから，債権行為が効力を失えば物権の変動も当然に効力を失う。

＊スイス民法は，ドイツ民法と同様に形式主義をとっているが，物権行為の独自性は採用していないので，債権行為が効力を失えば物権の変動も効力を失うことになる。これを**有因主義**という。

2.2　わが民法の解釈

2.2.1　意思主義か形式主義か

　法律行為による物権の変動について，わが民法が当事者間の意思表示だけで生じるとする意思主義と意思表示のほかに登記や引渡しという形式的行為を必要とする形式主義のいずれをとっているかという問題については，176条が「物権の設定及び移転は，当事者の意思表示のみによって，その効力を生ずる」と規定し，ついで177条が不動産物権の変動については登記を，そして178条が動産物権の譲渡については引渡しをそれぞれ対抗要件としていることから，意思主義が採用されていると解することについては異論がない。したがって，地上権や抵当権などの設定はもちろんのこと，売買による所有権移転についても，当事者間の意思表示だけで物権の変動が生じ，登記や引渡しのような形式的行為を必要としない。

2.2.2　物権行為の独自性・無因性

(1)　物権行為の独自性

　(ア)　**肯定説と否定説**　　わが民法が意思主義をとっていることについては異論がないとしても，問題となるのは，売買契約などの債権行為を原因として物権の変動が生じる場合に，176条の意思表示が物権の変動を目的とする意思表示（物権的合意）を意味するのか，それとも売買契約などの原因行為を

成立させる意思表示（債権的合意）を意味するのかということである。

　176条の意思表示を物権的合意と解するならば，物権の変動が生じるためには，債権行為のほかに物権行為がなされなければならないという解釈になる。これに対し，176条の意思表示を債権的合意と解するならば，売買などの債権行為がなされれば，あらためて物権行為がなされなくても物権の変動が生じるという解釈になる。そして，前者のような解釈をする説は，物権の変動が生ずるためには債権行為と区別された独自の物権行為を必要とすると解することから，**物権行為独自性肯定説**と呼ばれ，後者のような解釈をする説は，債権行為のほかに独自の物権行為を必要としないことから，**物権行為独自性否定説**と呼ばれる。

　(イ)　**学説の変遷**　　176条それ自体からは両説いずれの解釈も可能であり，そのため両説の対立について学説には変遷が見られた。すなわち，①民法典制定当時から明治の末頃までは，フランスの法学者ボワソナードの起草した旧民法以来の沿革やフランス民法の影響を受けて物権行為独自性否定説の立場がとられていた。②その後，日本の法学においてドイツ法学の影響が強くなり，物権行為独自性肯定説が現れて有力になった。しかし，③大正10年になると，物権行為の独自性を認めるべきかどうかという問題は，物権変動の成立のために公示手段を必要とするかどうかという問題と切り離せない事柄であって，意思主義をとり公示手段を物権変動の成立要件としない立法の下では，物権変動のために特別の物権行為を要求する必要はないとして，物権行為独自性否定説を強く主張する学説が現れた。そして，④この学説を契機として，物権行為独自性否定説が学説上再び有力になり，現在の通説となっている。なお，判例は，民法典制定当初から一貫して物権行為の独自性を否定する立場に立っている。

　(2)　**物権行為の無因性**

　物権変動の原因となった債権行為が無効や取消しなどにより効力を失った場合，物権変動の効力はどうなるかという問題については，物権行為独自性否定説では，債権行為の効力として物権の変動が生じるので，債権行為が効力を失えば物権の変動も当然に効力を失うことになり，物権行為の無因性はそもそも問題にならない。これに対し，物権行為独自性肯定説においては，

独自の物権行為を必要とするため，物権行為の無因性が問題となる。そして，この説は，一般に物権行為の無因性を認めるが，債権行為が有効であることを条件にして物権行為をした場合には，債権行為が効力を失えば物権行為も効力を失うという相対的無因説をとっている。

2.3　物権変動の時期

2.3.1　序

　物権行為の独自性を認めるべきかどうかという問題は，具体的には売買や贈与など物権の変動を目的とする債権契約が結ばれた場合，いつ物権の変動が生じるかという問題，とくに売買における所有権移転の時期はいつかという問題と結びつけられて議論されてきた。しかし，その後物権変動の生じる時期の問題を物権行為の独自性の問題とは切り離して考える立場が支配的となってきており，さらには所有権移転の時期を確定する必要はないとする見解まで主張されている。そこで以下では，この物権変動の生じる時期，具体的には特定物売買における所有権移転の時期をめぐる議論を取り上げる[7]。なお，この問題については，売買契約の中に所有権移転時期に関する合意（特約）があれば，それに従うことについては異論がない。しかし，契約からは所有権移転時期が明らかでない場合に，具体的に所有権移転時期はいつと考えるべきかが問題となるのである。

> **【設例Ⅲ-5】**　B は，A からその所有地を買うために今年の 3 月頃から交渉をしていたが，ようやく話し合いがまとまり，5 月 1 日に売買契約書を作成して A との間で売買契約が成立した。そして，契約の定めに従い，5 月 1 日に手付金として売買代金 3000 万円の 10％である 300 万円を A に交付した。その後，B は，5 月 15 日に中間金として 1700 万円を A に支払い，5 月 30 日に A から B への所有権移転登記と引き換えに残代金 1000 万円を支払い，本件土地は 3 日後の 6 月 2 日に A から B に引き渡された。この場合において，本件土地の所有権はいつ A から B に移転したと考えられるか。なお，契約書には所有権移転時期の定めはなかったものとする。

---

7)　滝沢聿代「物権変動の時期」星野編『講座 2』31 頁以下，鎌田薫『民法ノート物権法①〔第 3 版〕』（日本評論社，2007 年）13 頁以下参照。

2.3.2 物権行為の独自性の問題と結びつける立場

(1) 物権行為独自性否定説

物権行為の独自性を否定する説によれば，物権の変動は債権行為の効力によって生じるので，売買による所有権移転の時期は原則として売買契約の成立時ということになる。これについて，物権行為独自性否定説の立場に立つ判例を参考にしてやや詳しく述べれば，次のようになる。すなわち，第1に，特定物の売買では，原則として売買契約成立の時に所有権が買主に移転する（最判昭33・6・20民集12巻10号1585頁［百選Ⅰ8版-52］など）。しかし，第2に，売買契約成立の時に所有権が移転することについて障害がある場合には，その障害がなくなった時に直ちに移転する。具体的には，①不特定物の売買では，目的物が特定した時に（401条2項参照）当然に所有権が買主に移転し（最判昭35・6・24民集14巻8号1528頁），②他人の物の売買（561条参照）では，売主が目的物の所有権を取得すると同時に買主が所有権を取得する（最判昭40・11・19民集19巻8号2003頁）。

このような見解に対しては，特定物の売買に関して，契約が結ばれただけでまだ代金の支払いや登記などもなされていないのに所有権が買主に移転するというのは，現実の不動産取引における当事者の意思に反するという批判がなされている。そこで，売買契約時ではなくて，登記，引渡しまたは代金支払いのいずれかが行われた時に所有権が移転するという見解が主張されてくる。

(2) 物権行為独自性肯定説

物権行為の独自性を肯定する説は，実際の取引から考えて，売買契約によって直ちに所有権が移転するとは一般に考えられておらず，登記，引渡しまたは代金支払いなどの外部から認識できる行為が行われた時に所有権が移転すると考えられているとして，この外部から認識できる行為の時に所有権移転の意思表示がなされているとみて，この意思表示が176条にいう意思表示に当たるとする[8]。したがって，この説によれば，具体的な所有権移転の時期は登記・引渡し・代金支払いなどのいずれかが行われた時ということになる。

---

8) 末川・63頁以下。

2.3.3 物権行為の独自性の問題と切り離して考える立場

現在の支配的な学説は，物権行為の独自性についてはこれを否定する立場
に立ちつつも，物権行為の独自性の問題と物権変動の時期の問題は別個の事
柄であるとして，両者を切り離して考えようとしている。すなわち，176 条
は，物権変動の成立要件としては意思表示のみでよいことを規定しているに
すぎず，物権変動の生じる具体的な時期については 176 条と切り離して考え
るべきであるとする。

そして，有償性説と呼ばれる学説は，このような考え方に立って，①売買
のような有償契約では，代金支払いと所有権移転という対価的給付の牽連性
(相互関連性) という点から同時履行の抗弁権 (533 条) がもっとも本質的なも
のであり，代金の支払いがあるまで所有権が移転しないのが原則であるか
ら，代金の支払時に所有権が移転するのが基本であるとする。そして，②代
金が支払われずに登記 (不動産の場合) または引渡し (動産の場合) だけがなさ
れた場合には，登記または引渡しの時に所有権を移転する趣旨と解するのが
取引当事者の通常の意思に合致することから，登記または引渡しの時にも所
有権が移転することを認める[9]*。

この有償性説は，契約の時に所有権が移転するという特別の意思表示がな
い限り，後になされる登記・引渡しまたは代金支払いのいずれかの時に所有
権が移転すると主張するものであり，前述の物権行為独自性肯定説と同じ結
論になっている。

> *有償性説に対しては，売主が買主の代金支払いなしに登記や引渡しをする場
> 合にも所有権が売主から買主に移転することを売買の有償性からは説明でき
> ないとして，この場合に所有権が移転するかどうかは，売主が買主にどのよ
> うな信用を与えたかによると解する説 (信用授与説) が主張されている[10]。す
> なわち，大企業間の生産した商品を大量・継続的に売り渡すような取引関係
> では，売主は買主にもっとも完全な信用を与えており，売主は代金債権を持
> っておればよいとみることができるので，代金が未払いでも引渡しによって
> 所有権が移転すると解することができる。これに対し，小売商が商品を売る

---

9) 川島武宜『新版所有権法の理論』222 頁以下 (岩波書店，1987 年)，同『民法 I』153 頁 (有
斐閣，1960 年)。
10) 遠藤＝川井他編・前注 3) 49 頁以下。

場合のように，稀にしか取引がなく，また買主の信用状態も分からない場合には，引渡しだけがあっても所有権は移転しないと解するのが妥当であるとする。
＊＊2.3.2 と 2.3.3 で述べた物権行為独自性否定説と有償性説および物権行為独自性肯定説の立場を図に示せば，次のようになる。

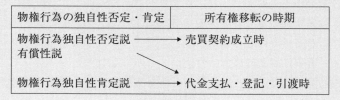

物権行為の独自性否定・肯定	所有権移転の時期
物権行為独自性否定説 ──────▶ 有償性説	売買契約成立時
物権行為独自性肯定説 ──────▶	代金支払・登記・引渡時

2.3.4　所有権移転時期を確定する必要がないとする説

　以上のような考え方とは全く対照的に，所有権移転の時期を確定する必要はないとする所有権移転時期確定不要説（所有権のなし崩し的移転説）と呼ばれるものも主張されている[11]。

　これは，売買は契約の締結・代金支払い・引渡し・登記などのプロセスを経て終了するが，そのプロセスにおいて所有権移転の時期を確定することは，実際上の意義がなく，また理論的に不可能であるとする説である。すなわち，①売買のプロセスで生じる様々な問題は，所有権移転の時期を確定しなくても，別の方法で解決することができるとする。まず，売買当事者間で問題となる危険負担や果実の収取は契約内容によって処理されるが，契約で決められていなければ民法の規定（536 条・575 条）によって解決される。次に，売買当事者の一方と第三者（例えば買主と売主の債権者）との争いは，対抗要件の有無によって処理される。そして，②所有権は売買プロセスの開始前には完全に売主に帰属しており，所有権の各種の権能は時点を異にしてプロセスの間に売主から買主になし崩し的に移転し，プロセス終了後は完全に買主に帰属するにいたる。売買プロセス中は所有権は浮動状態であり，売主と買主はともに完全な所有者ではないが，完全な非所有者でもないとする。

　この説に対しては，所有権移転の場面についてだけ所有権を多様な権能の

11)　鈴木禄弥『物権法の研究』109 頁以下（創文社，1976 年），鈴木・121 頁以下。

束と捉えることは理論的・体系的に一貫性がないという批判や，所有権移転
の時期を確定することが必要な問題が存在するという批判（例えば工作物責任
〔717条1項ただし書〕）などが述べられている[12]。

> ＊私見　　特定物売買における所有権移転の具体的な時期については，所有権
> 移転時期確定不要説を別にすると，売買契約成立時説と代金支払い・登記・
> 引渡し時説の2つが対立している。そして，一見するとこの両説には所有権
> 移転時期について大きな開きがあるように感じられる。しかし，売買契約は
> 単純に「売りましょう，買いましょう」という売主と買主の合意が得られれ
> ば成立するというものではなく，特に不動産の売買では通常当事者間で時間
> をかけた交渉が行われ，代金額や登記・引渡しの時期・方法などの重要な事
> 項について話がまとまって初めて契約は締結され成立する。このように契約
> の成立までにある程度の時間がかかる以上，売買契約成立時に移転するとい
> う見解と代金支払い・登記・引渡しの時に移転するという見解との対立は，
> 実際にはそれほど大きなものではなく，実質的な違いは小さいということが
> できる。そして，民法が意思表示によって物権変動が生じ，公示手段は物権
> 変動の成立要件ではなく対抗要件としていることから，ともに意思表示から
> 成る物権行為と債権行為を区別する必要性はなく，物権変動のための独自の
> 物権行為をわざわざ観念しなくてもよいといえよう。このように考えて，物
> 権行為の独自性を否定して売買契約によって所有権が移転すると解するなら
> ば，成立した売買契約の中に所有権移転の合意も含まれていると捉えること
> ができよう。したがって，所有権移転の時期について特別な合意がなければ
> 売買契約の成立時に特定物の所有権が移転し，代金支払い・登記・引渡しの
> いずれかの時に所有権が移転するという合意があれば（そのような合意の存否
> は契約の解釈によって判断される），その時に移転すると解すべきであろう。

第 3 節　不動産物権の変動

　177条は，不動産に関する物権の変動（取得・喪失・変更）は登記をしなけ
れば第三者に対抗することができないと定めている。この177条について
は，次のようなことが問題となる。第1は，物権変動を対抗できるとか対抗
できないというのはどのような意味なのかという，対抗の意味の問題であ

---

12)　生熊・186頁以下など。

る。第2は，176条は意思表示による物権変動について定めているが，177条は，この176条を受けて意思表示による物権変動についてのみ適用されるのか，それとも意思表示によらない物権変動についても適用があるのかという，177条が適用される物権変動の範囲の問題である。第3は，177条がいう登記がなければ対抗することができない第三者とはどのような者を指すのかという，177条の第三者の範囲の問題である。この**第3節**では，主として以上のような3つの問題を検討するが，その前提として，次の 3.1 で不動産物権変動の公示手段である不動産登記について説明する。

3.1 不動産物権変動の公示手段としての登記

3.1.1 不動産登記の意義

(1) 不動産登記

不動産登記（以下では「登記」という）とは，不動産の物理的現況と不動産上の権利関係を不動産登記簿（登記簿）に記録すること，またはその記録そのものをいう。

(2) 登記所

登記事務は，不動産の所在地を管轄する法務局もしくは地方法務局もしくはこれらの支局または出張所がつかさどる（不登6条1項）。これらの役所を登記所と呼んでいるが，登記所という名称の役所が存在するわけではない。登記所において登記事務を取り扱う者を登記官といい，登記所に勤務する法務事務官のうちから法務局または地方法務局の長が指定する（不登9条）。そして，登記は，登記官が登記簿に登記事項を記録することによって行われる（不登11条）。

3.1.2 登記簿のしくみ

(1) 登記簿

登記簿は，登記記録が記録される帳簿であって，磁気ディスク（ハードディスク）によって調製される（不登2条9号）。そのため，登記事項は磁気ディスク上に電磁的に記録され，この電磁的記録を**登記記録**という。そして，登

記記録は，不動産の表示に関する登記または権利に関する登記について，1筆の土地または1個の建物ごとに作成される（同条5号）。したがって，わが国では個々の不動産ごとに登記簿が編成される方式がとられており，これを**物的編成主義**という*。なお，以前では登記簿は土地登記簿と建物登記簿に区別されていたが，平成16（2004）年の不動産登記法の全面的改正により登記簿は磁気ディスクで調製されるため，現在ではこの区別はなくなっている。

> ＊登記簿の編成方法には，物的編成主義のほかに，**年代編成主義（人的編成主義）**といわれるものがある。これは，所有者ごとに個々の物権変動の申請書類である証書を年代順にファイルする方法であり，人名で検索できるようにすることから人的編成主義とも呼ばれる。この人的編成主義は不動産の所有者ごとに物権変動を登記するものであり，フランスがこの方法をとっている。これに対し，不動産ごとに物権変動を登記する物的編成主義は，ドイツやスイスが採用しており，わが国もこの方法をとっている。

(2)　表題部と権利部

登記記録は，表題部と権利部に区分して作成される（不登12条）。

(ア)　表題部　　表題部には不動産の表示に関する登記（以下では「表示登記」という）が記録される（不登2条7号）。表示登記は，不動産の物理的現況を公示するためのものであり，登記原因とその日付，登記の年月日などのほか（不登27条），当該不動産を他の不動産から識別するために必要な事項が記録される（土地については，所在地，地番，地目〔宅地や農地などの区分〕，地積など〔不登34条1項〕，建物については，所在地と土地の地番，家屋番号，建物の種類・構造・床面積など〔不登44条1項〕）。登記は，当事者の申請または官庁などの嘱託に基づいて行われるのが原則であるが（不登16条1項），表示登記は，登記官の職権ですることができる（不登28条）。そして，登記官は，必要があると認めるときは，当該不動産の表示に関する事項を調査することができる（不登29条1項）。

(イ)　権利部　　権利部には不動産の権利に関する登記（以下では「権利登記」という）が記録される（不登2条8号）。権利部に登記される権利は，所有権・地上権・永小作権・地役権・先取特権・質権・抵当権・賃借権・配偶者居住

権（1028 条 1 項）・採石権である。そして，これらの権利の保存・設定・移転・変更・処分の制限・消滅が登記される（不登 3 条）。なお，権利部は甲区と乙区に区分され，権利の種類によって，そのいずれかに記録される（不登 15 条，不登規 4 条 4 項）。

(a)　**権利部**（甲区）　　甲区には，所有権に関する事項が記録される（不登規 4 条 4 項）。例えば，売買による所有権の移転登記，買戻特約の登記や所有権移転請求権の仮登記などである。なお，建物を新築した場合などに行われる最初の所有権の登記を所有権の保存登記といい，この登記がなされた後に所有権の移転登記や抵当権などの制限物権の設定登記が行われる。

(b)　**権利部**（乙区）　　乙区には，所有権以外の権利に関する事項が記録される（不登規 4 条 4 項）。例えば，地上権などの用益物権，抵当権などの担保物権や賃借権の設定の登記などである。

3.1.3　登記の種類

　登記は，①登記の内容，②登記の形式および③登記の効力という 3 つの基準に従って分類することができる[13]。

(1)　登記の内容による分類

　登記は，記録される内容に応じて，記入登記・変更登記・更正登記・抹消登記・回復登記に分けられる。

(ア)　**記入登記**　　不動産登記法上の用語ではなく，講学上の用語であり，新たに生じた登記原因に基づいて新たな事項を登記簿に記録する登記をいう。例えば，所有権の保存や移転の登記，抵当権の設定登記などであり，もっとも普通に行われる登記である。なお，登記簿に記録するときは常に記入登記ということもできるから，記入登記という概念は，変更登記・更正登記・抹消登記・回復登記以外の登記を指すという程度の意味があるにすぎない。

(イ)　**変更登記**　　登記事項に変更があった場合に当該登記事項を変更する登記をいう（不登 2 条 15 号）。つまり，登記された事項と実体関係に事後的な不一致が生じた場合に，登記事項を変更して実体関係に合わせるために行わ

---

13)　詳細は舟橋＝徳本編『新版注民 (6)』345 頁以下 ［清水響］ 参照。

れる登記をいう。例えば，表示登記された平屋建ての建物が増築により二階
建てになった場合や，登記名義人の氏名や住所が変わった場合における，そ
の変更の登記などである。

(ウ)　**更正登記**　　登記事項に錯誤または遺漏があった場合に当該登記事項
を訂正する登記をいう（不登 2 条 16 号）。登記された事項と実体関係が当初か
ら不一致であった場合に，この不一致を解消するために登記事項を訂正する
登記である。例えば，抵当権の被担保債権額が 1000 万円であるのに誤って
100 万円として抵当権設定の登記をした場合における，その変更の登記など
である。

(エ)　**抹消登記**　　既存の登記を抹消するためになされる登記をいう。例え
ば，被担保債権の弁済によって抵当権が消滅した場合に，その設定登記を抹
消する登記などである。

(オ)　**回復登記**　　抹消された権利登記の回復のためになされる登記をいう
（不登 72 条参照）。例えば，抵当権が消滅していないのにその設定登記が抹消
された場合に，それを回復する登記などである。

(2)　**登記の形式による分類**

登記の記録方法によって，**主登記**と**付記登記**に区別される。付記登記と
は，すでになされた権利登記を前提として，その権利登記と一体のものとし
て公示される権利登記をいい，主登記とは，付記登記の対象となるすでにな
された権利登記をいう（不登 4 条 2 項）。例えば，地上権が権利者 A から他の
者 B に移転した場合，その移転登記は，移転された地上権の設定登記に対
する付記登記によって行われ，この付記登記によって B への移転後も地上
権の順位が維持されることになる。

(3)　**登記の効力による分類**

権利登記は，その効力によって**本登記**（終局登記）と**仮登記**に区別される。
本登記とは，登記としての対抗力や推定力を発生させる登記をいう。177 条
にいう登記はこれを指している。仮登記とは，将来なされるべき本登記の順
位を保全するためにあらかじめなされる登記をいう（不登 105 条以下）。なお，
仮登記を含め登記の効力に関する諸問題については後述する（→ 3.5 参照）。

3.1.4 登記の手続

(1) 登記の申請

(ア) **申請の方法** 登記は，原則として当事者の申請または官庁・公署の嘱託に基づいて行われる (不登16条1項)。そして，登記の申請は，①電子情報処理組織を使用する，いわゆるオンライン申請の方法と②申請情報を記載した書面 (申請情報の全部または一部を記録した磁気ディスクを含む) を提出する方法のいずれかによって，行わなければならない (不登18条)。書面による申請の場合には，登記所の窓口での申請のほかに，申請書の郵送も認められている。なお，登記の申請は，専門家である司法書士に委任して登記所への申請を代理してもらうことが一般的である。

(イ) **登記情報の提供** 登記の申請に当たっては，申請情報，すなわち不動産の識別に必要な事項，申請人の氏名または名称，登記の目的その他の登記の申請に必要な事項を登記所に提供しなければならない (不登18条)。そして，権利登記を申請する場合には，申請情報と併せて登記義務者の登記識別情報 (不登22条) と登記原因証明情報 (不登61条) を提出しなければならない。**登記識別情報**とは，旧来の登記済証 (権利証) に代わるもので，登記の申請において登記義務者本人の確認手段として機能するものである (不登2条14号)。登記が完了した場合に，登記官から申請人に対して通知され (不登21条)，数字や記号の組み合わせから構成されている。**登記原因証明情報**とは，売買契約書などの登記原因となる事実や法律行為の内容を証明する情報であり，旧来の「売渡証書」などの登記原因証書に代わるものである。

(2) 共同申請主義

(ア) **意 義** 権利登記の申請は，原則として登記権利者と登記義務者が共同してしなければならない (不登60条)。これを**共同申請主義**という。**登記権利者**とは，権利登記をすることによって，登記上直接に利益を受ける者をいう (不登2条12号)。これに対し，**登記義務者**とは，権利登記をすることによって，登記上直接に不利益を受ける登記名義人をいう (不登2条13号)。例えば，A所有の甲土地がBに売却された場合，買主Bが登記権利者，売主Aが登記義務者に当たる。AからBへの所有権移転登記によって，Bは，登記上甲土地の所有権を取得するという利益を直接受け，Aは，登記上甲

土地の所有権を失うという不利益を直接受けるからである。

　(イ)　**共同申請主義と形式的審査主義**　　登記は，社会全般の利益のために行われるものであるから，実体的権利関係を正確に反映することが必要とされる。しかし，わが国の登記制度では，登記官は，申請の際に提出される書類や情報などを通じて，登記の申請が手続上必要な要件を満たしているかどうかを調べることができるだけであり，申請された登記が実体的権利関係と一致しているかどうかを調べる権限を与えられていない。これを**形式的審査主義**という。しかし，これでは登記が実体的権利関係を正確に反映することを十分に確保することができない。そこで，登記上直接に不利益を受ける登記義務者は，通常実際の権利関係と異なる登記を申請しないことから，この者を登記の申請に加わらせることによって実体的権利関係を反映した登記の申請を期待することができるので，共同申請主義が採用されている。

　(ウ)　**共同申請主義の例外**　　共同申請主義については，次のような例外がある。

　(a)　**確定判決に基づく登記申請**　　共同申請をしなければならない者の一方が申請に協力しない場合，他方は，一方に対して登記手続を命ずる確定判決をもって単独で申請することができる（不登63条1項）。

　(b)　**相続・合併による登記**　　相続または法人の合併による権利の移転登記は，登記権利者が単独で申請することができる（不登63条2項）。相続では登記義務者が死亡しており，合併では登記義務者に異存がないからである。

　(c)　**登記官の職権による登記**　　すでに述べたように，表示登記は登記官の職権ですることができる（不登28条）。

　(d)　**仮登記**　　仮登記は，仮登記義務者の承諾があるときまたは仮登記を命ずる処分があるときは，仮登記権利者が単独で申請することができる（不登107条・108条）。

　(3)　**登記請求権**

　(ア)　**登記請求権の意義と根拠**　　登記請求権とは，登記権利者が登記申請に協力しない登記義務者に対して登記申請の協力を求めることができる実体法上の権利をいう[14]。登記義務者が登記申請に協力しない場合，登記権利者

14)　登記請求権については，月岡利男「登記請求権」星野編『講座2』233頁以下，舟橋＝徳本編

は，登記請求権に基づいて登記義務者を相手に訴訟を提起し，登記義務者に
登記手続を命じる確定判決を得れば，この判決に基づいて単独で登記を申請
することができる（不登63条1項）。このような登記請求権が認められる根拠
は，登記申請における共同申請主義に求めることができる。共同申請主義を
採用すると，登記義務者が登記申請に協力しない場合には，登記権利者は登
記を申請したくてもできないという事態が生じる。このような事態を避ける
ために，登記権利者に登記請求権を認め，登記申請に協力しない登記義務者
に協力を求めることができるようにしたのである。しかも，単に登記義務者
に対して協力を求めるというだけでなく，この権利に基づく訴訟によって登
記義務者に対し登記手続を命じる確定判決が得られれば，それに基づいて登
記権利者が単独で登記を申請することができるという点に，この登記請求権
の意義がある。

　(イ)　登記請求権の発生原因　**(a)　判　例**　　登記請求権の発生原因につい
て，判例は，複数の原因に基づいて登記請求権が発生するという多元説の立
場に立っている。

　第1は，実際には物権が存在しないか，物権変動が生じていないのに登記
がある場合である（大判明43・5・24民録16輯422頁，大判大7・5・13民録24輯
957頁など）。この場合には，実際の権利状態と登記を一致させるために，物
権的請求権としての登記請求権（物権的登記請求権）が発生する。例えば，A
の所有地について，Bが売買契約書を偽造するなどしてAに無断で自己へ
の所有権移転登記をした場合，AはBに対し，所有権に基づいて所有権移
転登記の抹消登記手続請求権を有する。

　第2は，実際には物権変動が生じたにもかかわらず，その登記がなされて
いない場合である（大判大5・4・1民録22輯674頁，大判大9・11・22民録26輯
1856頁など）。この場合には，物権変動の過程・態様と登記を一致させるため
に物権的または債権的登記請求権が発生する。例えば，CD間で土地の売買
がなされ，買主Cが代金を支払ったのに，売主Dが所有権移転登記手続に
協力しない場合，CはDに対し，所有権に基づいてまたは売買契約上の登
記義務の履行請求権として，所有権移転登記手続請求権を有する。

『新版注民（6）』457頁以下［石田喜久夫・石田剛］参照。

第 3 は，当事者間に登記をする特約がある場合である（大判大 8・5・16 民録 25 輯 776 頁，大判大 11・3・25 民集 1 巻 130 頁など）。この場合には，契約上の登記義務の履行請求権として，債権的登記請求権が発生する。例えば，X が所有地を Y に賃貸し，XY 間で賃貸借の登記（605 条）をする特約がなされた場合，Y の X に対する賃借権の登記請求権が発生する。賃貸借については，賃貸人と賃借人の間で登記をする旨の合意があって初めて登記を請求することができると解されている。また，後述する中間省略登記の合意もこれに該当する（→ 3.5.2 (2)(イ)参照）。

(b) 学　説　従来では，登記請求権の発生原因を統一的に捉えようとする見解（一元説）が支配的であった。例えば，上記判例の第 1 の場合を基に，一元的に実際の権利状態と登記が一致しない場合に登記請求権が発生するとする説や，上記判例の第 2 の場合を基に，一元的に実際の物権変動の過程と登記が一致しない場合に登記請求権が発生するとする説などが主張されていた（なお，これらの一元説でも，特約がある場合に登記請求権が発生することは認められていた）。しかし，現在では，登記請求権の発生原因を統一的（一元的）に説明することは不可能あるいは無意味であるとして，登記請求権の発生原因を類型的に考える多元説が有力になっている[15]。もっとも，その類型については，論者によって異なっている。

(イ)　登記引取請求権

【設例Ⅲ-6】　A は B からその所有地甲を買受けたが，その土地上には B 所有の壊れかけた古い建物が建っていたので，B がその建物を除去して甲土地を A に引き渡すという契約条件であった。A は B に売買代金を支払い，B から所有権移転登記を受けたが，約束の期日までに B は建物を除去して甲土地を明け渡すことをしなかった。そこで，A は B の債務不履行を理由にこの売買契約を解除した。しかし，B はいつまで経っても登記を自己名義に替えようとはしなかった。この場合，A は B に対して所有権移転登記の抹消登記の申請に協力するよう請求することができるか。

登記引取請求権とは，登記名義を取得する者が登記申請に協力しない場

15)　幾代通『登記請求権』1 頁以下（有斐閣，1979 年），星野・49 頁，近江・128 頁，加藤・162 頁以下，鈴木・171 頁以下，石田・182 頁以下など。

に，現在の登記名義人から登記名義を取得する者に対して登記申請に協力するよう請求することができる権利をいう。本来，登記請求権は登記名義を取得する者から現在の登記名義人に対する権利であるが，登記引取請求権では，この関係が逆になっている。【設例Ⅲ-6】でいえば，通常，契約解除によって所有権を回復した売主B（登記名義を取得する者）から所有権を失った買主A（現在の登記名義人）に対して，抹消登記申請のために登記請求権が行使されるが，登記引取請求権では，逆にAからBに対して抹消登記申請のために請求がなされることになる。このときには，Aが登記権利者，Bが登記義務者になる。Aは，所有権を失ったにもかかわらず登記名義を保有していると，甲土地について固定資産税を負担させられるなどの不利益を受けるおそれがあることから，登記引取請求権が認められる（最判昭36・11・24民集15巻10号2573頁）。

3.2 不動産物権変動と対抗

3.2.1 民法177条の意義

【設例Ⅲ-7】 BはAからその所有の甲土地を買い受けて代金を支払ったが，所有権移転登記をしていなかった。ところが，Aは登記名義が自己にあることを利用して，Cとも甲土地の売買契約を結び，代金支払いと引き換えにCへの所有権移転登記を行った。この場合，BはCに対して，甲土地の所有権が自己にあることを主張して，この移転登記の抹消を求めることができるか。

【設例Ⅲ-8】 YがXから乙土地を買い受けた当時，ZがXから地上権の設定を受けて，乙土地を利用していた。Yは所有権移転登記を行っていたが，Zについては地上権設定登記が行われていなかった。この場合，YはZに対して，乙土地の所有権が自己にあることを主張して，乙土地の明渡しを請求することができるか。

177条は，不動産物権の得喪変更（変動）については，登記をしなければ第三者に「対抗することができない」と定めている。この「対抗すること が

できない」とは，どのような意味なのかということが問題となる。

　対抗することができないとは，一般に，当事者間である法律事実やある法律効果が発生しても，その法律事実や法律効果を第三者に対して積極的に主張することができない（当事者間での主張は可能であり，また第三者の側でそれらを承認することはさしつかえない）という意味に解されている[16]。177 条についても，これと同様に解されており，当事者間で不動産物権の変動が有効に発生しても，登記をしなければ第三者に対して不動産物権変動の効果を主張することができない（当事者間では登記がなくても物権変動を主張することができ，第三者の側から登記を伴わない物権変動の効力を認めることができる）ということを意味している。【設例Ⅲ-7】でいえば，甲土地の第 1 買主である B は，所有権移転登記を備えていない以上，第三者に該当する第 2 買主 C に対して売買による所有権取得の効果を主張することができないので，C に対して所有権移転登記の抹消を請求することができないことになる（逆に登記を備えた C が甲土地の取得を B に主張することができる）。【設例Ⅲ-8】では，地上権設定登記を備えていない Z は地上権の取得を乙土地の買主 Y に主張することができず，逆に所有権移転登記を備えた Y が所有権取得を Z に主張することができるので，Y の Z に対する乙土地の明渡請求が認められる。

3.2.2　二重譲渡の成立の可能性

(1)　問題の所在

　177 条が適用される典型的な事例は，【設例Ⅲ-7】のような不動産の二重譲渡の場合である。しかし，この場合について，176 条によれば物権変動は当事者の意思表示のみによって生じるので，AB 間の第 1 売買によって A から B へ所有権が移転している以上，所有権を失った A と C のその後の第 2 売買によって A から C へ所有権が移転することは不可能でないかという疑問が出てくる。もう少し具体的にいえば，176 条で取り上げた特定物売買における所有権の移転時期に関して，判例は原則として AB 間の売買契約の成立の時に，また代金支払・登記・引渡時説を採る有力説では例えば B の代金支払いの時に，所有権は A から B に移転しているので，AB 間の売買契

---

16)　鎌田・前注 7) 22 頁，佐久間・51 頁など。

約の成立後またはBの代金支払後にAがCに所有権を二重に譲渡すること
は不可能ではないかという疑問である。この問題は基本的には176条と177
条の関係を如何に矛盾なく解釈するかということであり，二重譲渡の成立の
可能性について学説では古くから様々な見解が主張されている。これらの
様々な見解をすべて取り上げることはできないので，以下では，①二重譲渡
の成立を理論的に説明する立場，②二重譲渡の成立を否定する立場，③二重
譲渡を肯定するがその理論的説明を放棄する立場の3つに分けて簡単に説明
する。

(2)　学説の考え方

(ア)　二重譲渡の成立を理論的に説明する立場　　これは従来の学説の立場
であり，176条は物権変動の当事者間の関係を定めたにすぎず，第三者に対
する関係では177条は登記がなければ不動産の物権変動を対抗することがで
きないとしているので二重譲渡は可能であるとして，それを理論的に説明す
るために種々の試みを行っている。主な見解として，次のようなものがあ
る。

(a)　債権的効果説　　これは，未登記の第1譲渡では当事者（AB）間に所
有権移転請求の債権（あるいは所有権移転の債務）の発生という債権的な効果し
か生じず，譲渡人（A）にはまだ所有権があるので第三者（C）への第2譲渡
が可能であるとする説である[17]。この説では，登記がなされることによって
初めて所有権移転という物権変動が生じることになるので，登記を物権変動
の対抗要件としているわが国の民法の規定にそぐわないということができ
る。

(b)　相対的無効説　　これは，未登記の第1譲渡であっても当事者間では
所有権移転の効力を生じるが，第三者に対する関係では所有権移転の効力を
生じず，譲渡人にはまだ所有権があるので，第三者への第2譲渡が可能であ
るとする説である[18]。この説は，未登記の譲渡であっても当事者間では所有
権移転の効力を生じるとする点で176条の規定に従っているが，未登記の譲
受人はいかなる第三者に対しても所有権取得を主張することができないこと

---

17)　川島・前注9)『民法 I』66頁。
18)　末川・93頁以下。

になる点で，177 条の第三者の範囲を制限的に解する判例・通説になじまないと批判されている（177 条の第三者の範囲については→ **3.4** 参照）[19]。

　(c)　**不完全物権変動説**　　これは，未登記の第 1 譲渡によって当事者間でも第三者に対する関係でも所有権移転の効力が生じるが，登記を備えない限り完全に排他性のある物権変動は生じておらず，この点で譲渡人は完全な無権利者にはならないから，譲渡人が第三者に所有権を二重に譲渡することが可能であるとする説である[20]。この説に対しては，「不完全な物権変動」という概念が曖昧であるとか，譲渡人に残存し第 2 譲受人に移転するという権利の性質・内容が不明確であるという批判がなされている。

　(d)　**第三者主張説**　　これは，未登記の第 1 譲渡は当事者間でも第三者に対する関係でも所有権移転の効力を生じるが，第三者の側から，未登記の第 1 譲渡が否認されたり（否認権の行使），自分も同じ不動産を譲り受けたという第 1 譲渡と両立しない事実の主張がなされる（反対事実の主張）と，第三者との関係で未登記の第 1 譲渡の効力が失われるとする説である[21]。この説については，否認権発生の根拠が不明確であり，また第三者の否認や反対事実の主張以前では譲渡人は無権利とされるから，第三者による譲渡人からの所有権取得を説明することができないという批判が出されている。

　(e)　**法定取得—失権説**　　これは，未登記の第 1 譲渡によって完全に排他性のある所有権移転の効力が生じており，譲渡人は無権利者となるが，債権的に第 2 譲渡を行うことが可能であり（他人物売買），譲渡人が第 2 譲受人に登記を移転すると，未登記の第 1 譲受人は第 2 譲受人に自己の契約の優先を主張することができず，第 2 譲受人が登記とともに所有権を取得し，相対的に第 1 譲受人が取得していた所有権は失われる（第 1 譲受人は失権する）という説である[22]。この説については，他人物売買は有効であるが（561 条参照），それによって無権利者の譲渡人から第 2 譲受人に所有権が移転することはあり得ず，それにもかかわらず第 2 譲受人に登記が移転されると所有権が取得されることになるという理論的説明が不明である。この見解は，結局のとこ

---

19)　鎌田・前注 7）63 頁以下。
20)　我妻＝有泉・149 頁。
21)　舟橋・146 頁，近江・70 頁。
22)　滝沢・61 頁。

ろ登記によって所有権が取得されるという考え方のように思われるが，そうすると登記を物権変動の対抗要件としているわが民法の規定に合わないといえよう。

　(イ)　**二重譲渡の成立を否定する立場**　　この立場を採る見解として，**公信力説**と呼ばれるものがある。これは，AからBへの第1譲渡により譲渡人Aは無権利者になり，AからCへの第2譲渡は不可能になるが，それにもかかわらずCの所有権取得が認められるのは，A名義の登記の公信力によると説明する説である。すなわち，CがA名義の登記を信頼してAを所有者と信じ，そのことに過失がない場合（Cの善意無過失の場合），Cが登記を備えることによってA名義の登記の公信力によりAからCへの所有権移転が生じ，その反射的効果としてAB間の所有権移転は効力を失うとする[23]。公信力説は，Bが所有権移転登記をすることができたのにそれを怠った点にBの帰責性を認めて，登記を無過失で信じたCを保護するものである。この説は，177条は登記に公信力を認めた規定であると解している。このような公信力説と他の学説とでは，具体的には177条の第三者の範囲について違いが生じる（→ **3.4.2** (2)(イ)(e)参照）。この説については，登記に公信力を認めない判例・通説と相容れないし，また動産物権変動では対抗要件の規定（178条）と公信力の規定（192条→ **4.4** 参照）が明確に区別されているのに対して，不動産物権変動では対抗要件の規定と公信力の規定が同一（177条）であるのは，民法の規定の仕方から見ておかしいといえよう。

　＊公信力説の中には，二重譲渡の可能性を説明するためにだけ登記の公信力を用いるものもある。すなわち，AB間の第1譲渡によってAからBへの所有権移転が生じるが，さらにAC間の第2譲渡においてA名義の登記の公信力によってAからCへの所有権移転も生じ，AからBとAからCの二重譲渡が成立するので，先に登記を備えた者が所有権を取得することができるとする[24]。

　(ウ)　**二重譲渡の成立の理論的説明を放棄する立場**　　この立場を採る見解

---

23)　篠塚昭次『民法セミナーⅡ』100頁以下（敬文堂，1970年）。
24)　半田正夫『叢書民法総合判例研究⑦民法177条における第三者の範囲（改訂）』120頁（一粒社，1982年）。

として，**法定制度説**と呼ばれるものがある。これには，① 176条と177条の2つの条文について，契約当事者間では176条により意思表示のみで所有権は移転するので，176条しかなければ二重譲渡はあり得ないが，177条が存在するため，未登記の第1譲渡を否定できる第三者が登場する可能性が存在するという法定の制度になっているとする説[25]，② 177条の制度を，二重譲渡の場合に，契約締結・代金支払い・引渡しなどの前後にかかわらず，登記を先に備えた者を物権を先に取得したものとみなすという趣旨の法定の制度であるとする説[26] がある。

> ＊私見　　二重譲渡の成立の可能性をめぐる議論は，あえていえばもっぱら法理論上の議論であり，議論の違いが177条の具体的な解釈の大きな相違をもたらすものではないといえる。しかも，一部の説を除いて，それぞれの説は説明の違いはあっても二重譲渡の成立を肯定する点では結論に変わりがない。そうすると，本文(2)の(ア)や(イ)で取り上げた種々の見解にはいずれも難点があり支持しがたいことから，理論的に説明することはやめて，176条と177条がある以上二重譲渡を認めざるを得ないとする本文(ウ)の法定制度説の見解（特に①説）でよいのではないかと考える。

3.3 登記を必要とする物権変動

3.3.1　序

(1)　無制限説

177条は，不動産に関する物権の変動は，登記をしなければ第三者に対抗することができないと定め，登記をしなければ対抗することができない物権変動の範囲についてなんらの制限を設けていない。しかし，ごく初期の大審院判例は，176条の「意思表示」による物権変動についてのみ177条の適用があり登記を必要とする立場を採っていた。その後，大審院の連合部判決はこれを改め，不動産に関する物権の変動は，その原因の如何を問わずすべて登記をしなければ第三者に対抗することができないという (物権変動) 無制限

---

25)　広中・70頁。同旨，星野・40頁。
26)　鈴木・134頁。

説を採るにいたった（大連判明41・12・15民録14輯1301頁［百選 I 8版-54]）*。
この判決は，直接には生前相続（隠居相続）による物権変動には登記が必要で
あることを判示したものである。しかし，隠居相続などによる生前相続が廃
止された現在では，この判決の重要性は，一般論として登記を必要とする物
権変動の範囲について無制限説を採ったことにある。というのは，この連合
部判決はその後の判例に受け継がれ，例えば取得時効による物権変動も登記
がなければ第三者に対抗することができないとする判例を生み出す基礎とな
ったからである（大連判大14・7・8民集4巻412頁→ **3.3.3**(1)参照）**。

　なお，大審院は同じ日付の連合部判決で，登記を必要とする第三者の範囲
につき，それまでの無制限説に立った考えを改め，一定範囲の第三者に制限
する判断（〔第三者〕制限説）を示し（大連判明41・12・15民録14輯1276頁→ **3.4.1**
(2)参照），前述の連合部判決とあいまって177条の問題について重要な判断枠
組みを形成した***。

　＊（物権変動）無制限説連合部判決　　登記を必要とする物権変動の範囲につい
　　て無制限説をとった連合部判決は，Aの隠居によってXが家督を相続したに
　　もかかわらずA所有の不動産につき相続登記がなされないでいたところ，A
　　がその不動産をYに譲渡して所有権移転登記がなされたために，XがYに対
　　して所有権移転登記の抹消を求めたという事案に関するものである。この事
　　件について，前述の連合部判決は，177条は「不動産ニ関スル物権ノ得喪及ヒ
　　変更ハ其原因ノ如何ヲ問ハス総テ登記法ノ定ムル所ニ従ヒ其登記ヲ為スニ非
　　サレハ之ヲ以テ第三者ニ対抗スルヲ得サルコトヲ規定シタルモノ」で，176条
　　が物権変動の当事者の関係を規定しているのに対し，177条は物権変動の当事
　　者と第三者の関係を規定しており，たまたま177条が176条の次にあるとい
　　うことをもって176条の意思表示による物権変動にのみ177条の適用がある
　　とすることができないとした。
　　　その理由として，①177条は同一の不動産に関して正当の権利または利益
　　を有する第三者の保護の規定であり，第三者にあっては物権変動が意思表示
　　によって生じたか家督相続のような法律の規定によって生じたかは少しも異
　　なるところがないから，両者に区別を設け，前者では対抗するには登記が必
　　要，後者では登記が不要とする理由がないこと，②家督相続のような法律の
　　規定により物権を取得した者も，意思表示により物権を取得した者とひとし
　　く，登記をなし自ら権利を自衛し第三者をも害しない手続をなすべきことは

いうまでもないところであるから，両者を区別する必要を認める理由がない
ことを挙げている。

　この連合部判決がもつ本来的な意義は，生前相続を原因とする物権変動に
ついても登記をしておかないと第三者に対抗することができないとしたこと
にある。しかし，現在では相続開始の原因が被相続人の死亡のみとなってい
ることから（882条），この点については全く意義が失われている。それより
も，登記を必要とする物権変動の範囲について無制限説を採用したところに
この連合部判決の重要性があることは，すでに本文で述べたとおりである。

＊＊（物権変動）無制限説の背景　　この（物権変動）無制限説が出てくる背景と
して，登記を物権変動の対抗要件とする対抗要件主義があるのではないかと
考えられる。

　まず，絶対的効力や排他的効力を有する物権の取引については，物権変動
が生じたときには，それを第三者が認識できるように物権変動を何らかの方
法で公示する必要がある。物権変動の公示の必要性である。そして，物権変
動の公示の必要性を充たす方法として，①登記を物権変動の成立要件とする
成立要件主義（ドイツ民法）と，②登記を物権変動の対抗要件とする対抗要件
主義（フランス民法や日本民法）がある。

　前者の成立要件主義は，登記を物権変動の成立要件とすることによって物
権変動の公示の必要性に応えるものである。この成立要件主義では，物権変
動の成立のために登記が要求されるので，物権変動の成立と登記が分離する
ことがなく，両者は不可分に結びついている。他方，後者の対抗要件主義は，
登記を備えなくても物権変動は成立するが，成立した物権変動を第三者に対
抗することができるためには登記が必要とするものである。この対抗要件主
義の下では，登記されていない物権変動は，第三者との関係では存在しない
ものと扱われる。この不利益を避けるために，物権変動の当事者は，物権変
動について登記を備えようとすることになる。このように，対抗要件主義は，
登記が可能なのに登記をしない者に不利益を与えることによって，物権変動
の公示の必要性に応えようとしている。

　この対抗要件主義では物権変動の成立と登記が切り離されているために，
どのような原因の物権変動について登記が必要かという問題が出てくる。そ
して，物権変動の公示の必要性に完全に応えるためには，すべての物権変動
について登記を要求することが望ましいということになる。このような考え
方が（物権変動）無制限説の出現につながっているのではないかと考えられる
のである。

＊＊＊（物権変動）無制限説と（第三者）制限説の関係　　本文で述べたように，
登記を必要とする物権変動の範囲の問題と第三者の範囲の問題について同じ

日に2つの大審院連合部判決が出ているので，この2つの判決の関係をどのように捉えるべきかについて議論がなされている。これについて従来の通説的な見解によれば，判例は，一方で（物権変動）無制限説をとってすべての物権変動を登記に反映させることを求めながら，他方で（第三者）制限説により登記がなければ対抗できない第三者を妥当な範囲に制限して，（物権変動）無制限説の行きすぎを抑えようとしたと解されている[27]。

(2) 制限説

　学説は，かつては明治41年の前記連合部判決の影響を受けて，登記を必要とする物権変動の範囲について無制限説を採る見解が支配的であった。しかし，現在では，対抗問題を生じる物権変動について登記が必要であるとする制限説が支配的となっている。すなわち，登記が要求されるのは，不動産の二重譲渡の場合のように，同一不動産について両立することができない物権変動が存在し，登記によらなければ両者の優劣を決定することができない場合に限られるとする見解である。このように同一不動産について相容れない物権変動が生じ，登記によらなければ両者の優劣を決められない問題を一般に「対抗問題」という。もっとも，この制限説は，どのような場合に物権変動について登記が必要とされるかということに関する見解であり，登記を必要とする物権変動の範囲に関するものではないといえよう。それはともかくとして，登記を必要とする物権変動の範囲について無制限説または制限説の立場に立つとしても，実際にどのような物権変動について登記が必要であるかを具体的に検討する必要がある。そこで，以下においては，判例・学説で議論が分かれている法律行為の取消し，契約の解除，取得時効，相続の4つの場合を中心に説明していくことにしたい。

3.3.2　法律行為と登記

(1) 取消しと登記

【設例Ⅲ-9】　Aは，Bの詐欺により自己の甲所有地を時価よりもかなり安い価格で売却し，Bへの所有権移転登記を行った。そして，Bは，Cに甲土地

---

27)　我妻＝有泉・93頁。

を転売して C への所有権移転登記を行った。その後，A が B の詐欺を理由に
AB 間の売買を取り消し，C に対し甲土地につき自己に所有権があることを主
張した。この A の主張は認められるか。A が B との売買を取り消した後に，
B が C に甲土地を転売して B → C への所有権移転登記をした場合はどうか。

(ア)　判例・従来の通説　　判例と従来の通説は，B から C への甲土地の
譲渡が A の取消し前になされたか，A の取消し後になされたかで区別して，
A の主張の成否を判断する[28]。

(a)　取消し前の譲渡　　A の取消し前に B から C への甲土地の譲渡がな
された場合については，次のように考える。

① A の取消しによって AB 間の譲渡契約は遡及的に無効になり（取消しの
遡及効。121 条），A から B への所有権移転も初めから生じていなかったこと
になるので，B は有効に所有権を取得していない。したがって，C も無権利
者 B から所有権を取得することはできないので，権利者 A は登記がなくて
も無権利者 C に対して自己に所有権のあることを主張することができる（大
判昭 4・2・20 集 8 巻 59 頁）。

② B の詐欺を理由とする取消しの場合には，C が善意無過失であるとき
は，A は取消しによる契約の遡及的無効を C に対抗することができないの
で（96 条 3 項），善意無過失の C は有効に所有権を取得することができる。
この 96 条 3 項は取消しによる遡及的無効から善意無過失の第三者を保護す
るための規定であるので，そこでいう「第三者」は取消し前に利害関係を有
するに至った第三者（取消し前の第三者）を意味する（大判昭 17・9・30 民集 21 巻
911 頁 ［百選 I 8 版-55］）。

なお，この場合の第三者が保護されるためには，善意無過失のほかに，登
記を備えていることが必要かどうか議論されている。判例は登記を備えてい
る必要はないとするが（最判昭 49・9・26 民集 28 巻 6 号 1213 頁 ［百選 I 8 版-23］），
この判例の捉え方については議論が分かれている（→民法総則の教科書や参考書
参照）。

---

28)　取消しと登記の問題については，舟橋＝徳本編『新版注民 (6)』572 頁以下 ［原島重義・児
玉寛］，鎌田・前注 7) 116 頁以下など参照。

(b) **取消し後の譲渡**　Aの取消し後にBからCへの譲渡がなされた場合には，取消しの遡及効の問題ではなく，対抗問題として処理する。すなわち，前述したように96条3項は善意無過失の第三者の保護のために取消しの遡及効を制限する趣旨の規定であり，取消し後の第三者には適用されない。そこで，AB間の譲渡契約によってAからBへ移転した所有権がAの取消しによってBからAへと復帰するととらえ（復帰的物権変動），これとBC間の転売によるBからCへの所有権移転を一種の二重譲渡と考えて，177条によりAは登記がなければ取消しによる所有権の復帰をCに対抗することができないとする（前掲大判昭17・9・30［百選I8版-55］，最判昭32・6・7民集11巻6号999頁）。

　このように判例と従来の通説が取消し前の譲渡と取消し後の譲渡を区別する理由は，取消し前の第三者との関係で取消権者Aに取消しの効果について登記を要求することは不可能であるから177条を適用することはできないが，取消し後についてはAは登記することができるのであるから177条を適用し，取り消したにもかかわらず登記をしないで放置していたAを保護しないという考え方に基づくものと解される。

(c) **判例と従来の通説の問題点**　以上のような判例と従来の通説の見解に対して，次のような問題点が指摘されている。第1は，取消し前の譲渡については取消しの遡及効の問題として捉え，取消し後の譲渡については対抗問題として捉えることから，取消し前の譲渡と取消し後の譲渡とで法律構成に理論的な一貫性がないという点である。第2は，取消し前の譲渡と取消し後の譲渡とで保護される第三者の範囲に違いが生じるということである。つまり，取消し前の譲渡では取消原因が詐欺に限られ，しかも善意無過失である場合にのみ第三者が保護されるのに対し，取消し後の譲渡では取消原因の如何を問わず，しかも悪意であっても登記を先に備えさえすれば第三者は保護される。ただし，第三者が背信的悪意者の場合は保護されない（背信的悪意者については→ **3.4.2**(2)(イ)参照）。

(イ) **今日の学説**　判例と従来の通説には上述のような問題点があるところから，今日の学説はこれとは違った見解を主張している。それは，この取消しと登記の問題をAの取消し前の譲渡と取消し後の譲渡で区別しないで

統一的に考える見解であり，これには無権利説（遡及的無効説）と対抗問題説（対抗要件説）の 2 つがある。

　(a)　無権利説（遡及的無効説）　　この説は，取消し前の譲渡か取消し後の譲渡かを問わず常に取消しの遡及効を肯定し，A の取消しによって A から B への所有権移転は初めから生じていなかったことになるとする。したがって，取消しの前後を問わず B からの譲受人 C は所有権を取得することができず，A は登記がなくても C に対して自己に所有権があることを主張することができる。しかし，詐欺による取消しの場合には，取消し前の第三者 C が善意無過失であれば，96 条 3 項により A は取消しによる契約の遡及的無効を C に対抗することができない。この 96 条 3 項によって保護されるのは詐欺取消し前の第三者に限られるので，取消し後の第三者 C の保護のために，94 条 2 項が類推適用される（94 条 2 項の類推適用〔→ 3.5.1 (4) 参照〕は詐欺以外の取消し後の第三者についても行われる）。すなわち，AB 間の契約を A が取り消したにもかかわらず，B 名義の登記を除去せずに放置することは虚偽表示に準ずる状態であるとして，A の取消し後にその無効な登記を信頼して B から土地を譲り受けた善意無過失の第三者 C は，94 条 2 項の類推適用によって保護され，有効に所有権を取得することができるとする[29]。

　(b)　対抗問題説（対抗要件説）　　これは，取消し前の譲渡か取消し後の譲渡かを問わず，常に A と C との関係を対抗関係として処理する説である。すなわち，A の取消しによって AB 間の譲渡で B へ移転した所有権が A に復帰し（復帰的物権変動），これと（取消し前または取消し後の）B の転売による B から C への所有権移転とが対抗関係に立つので 177 条が適用され，A と C のいずれか先に登記を備えた方が所有権を取得することができるとする[30]。

> ＊**錯誤の場合**　　平成 29（2017）年の民法改正によって錯誤による意思表示は，無効ではなく取消可能とされ（95 条 1 項），かつその取消しは善意無過失の第三者に対抗することができないとされた（同条 4 項）。したがって，錯誤についても，本文で述べた詐欺による取消しの場合と同じように解することができ

---

29)　四宮和夫＝能見善久『民法総則〔第 8 版〕』239 頁以下（弘文堂，2010 年。なお，同『民法総則〔第 9 版〕』274 頁（2018 年）は，96 条 3 項が取消し前および取消し後の第三者の両方に適用されると改説），内田・83 頁以下など。

30)　鈴木・145 頁以下，広中・128 頁以下。

きる。

＊＊私見　取消しと登記について，判例と従来の通説には上記のような問題点があるため支持しがたい。そこで，取消し前の譲渡と取消し後の譲渡を区別しないでいずれの場合も取消しの遡及効で処理する無権利説と対抗関係として処理する対抗問題説のどちらかを採ることになるが，後者の対抗問題説は取消しの遡及効を定めた 121 条にそぐわないので，私見としては前者の無権利説を支持したい。

(2)　解除と登記

契約が法定解除された場合にも，法律行為の取消しの場合と同様の問題が生じる。

> **【設例Ⅲ-10】**　Ｂは，Ａからその所有地甲を買い受け，Ｃにこれを転売して，所有権移転登記がＡからＢ，ＢからＣへと行われた。しかし，Ｂが代金を一部支払っただけで残りの代金を支払わなかったために，Ａは，債務不履行を理由にＢとの売買契約を解除して，Ｃに対して甲土地の所有権を主張した。このＡの主張は認められるか。ＢがＣに甲土地を転売した後に，ＡがＢとの売買契約を解除した場合はどうか。

この問題については，545 条の定める解除の効果をどのように解するかによって考え方が異なるが，通説は，以下に述べる直接効果説をとっているので，これを前提とした解釈を取り上げる (解除の効果については→契約法の教科書や参考書参照)。

(ア)　直接効果説　直接効果説とは，解除によって契約は締結時にさかのぼって無効となり，契約によって生じた効果も遡及的に消滅する (解除の遡及効) と解する説をいう。その結果，まだ履行されていない債務 (未履行債務) は消滅し，すでに履行された債務 (既履行債務) は法律上の原因を欠いて不当利得になり，その返還義務が生じる。そして，解除の効果として定められている原状回復義務 (545 条 1 項本文) は，既履行債務に関するものであり，不当利得返還義務の性質を有すると解されている。この直接効果説によれば，解除によって契約が遡及的に無効となるために，契約に基づく物権変動も遡及的に効力を失うことになる。

このような直接効果説の立場を採る通説は，この解除と登記の問題につい

ても，取消しと登記の場合と同様に，2つの場合に分けて考える。

　(イ)　**解除前の譲渡**　　Aの解除前にBからCに譲渡がなされた場合には，Aの解除によってAB間の売買契約は遡及的に無効となり，所有権は初めからBに移転していなかったことになるので，Bから買い受けたCも所有権を取得することができない。しかし，この場合，545条1項ただし書がCの保護のために適用される。この545条1項ただし書は，第三者の保護のために解除の遡及効を制限する趣旨の規定であることから，ただし書の「第三者」は，解除前に取引関係に入った第三者を指し，しかもこのただし書によって第三者が保護されるためには，善意・悪意を問わないが，第三者が登記を備えていることが必要とされる。したがって，【**設例Ⅲ-10**】では，Aの解除前にBから甲土地を買い受けたCは登記を備えているので，545条1項ただし書によって保護され，有効に所有権を取得することができる。

　　第三者に登記を要求する理由について，通説は，第三者が545条1項ただし書による保護を受けるための資格として登記を備えていることが必要としている（権利保護要件としての登記）。これに対し，判例は，通説と同様に解除の効果について直接効果説を採るが，解除前の譲渡の場合につき，解除したAとBからの転買主Cとの関係を対抗関係と捉え，Cは登記を備えないと177条の第三者として保護されないとしている（最判昭33・6・14民集12巻9号1449頁—合意解除の事件）。

　(ウ)　**解除後の譲渡**　　Aの解除後にBからCに譲渡がなされた場合については，AB間の契約によってBへ移転した所有権が解除によってBからAへ復帰するととらえ（復帰的物権変動），この所有権の復帰とBC間の転売によるBからCへの所有権移転を一種の二重譲渡の関係と考えて，177条によりAは登記がなければ所有権の復帰をCに対抗することができないとする（大判昭14・7・7民集18巻748頁，最判昭35・11・29民集14巻13号2869頁[百選Ⅰ8版-56]）。なお，解除前の譲渡と解除後の譲渡を区別する理由は，取消しと登記のところで述べたのと同じである。

3.3.3　時効と登記

> 【設例Ⅲ-11】　(1)　BはA所有の甲土地を買い受けて引渡しを受けたが，所有権移転登記は未了であった。しかし，長年の間占有してきたBのために取得時効が完成したところ，この時効が完成する前に，CがAから甲土地を買い受けて所有権移転登記を経由した。そして，CがBに対して甲土地の明渡しを求めてきたので，Bは時効による所有権取得をCに主張したいと考えている。この場合，Bは登記がないと時効による所有権取得をCに対抗することができないか。
> (2)　(1)の場合において，Cの甲土地の買受けがBの時効の完成後である場合はどうか。

　民法では，所有権の取得時効について基本的に占有の継続が成立要件とされ，登記は要件とされていない (162条参照)。そのため，時効によって所有権が取得されても常に登記されるとは限らず，時効による取得と登記内容が一致しないことが往々にして生じる。その結果，登記を信頼した譲受人と時効取得者との間で所有権の取得をめぐって争いが生じることになる。【設例Ⅲ-11】では，時効によるBの甲土地の所有権取得と売買によるCの所有権取得が争われている。

　この問題については，判例理論と呼ばれるものが現在のところ確立しているので，まずこれについて説明する。

(1)　判例理論

　① ［第Ⅰ原則―1］　　A所有の甲土地をBが長年の間占有してBの取得時効が完成した場合，Bは所有権移転登記がなくてもAに対して時効取得を対抗することができる (大判大7・3・2民録24輯423頁)。時効による権利取得は原始取得とされるが，時効によって権利を取得する者と権利を失う者は，あたかも権利変動の当事者と同じ関係にあると解され，時効によって所有権を取得するBと所有権を失う原所有者Aは物権変動の当事者と同視されるからである。

　② ［第Ⅰ原則―2］　　Bの取得時効の完成前にAからCへ甲土地が譲渡されて所有権移転登記が行われ，その後Bについて取得時効が完成した場合，Bは登記がなくてもCに対して時効取得を対抗することができる (最判

昭 41・11・22 民集 20 巻 9 号 1901 頁）。C は B の時効完成時の所有者であり，時効完成時では時効によって所有権を取得する B と所有権を失う C があたかも物権変動の当事者の関係に立つと解されるからである。

　なお，C が B の時効完成前に甲土地を A から譲り受け，時効完成後に登記をしたときであっても，B は登記がなくても C に時効取得を対抗することができる（最判昭 42・7・21 民集 21 巻 6 号 1653 頁）。

　③［第 II 原則］　　B の時効完成後に A から C へ土地が譲渡された場合，時効完成による B の所有権取得と時効完成後の A から C への譲渡は，A から B，A から C という A を基点とした二重譲渡と同様の関係に立つ。したがって，B は登記をしなければ C に対して時効による所有権取得を対抗することができない（大連判大 14・7・8 民集 4 巻 412 頁，最判昭 33・8・28 民集 12 巻 12 号 1936 頁，最判昭 48・10・5 民集 27 巻 9 号 1110 頁）。

　④［第 III 原則］　　③の場合において，B は C の譲受け後に時効が完成するように，時効の起算点を任意に選択することができない。すなわち，時効の基礎となる事実（占有）の開始した時点を起算点として時効完成の時期を決定しなければならない（最判昭 35・7・27 民集 14 巻 10 号 1871 頁）。時効の起算点を任意に選択することができるならば，B は C の譲受け後に時効が完成するように起算点を選択することができ，［第 II 原則］が適用できなくなるからである。

　⑤［第 IV 原則］　　B の時効完成後に A から C へ甲土地が譲渡されて登記が行われ，B が時効取得を C に対抗することができない場合でも，B が C の登記の時から計算して時効完成に必要な期間占有を継続すれば，B はまた登記がなくても時効取得を C に対抗することができる（最判昭 36・7・20 民集 15 巻 7 号 1903 頁）。これは，［第 II 原則］で B が時効取得を C に対抗することができなくなっても，時効の起算点に関する［第 III 原則］を修正して C の登記時を新たな起算点と認め，［第 I 原則―1］を適用して長期の占有者を保護したものといえる[31]。

　＊［第 IV 原則］に関わる 2 つの判例　　近年［第 IV 原則］に関わる次のような 2

---

31)　安永・64 頁。

つの判例が現れている。

(1)　**土地賃借権の時効取得と抵当不動産の買受人に対する対抗**　　事案の概略は，次のとおりである。B は A から甲土地を賃借し建物を新築したが，未登記であった。その後，D が甲土地に抵当権を取得し，抵当権設定登記がなされた。そして，この抵当権が実行されて，C が甲土地を買い受け，所有権移転登記が行われた。C が B に対して建物収去土地明渡しを求めたのに対し，B は，[第Ⅳ原則] に関わる前掲最判昭 36・7・20 を援用して，D の抵当権設定登記時から賃借権の時効取得（163 条）に必要な期間（10 年）甲土地をさらに継続的に用益し，賃借権を時効取得したので，この賃借権を C に対抗することができると主張した。これについて，判例（最判平 23・1・21 判時 2015 号 9 頁 [百選Ⅰ8 版-48]）は，「抵当権の目的不動産につき賃借権を有する者は，当該抵当権の設定登記に先立って対抗要件を具備しなければ，当該抵当権を消滅させる競売や公売により目的不動産を買い受けた者に対し，賃借権を対抗できないのが原則である。このことは，抵当権設定登記後にその目的不動産について賃借権を時効により取得した者があったとしても，異なるところはないというべきである。」そして，B が援用した前掲最判昭 36・7・20 は，不動産の取得登記をした者と登記後にその不動産を時効完成に必要な期間占有を継続した者との間の相容れない権利の得喪に関わるものであり，そのような関係にない抵当権者と賃借権者の間に関する本件と事案を異にする，と判示した。この判例は，抵当不動産について賃借権が時効取得されても抵当権は消滅しないで賃借権と併存するので，時効取得された賃借権であっても対抗要件を備えないと抵当権に対抗することができないと解したのであろう。

(2)　**未登記譲受人の再度の時効取得完成と抵当権の消滅**　　A 所有の甲土地の未登記譲受人 B が取得時効による所有権移転登記を備える前に，C が A から抵当権の設定を受けてその登記がなされ，その後 C の申立により抵当権の実行としての競売手続が開始されたので，B が C の抵当権設定登記時を起点とする甲土地の再度の時効完成による抵当権の消滅を主張した事案について，判例（最判平 24・3・16 民集 66 巻 5 号 2321 頁 [百選Ⅰ8 版-58]）は，[第Ⅳ原則] にしたがって抵当権の消滅を肯定している。すなわち，「不動産の取得時効の完成後，所有権移転登記がされることのないまま，第三者が原所有者から抵当権の設定を受けて抵当権設定登記を了した場合において，上記不動産の時効取得者である占有者がその後引き続き時効取得に必要な期間占有を継続したときは，上記占有者が上記抵当権の存在を容認していたなど抵当権の消滅を妨げる特段の事情がない限り，上記占有者は，上記不動産を時効取得し，その結果，上記抵当権は消滅する」と判示した。

(2)　判例理論に対する批判

　以上に述べた判例理論については，次のような批判がなされている[32]。第
1に，判例理論は177条の趣旨に反するところがあるという批判である。す
なわち，177条の基礎には登記ができるのに登記を怠った者は不利益を受け
ても仕方がないという考えがある。しかし，善意占有者は時効の完成を知ら
ないため，この者に登記をすることは期待できない。したがって，［第Ⅱ原
則］が採るように，善意占有者も登記がなければ時効取得を時効完成後の第
三者に対抗することができないとするのは，177条の趣旨に反するという批
判である。第2に，判例理論によれば，CがBの時効完成前の第三者であ
れば登記を備えていてもBに破れることになるが，時効完成後の第三者で
あれば先に登記を備えればBに勝つことになる。しかし，CにとってBの
占有開始の時期などは全く関知しないことであり，このような偶然の事情に
よってCの権利の取得が左右されるのは法的安定性に欠けるという批判で
ある。第3に，善意無過失の占有者と悪意または善意有過失の占有者を比較
すると，後者の方が時効完成が遅れることから有利になることがあり，矛盾
が生じるという批判である。例えば，【設例Ⅲ-11】のBが18年間甲土地を
占有した後にAからCに甲地が譲渡されて登記が行われ，20年経過した時
にBが時効取得を争った場合，判例理論では，Bが善意無過失であれば（時
効期間は10年）Cに対抗することができないが，悪意または善意有過失であ
れば（時効期間は20年）Cに対抗することができることになる。

> ＊自己の物についての取得時効と時効の起算点　　【設例Ⅲ-11】(1)についてB
> の取得時効が認められるとしても，Cが所有権移転登記をするまでBは「自
> 己の物」を占有しており，「他人の物」の占有という取得時効の要件（162条）
> を満たしていないので，Cの登記具備の時を時効の起算点とすべきではない
> かという疑問が生じる。これについて，①「自己の物」につき取得時効が認
> められるかどうかに関して，判例（最判昭42・7・21民集21巻6号1643頁［百
> 選Ⅰ8版-45]）は，「162条所定の占有者には，権利なくして占有をした者のほ
> か，所有権に基づいて占有をした者をも包含する……。すなわち，所有権に
> 基づいて不動産を占有する者についても，民法162条の適用があるものと解

---

32)　近江・108頁以下，佐久間・111頁以下。

すべきである」と判示して，「自己の物」について取得時効の成立を肯定している。その理由として，「取得時効は，当該物件を永続して占有するという事実状態を，一定の場合に，権利関係にまで高めようとする制度であるから，所有権に基づいて不動産を永く占有する者であっても，その登記を経由していない等のために所有権取得の立証が困難であったり，または所有権の取得を第三者に対抗することができない等の場合において，取得時効による権利取得を主張できると解することが制度本来の趣旨に合致」し，また「162 条が時効取得の対象物を他人の物としたのは，通常の場合において，自己の物について取得時効を援用することは無意味であるから」であり，「自己の物について取得時効の援用を許さない趣旨ではない」としている。

　それでは，②「自己の物」の取得時効の起算点はいつかということに関しては，その後の判例（最判昭 46・11・5 民集 25 巻 8 号 1087 頁［百選 I 8 版-57］）は，「当該不動産が売主から第 2 の買主に二重に売却され，第 2 の買主に対し所有権移転登記がなされたときは，……登記の時に第 2 の買主において完全に所有権を取得するわけであるが，その所有権は，売主から第 2 の買主に直接移転するのであり，売主から一旦第 1 の買主に移転し，第 1 の買主から第 2 の買主に移転するものではなく，第 1 の買主は当初から全く所有権を取得しなかったことになる……。したがって，第 1 の買主がその買受後不動産の占有を取得し，その時から民法 162 条に定める時効期間を経過したときは，同法条により当該不動産を時効によって取得しうる」と判示した。この判決は自己の物の取得時効の成否については全く触れていないので，①の最高裁判決との関係が問題になるが，この判決によるならば，**【設例 III-11】**の B が甲土地の占有を開始した時が時効の起算点になると解することができよう。

(3)　学　説

　以上の判例理論に対して，学説はこれまで，登記を尊重して登記を備えた物権変動を優先すべきであるとする立場（登記尊重説）と，取得時効は一定期間の占有継続を基礎とする制度であり，登記は問題とされていないことから，占有を尊重して取得時効を優先すべきであるとする立場（占有尊重説）が対立していた。しかしその後，取得時効と登記が問題となる事案をいくつかの類型に分けて，類型に即した解決を試みる立場（類型的処理説）が登場してきた[33]。そして，今日ではこの類型的処理説が支持されている。

　(ア)　登記尊重説　　この説は，判例の［第 I 原則—2］を批判して，B の

---

33)　学説の詳細については，近江・109 頁以下参照。

取得時効完成前に A から C へ甲土地が譲渡されて登記が行われた場合には，登記後さらに時効取得に必要な期間だけ B の占有が継続しなければ，B は時効取得を C に対抗することができないとする[34]。この登記尊重説によれば，C の登記をあたかも時効の完成猶予事由と認めたようになるが，民法では登記は時効の完成猶予事由になっていない（147条以下参照）という問題点がある。

　(イ)　**占有尊重説**　　この説は，時効期間は取得時効が争われている時点から過去にさかのぼって計算すべきであるという時効期間の逆算を主張し，判例の［第Ⅱ原則］と［第Ⅲ原則］を批判して，取得時効が争われている時点からさかのぼって 20 年または 10 年の時効期間を満たす B の占有が継続している限り，時効完成時においては原権利者（A または譲受人 C）は常に時効完成時の所有者になるので，B は登記がなくても A または C に時効取得を対抗することができるとする[35]。この占有尊重説によれば，時効取得者は登記がなくてもすべての第三者に時効取得を対抗することができるので，登記の権利公示機能は著しく損なわれ，不動産取引の安全を害することになる。

　(ウ)　**類型的処理説**　　この説は，取得時効と登記が問題となる事案をいくつかの類型に分けるが，その主要な類型は「有効未登記型二重譲渡ケース」と「境界紛争型」であるとして，これらの類型に即した処理の仕方を考える[36]。

　①有効未登記型二重譲渡ケース　　これは，【設例Ⅲ-11】のような，A が B に土地を売却して引渡しを行い，B の未登記の間に A が C にこの土地を二重に売却して移転登記を行い，C が B に所有権の取得を主張したのに対し，B が C に取得時効を主張する場合である。この場合について，類型的処理説は，A の所有地に関する二重譲渡があるので，まず177 条を適用して，B は登記がない以上 C に対して所有権の取得を対抗することができないが，C の登記後 B が 10 年間（C の登記について B が善意無過失の場合）または 20 年間（C の登記について B が悪意または善意有過失の場合）占有を継続すれば，

---

34)　我妻＝有泉・118 頁など。

35)　川島武宜『民法総則』572 頁（有斐閣，1965 年）。

36)　星野英一「取得時効と登記」同『民法論集第 4 巻』337 頁以下（有斐閣，1978 年），山田卓生「取得時効と登記」加藤一郎＝米倉明編『民法の争点Ⅰ』106 頁以下（有斐閣，1985 年）。

Bは登記なしに取得時効をCに主張することができるとする。しかし，この見解については，登記尊重説と同様に，Cの登記を時効の完成猶予事由と同じように見ることになるという問題点がある。

　②境界紛争型　　これは，例えばBが隣地のA所有の甲土地の一部を自己所有の乙土地に含まれるものと思って長年にわたって自主占有しており，その後Aが甲土地をCに売却し，登記を備えたCがBにその甲土地の一部について所有権の主張をしたのに対し，BがCに取得時効を主張する場合である。この場合には，自己の所有と思っていたBに対して時効完成後の登記の怠慢を責めることはできないし，CもAからの買受けの時点ではBが占有していた甲土地の一部が買受地に含まれるとは思っていなかったので，177条を適用して争いを解決する基礎が欠けており，Bは登記がなくてもCに対して取得時効を主張することができるとする。

> ＊私見　　類型的処理説は，2つの類型に関してであるが，取得時効と登記をめぐる紛争を分類して類型に応じたきめ細かい解釈を行っている点で，登記尊重説や占有尊重説より優れているといえよう。そして，当該物権変動について権利者（時効取得者）に登記が期待できたのにそれを怠っていたという点を1つの基準として177条の適用の適否を判断しており，177条の基礎にある考え方に立った妥当な見解と評価することができる[37]。

3.3.4　相続と登記

(1)　序

　人の死亡という事実によって相続が開始し（882条），その時から被相続人の財産に属した一切の権利義務は相続人に承継される（896条本文。相続の詳細については→家族法の教科書や参考書参照）。その中に不動産が含まれていれば，それも相続人に承継されるので，これも相続を原因とする物権変動ということができる。そして，177条が適用される物権変動の範囲について無制限説をとった場合，相続による物権変動についても177条が適用されると解される。しかし，次に述べるような場合については，登記は不要とされている。

---

37)　安永・67頁。

> 【設例Ⅲ-12】　Aは，所有地を売買によりCに譲渡したが，移転登記をしないで死亡し，BがAを相続した。この場合，未登記の買主Cは相続人Bに対して買受地の所有権の取得を主張することができるか。

【設例Ⅲ-12】の場合，相続人Bは被相続人Aの売主の地位を承継し（896条本文），いわばBとAを一体ととらえることができる。したがって，BとCは売主と買主という当事者の関係に立つと解されるので，177条は適用されない。Cは未登記でもBに対して所有権の取得を主張することができる（大判大15・4・30民集5巻344頁）。学説も異論がない。

> 【設例Ⅲ-13】　【設例Ⅲ-12】において，Bが相続後に同一土地をDに売買により譲渡した場合，未登記のCはDに対して所有権の取得を主張することができるか。

【設例Ⅲ-13】では，CとDは，A＝Bという同一の売主からの二重の買受人という関係に立つので，二重譲渡の1種として177条が適用される。したがって，CとDのうち先に登記を備えた者が所有権の取得を対抗することができる（相続介在二重譲渡）（大連判大15・2・1民集5巻44頁，最判昭33・10・14民集12巻14号3111頁）。学説も異論がない。

　これに対して，通常相続と登記の問題として登記の要否が議論されているのは，次の(3)以下で述べる場合である。

(2)　共同相続における権利承継の対抗要件

　2018年（平30）年の相続法改正によって899条の2が設けられ，第1項で「相続による権利の承継は，遺産の分割によるものかどうかにかかわらず，次条（900条—筆者注）及び第901条の規定により算定した相続分を超える部分については，登記，登録その他の対抗要件を備えなければ，第三者に対抗することができない」と定められた。この規定が念頭に置いている「相続による権利の承継」は，遺産分割，遺贈および相続させる旨の遺言である。この新しい条文によって従来の判例の中には変更を余儀なくされるものがある。

(3)　共同相続と登記

【設例Ⅲ-14】　Ａが死亡し，子のＢとＣがＡ所有の甲土地を共同相続した（法定相続分は2分の1ずつ。900条4号）。ところが，Ｂは偽造文書（例えば偽の遺産分割協議書）を用いて，甲土地について単独相続の登記を行い，この土地をＤに譲渡した。この場合において，Ｃは甲土地に対する2分の1の相続分を登記なしにＤに対抗することができるか。

　【設例Ⅲ-14】の場合，被相続人Ａの相続財産全体は共同相続人ＢＣの共有に属し（898条），それに含まれる甲土地も個別にＢＣの共有になる。そして，甲土地の共同相続については，ＢＣの法定相続分に応じた持分2分の1ずつの共有登記をすることが可能である（共同相続登記）。この登記は，共有物の保存行為（→第4章5.2.2(2)(イ)(b)参照）に当たるので，共同相続人全員の名義で相続人が1人で行うことができる（252条ただし書）。しかも，被相続人は死亡しており共同申請ができないので，相続人側が単独申請をすることができる（不登63条2項。なお，この登記は実際になされることは少ない）。そのため，**【設例Ⅲ-14】**のように，共同相続人の1人が偽造文書を用いて自己が相続不動産を単独相続したかのような登記を行い，第三者に譲渡した場合，他の共同相続人は自己の相続分を主張するのに共同相続の登記が必要かどうか問題となる。

　(ア)　**判　例**　判例（最判昭38・2・22民集17巻1号235頁［百選Ⅰ8版-59]）は次のように解している，すなわち，甲土地についてＢは本来2分の1の持分しか有していないのであるから，Ｂの単独相続の登記は，Ｃの持分に関しては無権利の登記であり，登記に公信力がないことからＤは登記を信頼していてもＣの持分に関しては権利を取得することができない。つまり，Ｃの持分についてはＤは無権利者である。そして，権利者は登記がなくても無権利者に自己の権利を主張することができるので，Ｃは，Ｄに対して共同相続の登記がなくても自己の2分の1の持分を主張することができる（無権利の法理）。なお，ＤはＢの持分を有効に取得しているので，ＢからＤへの所有権移転登記がなされている場合には，ＣはＢからＤへの移転登記の抹消を請求することができず，ＣとＤ共有の登記への更正登記を請求することができるにすぎない（前掲最判昭38・2・22［百選Ⅰ8版-59]）。

　この問題について，899 条の 2 第 1 項は，相続分を超える部分については対抗要件が必要としていることから，相続分までは登記がなくても権利の取得を対抗することができるという意味を含んでいる[38]。そのため，従来の判例や通説の考え方を変更するものではない。

　(イ)　**学　説**　　学説も，判例と同様に解するのが通説である。しかし，通説を支持する見解の中には，B の無権利について善意無過失の D を保護するために，94 条 2 項の類推適用を主張するものがある。すなわち，C が B の単独相続の登記の存在を知りながら放置していた場合やそれを明示または黙示に承認していたと見られる事情がある場合には，B 名義の虚偽の登記の存在について C に帰責性が認められ，D が善意無過失であれば，94 条 2 項の類推適用によって D は有効に全部の所有権を取得することができるとする[39]。判例の無権利の法理だけでは善意無過失の D が保護されないので，このような第三者の保護のために，この見解が支持されるべきである。

(4)　相続放棄と登記

> 【設例Ⅲ-15】　A の共同相続人の 1 人 B が相続放棄を行い，他の共同相続人 C が相続不動産の甲土地を単独相続することになった。しかし，C が単独で所有権を取得した旨の登記をする前に，B の債権者 D が B に 2 分の 1 の相続分があるとして，代位による BC の共同相続の登記を行い（不登 59 条 7 号），B の相続分について仮差押えの登記を行った*。この場合，C が B の相続放棄により甲土地について単独所有権を取得したことを D に対抗するには，その旨の登記が必要か。

*金銭債権者は，金銭の支払いを求めて訴訟を起こし，これを認める確定判決を得たならば，その判決に基づいて強制執行を申し立て，債務者の財産を差し押さえて債権の回収を図ることができる。しかし，判決が出るまでの間に債務者が財産を処分したり隠したりするおそれや，他の債権者が債務者の財産から債権を回収してしまうおそれがある。そこで，このようなおそれを防いで，将来の強制執行を確実に行うことができるようにするために，債務者の財産の処分を制限する仮差押えをすることが認められている。そして，不

---

38)　佐久間・56 頁，安永・57 頁。
39)　広中・147 頁，川井・51 頁，近江・114 頁，安永・57 頁以下など。

動産仮差押えの執行方法として，仮差押えの登記をする方法と強制管理の方法があり（民保 47 条），【設例Ⅲ-15】では前者の方法がとられている。仮差押えの登記をするためには，仮差押えの対象となる不動産物権が登記されていなければならないが，ここでは B の相続分の登記がなされていなかったので，D が仮差押えの決定を得て債権者代位権（423 条）を行使して，まず相続を原因とする BC 共有名義の登記手続を行い（不登 59 条 7 号），その上で仮差押えの執行として B の相続分の上に仮差押えの登記がなされている[40]。

　人の死亡によって相続が開始するが（882 条），相続人は，自己のために相続の開始があったことを知った時から原則として 3 か月以内に，家庭裁判所に相続を放棄する旨の申述をすることによって相続放棄をすることができる（915 条 1 項・938 条）。そして，相続放棄をすることによって，その者ははじめから相続人にならなかったものとみなされる（相続放棄の遡及効。939 条）。したがって，【設例Ⅲ-15】においても，相続放棄をした B は，初めから相続人とならなかったものとみなされるので，他の共同相続人 C は，相続開始時にさかのぼって単独で甲土地を承継する。そこで，C は B の相続放棄による単独所有権の取得を仮差押債権者 D に対抗するためには，登記を備えていることが必要か問題となる。

　この問題について，判例（最判昭 42・1・20 民集 21 巻 1 号 16 頁［百選Ⅲ 2 版-73]）は，相続放棄の申述によって，相続人は相続開始時にさかのぼって相続人の地位を失い，この効力は絶対的で何人に対しても登記などなしにその効力を生じるとする。したがって，【設例Ⅲ-15】の C は，登記がなくても B の相続放棄による単独所有権の取得を D に対抗することができる。学説も，判例の見解を支持するのが通説である。

　899 条の 2 第 1 項は，相続放棄の場合にも適用されない。というのは，相続放棄をした者は初めから相続人にならなかったものとみなされ，法定相続分も相続放棄後の共同相続人に応じて計算されるので，同条の「法定相続分を超える部分」を想定することができないからである[41]。

---

40)　佐久間『民法の基礎 2 物権〔第 1 版〕』（有斐閣）100 頁による。
41)　安永・62 頁。

(5)　遺贈と登記

(ア)　相続人以外の者への遺贈

> **【設例Ⅲ-16】**　甲土地を所有している A が死亡し，その子 B と C が A を相続
> した。そして，A は，甲土地を D に遺贈する旨の遺言を残していた。しかし，
> 甲土地につき D への所有権移転登記がなされる前に，B の申請に基づいて
> BC の相続分の割合をそれぞれ 2 分の 1 とする共同相続の登記がなされた。
> そして，BC が甲土地を E に売却し，E への所有権移転登記がなされた。この
> 場合，D は，遺贈による甲土地の所有権取得を E に対抗することができるか。

　【設例Ⅲ-16】において，遺言による特定財産の譲与（特定遺贈。964 条）に
よって甲土地の所有権を取得した受遺者 D は，登記をしないと相続人以外
の第三者 E に所有権の取得を対抗することができないのか問題となる。こ
れについて，判例（最判昭 39・3・6 民集 18 巻 3 号 437 頁［百選Ⅲ 2 版-74]）は，
「遺贈は遺言によって受遺者に財産権を与える遺言者の意思表示にほかなら
ず，遺言者の死亡を不確定期限とするものではあるが，意思表示によって物
権変動の効果を生ずる点においては贈与と異なるところはない」として，遺
贈の場合にも 177 条によって登記を対抗要件とすべきであるとした。したが
って，判例によれば，**【設例Ⅲ-16】**の D は，甲土地について遺贈による所
有権移転登記を取得していないことから，所有権取得を E に対抗すること
ができない。学説は，判例と同様に登記を必要とする説があるが，判例と異
なり登記は不要と解する説もあって，賛否が分かれている[42]。

　なお，遺贈による権利の取得は「相続による権利の承継」ではないので，
遺贈による特定不動産の譲与には 899 条の 2 第 1 項は適用されない[43]。

(イ)　共同相続人の 1 人への遺贈

> **【設例Ⅲ-17】　【設例Ⅲ-16】**において，死亡した A は，甲土地を共同相続人
> の 1 人 C に遺贈する旨の遺言を残していた。しかし，甲土地につき C への所
> 有権移転登記がなされる前に，B は，共同相続登記を行って自己の相続分 2
> 分の 1 を E に譲渡し，その旨の登記がなされた。この場合，C は，遺贈によ
> る甲土地の所有権取得を E に対抗することができるか。

---

42)　近江・121 頁，松岡・151 頁。
43)　佐久間・102 頁。

【設例Ⅲ-17】の場合，従来，Cは，法定相続分については登記がなくても対抗することができるが，それを超える遺贈の部分については，177条により登記を備えなければBからの譲受人Eに対抗することができないと解されてきた。そして，2018年の相続法改正で新設された899条の2第1項では，「相続による権利の承継は，……相続分を超える部分については，……対抗要件を備えなければ第三者に対抗することができない」と規定されており，文言上【設例Ⅲ-17】の場合も含まれる。したがって，従来の解釈と結論は同じであるが，共同相続人の1人への特定遺贈の問題は，これからは177条ではなく899条の2第1項によって処理されることになる[44]。

＊遺言執行者がいる場合　　遺言について遺言執行者がいる場合，相続人は，相続財産の処分その他遺言の執行を妨げるべき行為をすることができないと，定められていた（旧1013条〔現行1013条1項〕）。そして，相続人がこの規定に違反して遺贈の目的不動産を第三者に譲渡して登記をしても，この相続人の譲渡行為は無効であり，受遺者は，目的不動産の取得を登記がなくても第三者に対抗することができると解されていた（最判昭62・4・23民集41巻3号474頁［百選Ⅲ2版-90]）。しかし，2018年の相続法改正により1013条に2項が新設され，同条1項（旧1013条）に違反した行為は無効であるが，その無効は善意の第三者に対抗することができないとされた。受遺者は，善意の第三者の出現を防ぐためには，遺贈された目的不動産について所有権移転登記をしておくことが必要となる[45]。

(6)　「相続させる遺言」と登記

【設例Ⅲ-18】　BとCが共同相続人であり，被相続人AがBに対して「甲土地を相続させる」趣旨の遺言をした。しかし，Bは，その遺言を知らず，移転登記をしていなかった。Cが共同相続登記を行い，甲土地の相続分2分の1をDに売却した。この場合，Bは，遺言による甲土地の取得をDに対抗することができるか。

「相続させる」趣旨の遺言とは，特定の遺産を特定の相続人に相続させる趣旨の遺言をいう。判例によれば，このような遺言は，908条にいう遺産分割の方法を定めた遺言であり，「当該遺産を当該相続人に帰属させる遺産の

---

44)　安永・50頁。
45)　安永・51頁。

一部の分割がなされたのと同様の遺産の承継関係を生ぜしめるものであり」，「被相続人の死亡の時（遺言の効力の生じた時）に直ちに当該遺産が当該相続人に相続により承継される」と解されている（最判平3・4・19民集45巻4号477頁［百選Ⅲ2版-87]）。そして，「相続させる」趣旨の遺言による権利の移転は，法定相続分または指定相続分の相続の場合と本質的に異なるところがなく，他の共同相続人は当該遺産については無権利であるので，この遺言により不動産の権利を取得した相続人は，登記がなくても権利を第三者に対抗することができるとされていた（最判平14・6・10判時1791号59頁［百選Ⅲ2版-75]）。

しかし，改正相続法899条の2第1項は，「相続による権利の承継」に適用されるので，「相続させる」趣旨の遺言により権利を取得した相続人は，法定相続分を超える部分については，対抗要件を備えなければ第三者に対抗することができないことになった。したがって，【設例Ⅲ-18】の場合，Bは，登記をしておかないと甲土地の取得をDに対抗することができない。登記をしていない場合，甲土地は，BとDの2分の1ずつの共有になる。

(7) 遺産分割と登記

相続人が複数いる場合，相続は共同相続となり，当初相続財産全体は共同相続人の共有に属するが（898条），その後共同相続人間で協議などによる遺産分割が行われ，個々の相続財産について最終的な帰属が決まる。そして，相続財産に不動産が含まれている場合，その最終的な帰属について登記が行われる。

ところで，遺産分割について，次のことが問題となる。その1つは，遺産分割が行われる前に共同相続人の1人が特定の相続不動産上の自己の相続分を第三者に譲渡し，その後に遺産分割によって他の相続人がその不動産を取得した場合，第三者はその相続分を有効に取得できるかという問題である（【設例Ⅲ-19】）。他の1つは，遺産分割によって共同相続人の1人が特定の相続不動産を取得したが，その登記をする前に他の相続人によってその者の相続分が第三者に譲渡された場合，相続不動産を取得した相続人は，第三者に対して登記がなくても遺産分割による取得を主張できるかという問題である（【設例Ⅲ-20】）。

(ア) 遺産分割前の相続分の処分

【設例Ⅲ-19】 特定の相続不動産甲土地について，Aの共同相続人の1人B が相続分2分の1を第三者Dに譲渡した後に，共同相続人BとCとの間で 遺産分割の協議が行われて，Cが甲土地を単独で相続した。この場合，Dは Bの相続分を有効に取得することができるか。

　遺産分割によって，Cは相続開始の時にさかのぼって甲土地の所有権を取得する，すなわちCは相続開始の時から甲土地を承継したことになる（遺産分割の遡及効。909条本文）。しかし，遺産分割によって第三者の権利を害することができないので（909条ただし書），DはBからの相続分の取得をCに主張することができる。909条ただし書の第三者は，遺産分割前に遺産分割の目的物について利害関係を持つにいたった者を指す。ただ，判例はないが，学説では，第三者が909条ただし書によって保護されるためには，登記を備えていることが必要と解するのが通説である。もっとも，この登記が対抗要件としての登記なのか，それとも権利保護要件としての登記なのかについては，見解が分かれている[46)]。

(イ) 遺産分割後の相続分の処分

【設例Ⅲ-20】 遺産分割によって特定の相続不動産乙土地をVの共同相続人の1人Xが単独で相続した後に，他の共同相続人Yが自己の相続分2分の1を第三者Zに譲渡した。この場合，Xは登記がなくても遺産分割による単独所有権の取得をZに主張することができるか。

　これまでの判例（最判昭46・1・26民集25巻1号90頁［百選Ⅲ2版-72]）は，遺産分割は相続開始の時にさかのぼって効力を生じるが，第三者との関係では，相続人が相続により取得した権利について分割時に新たな変更を生ずるのと実質上異ならないから，不動産に対する相続分の遺産分割による得喪変更については177条の適用があり，分割により相続分と異なる権利を取得した相続人は，その旨の登記をしなければ，分割後に当該不動産について権利を取得した第三者に対し，自己の権利の取得を対抗することができないと解

---

46)　生熊・219頁以下。

していた。学説も判例と同様に解するのが通説であった。

　改正相続法による899条の2第1項では、相続による権利の承継は、遺産分割によるかどうかを問わず、相続分を超える部分については、対抗要件を具備しなければ第三者に対抗することができないと定められているので、分割により相続分と異なる権利を取得した相続人は、本条により登記をしなければ、分割後に当該不動産について権利を取得した第三者に対し、自己の権利の取得を対抗することができない。適用条文が177条から899条の2第1項になるが、結論は従来の判例・通説と同じである。

　　したがって、【設例Ⅲ-20】の場合、Xが遺産分割によってYの相続分を取得したことをZに対抗するためには、その旨の登記が必要となる。もっとも、Xは乙土地の2分の1の相続分をもともと相続により有効に取得しており、ZはYからその相続分を譲り受けただけであってXの相続分は取得していないので、Xが自己の本来の相続分をZに主張するには登記を必要としない。もしXが遺産分割による所有権取得の登記をしていない場合には、乙土地は、XとZの共有（各持分2分の1）になる。

　(ｳ)　**相続放棄と遺産分割を区別する理由**　　相続放棄と遺産分割にはともに遡及効があるにもかかわらず、**(3)**と**(6)**で述べたように両者を区別して取り扱う理由が問題となる。これについて、上記の判例（前掲最判昭46・1・26 [百選Ⅲ2版-72]）は次のような理由を挙げている。①遺産分割の遡及効には制限があり（909条ただし書）、その効力は絶対的ではないのに対し、相続放棄の効力は絶対的であり（939条参照）、両者を同一に論じられないこと、②相続放棄は相続開始後短期間にのみ可能であり（915条1項）、相続財産の処分行為があれば相続放棄が許されなくなるので（921条1号）、相続放棄ができる時期までに第三者が現れる可能性は少ないのに比べて、遺産分割後に相続人の相続分について権利を取得する第三者の出現の可能性が多いと考えられることである。判例を支持する通説は、このほかに、③相続放棄によっては個々の財産の帰属は必ずしも最終的に確定しないから、相続放棄による相続分の変動について登記を要求することは相続人に酷であるが、個々の財産の帰属が最終的に確定する遺産分割について登記を要求しても相続人にとって酷にはならないこと、④相続不動産を譲り受けようとする第三者は相続放

棄期間の経過後放棄の有無を家庭裁判所で確認できるので（938条参照），登記がなくても相続放棄を主張できると解しても第三者を害さないことなどを挙げている。

3.4　登記を必要とする第三者

3.4.1　序

(1)　第三者の範囲の制限の必要性

【設例Ⅲ-21】　A所有の甲土地について，Bが文書を偽造してAからBへの所有権移転登記をした後にCが真の所有者Aから甲土地を買い受けた場合，Cは，登記がなければBに対して甲土地の所有権を主張することができないか。

【設例Ⅲ-22】　未登記の乙建物を所有者Zから買い受けたXがまだ所有権移転登記を備えない間にYが乙建物を放火によって滅失させた場合，Xは，登記がなければ乙建物の所有者としてYに対して不法行為による損害賠償を請求することができないか。

177条は，登記をしなければ不動産物権の変動を第三者に対抗することができないと規定するだけで，第三者の範囲については何も述べていない。このことから，そもそも登記をしなければどのような第三者に対しても物権変動を対抗することができないのか，あるいは登記をしなくても対抗することができる第三者がいるのかという，177条の第三者の範囲が問題となる。

第三者とは，一般的には法律関係の当事者およびその包括承継人（相続人など）以外の者を指す。したがって，物権変動の場合には，物権変動の当事者およびその包括承継人以外の者，例えば不動産の売買でいえば，売主と買主および双方の包括承継人以外の者を指す。そして，初期の判例・学説も，177条の第三者の範囲をこのような一般的な意味で解していた。しかし，このように177条の第三者の範囲を広く解すると，【設例Ⅲ-21】や【設例Ⅲ-22】の場合，登記を備えていないCやXは，無権利者Bや不法行為者Yに対してそれぞれ所有権の主張ができず，きわめて不当なことになる。そこ

で，第三者の範囲を制限する見解（第三者制限説）が主張されるようになって
きた。

(2)　第三者制限説

(ア)　**判　例**　判例（大連判明 41・12・15 民録 14 輯 1276 頁）は，177 条の第
三者の範囲を制限的に捉えて，物権変動の当事者およびその包括承継人以外
の者で，「不動産に関する物権の得喪及び変更の登記欠缺（不存在）を主張す
る正当の利益を有する者」と解している。すなわち，単に物権変動の当事者
およびその包括承継人以外の者をいうのではなく，さらに登記の不存在を主
張する正当の利益を有する者という制限を設けて第三者の範囲を限定してい
る。このように第三者の範囲を登記の不存在を主張する正当の利益を有する
者に限定する理由として，前記明治 41 年大審院連合部判決は，第 1 に，対
抗は利害が相反するときに初めて生じるものであるから，当該物権変動につ
いて利害関係のない者は 177 条の第三者に該当しないこと，第 2 に，利害関
係がある者であっても，177 条の保護を受けるに値しない者も除外されるこ
とを挙げている。なお，同判決は，①第三者に該当する者として，同一不動
産に関して所有権や抵当権などの物権または賃借権を正当な権原によって取
得した者，同一不動産に対する差押債権者やその差押えについて配当加入を
申し立てた債権者を，②第三者に該当しない者として，同一不動産に関して
正当な権原によらないで権利を主張する者（無権利者）や不法行為者を挙げ
ている。

(イ)　**学　説**　学説も，前記明治 41 年大審院連合部判決以後，177 条の
第三者の範囲を制限的に解する点では異論がない。しかし，第三者の範囲を
制限する基準については，いくつかの見解に分かれている。その主なものを
挙げれば，次のようなものがある。①判例と同様に，登記の不存在を主張す
る正当の利益を有する第三者に限るとする説[47]，②当該不動産に関して有効
な取引関係に立つ第三者に限るとする説[48]，③物的支配を相争う関係に立
ち，かつ登記を信頼して行動すべきものと認められる者に限るとする説[49]

---

47)　広中・87 頁など。
48)　我妻＝有泉・154 頁，川井・32 頁。
49)　舟橋・156 頁，182 頁。

などである。

　これらの判例や学説の掲げる基準だけでは，具体的にどのような者が177
条の第三者に該当するのか必ずしも明確にはならない（もっとも，上記のどの
基準を採るかによって個別的な判断で違いが生じることがある→ **3.4.2**(1)(ウ)参照）。そこ
で，177条の第三者に該当する者とそうでない者とを具体的に検討する必要
がある。

3.4.2　第三者の具体的検討

　現在では，ある者が177条の第三者に該当するかどうかを決定するための
要件として，第1に，その者が目的不動産についてどのような権利または法
的地位を有しているかという客観的要件と，第2に，その者が未登記の物権
変動の存在を知っていたというようなその者に固有の事情という主観的要件
の2つが挙げられている[50]。そこで以下では，この2つの要件を基準として
第三者の範囲を具体的に検討する。なお，上述の第三者の範囲を制限的に解
する学説における②説は，第1の客観的要件に関わる見解と捉えることがで
きる。

(1)　客観的要件による検討

　(ア)　物権取得者　　同一不動産について所有権，地上権，抵当権などの物
権を取得した者（物権取得者）は，原則として第三者に該当する。不動産の二
重譲渡における譲受人が典型であり，譲受人は互いに第三者に該当する。

　(イ)　差押債権者　　同一不動産の差押債権者も第三者に該当する（前掲大
連判明41・12・15，最判昭39・3・6民集18巻3号437頁〔百選Ⅲ2版-74〕。仮差押債
権者〔大判昭9・5・11新聞3702号11頁〕，仮処分債権者〔最判昭30・10・25民集9巻
11号1678頁〕も同様）。したがって，Aが所有の甲土地をBに売却したが，所
有権移転登記が未了の間にAの債権者Cが甲土地を差し押さえた場合，登
記を備えていないBは，第三者異議の訴え（民執38条）によってCの差押え
を排除することができない。その理由として，上例のCは差押えによって
甲土地について排他的な支配権を取得し，物権取得者に類似する地位を有す
るからだと解されている。また，差押債権者と同視される配当加入債権者

50)　鎌田・前注7) 100頁，佐久間・62頁。

も，第三者に当たる。これに対し，差押え（仮差押え，仮処分，配当加入）をしていない一般債権者は，不動産について何らの特定の権利や法的地位を持たないので，177 条の第三者に当たらない。

　(ウ)　**不動産賃借人**　　前記の明治 41 年大審院連合部判決は，177 条の第三者に該当する者として不動産賃借人を挙げている。しかし，不動産賃借人については，①賃貸不動産の譲受人が賃借人に対して不動産の明渡しを請求する場合と，②譲受人が賃借人に対して賃料支払請求などの賃貸借契約上の権利を行使する場合に分けて検討する必要がある。

　(a)　**譲受人による賃貸不動産の明渡請求の場合**

> 【設例Ⅲ-23】　A は所有の甲土地を C に賃貸していたが，この甲土地を B に売却した。所有権を取得した B は，A の賃借人 C に対して甲土地の明渡しを求めたい。B が C に対して明渡しを請求するためには，所有権移転登記を備えていることが必要か。

　【設例Ⅲ-23】では，同一不動産の支配をめぐって所有権と賃借権の優劣が問題となっており，所有権が優先するならば，C の賃借権は否定されて譲受人 B の明渡請求が認められる。逆に賃借権が優先するならば，B の取得する所有権は賃借権付きの権利になるので，B の明渡請求は否定される。両者の優劣は，対抗要件具備の先後によって決まる。そして，不動産賃借権は，対抗要件（605 条の賃貸借登記，借地借家 10 条 1 項による建物登記〔宅地賃貸借の場合〕または借地借家 31 条 1 項による建物引渡し〔建物賃貸借の場合〕）を備えることによって，その後の同一不動産上の物権に対抗することができる。このように不動産賃借権はいわゆる物権化しているので，不動産賃借人は物権取得者類似の法的地位を有しているということができ，177 条の第三者に該当する。したがって，【設例Ⅲ-23】では，B は，甲土地の明渡しを請求するためには，C が賃借権の対抗要件を備えるより前に所有権移転登記を備えていることが必要とされる。

(b) 譲受人による賃貸借契約上の権利行使の場合

> 【設例Ⅲ-24】　【設例Ⅲ-23】の場合において，譲受人Bが賃借人Cに対して賃料請求や賃貸借契約の解約申入れをするとき，Bは，所有権移転登記を備えておかないとこれらの請求をすることができないか。

(i)　**問題の所在**　　【設例Ⅲ-24】では，譲受人Bは，AC間の賃貸借を否定するのではなく，自己が所有権を取得したことを前提として，賃料請求や解約申入れなどの賃貸借契約上の権利を行使しようとしている。【設例Ⅲ-23】と異なり，ここでは同一不動産の支配をめぐって所有権と賃借権の優劣が争われているのではない。このように賃貸不動産の譲受人が賃借人に対して賃貸借契約上の権利を行使する場合にも，譲受人は所有権移転登記を備えることが必要かどうか（不動産賃借人が177条の第三者に当たるかどうか）が問題とされている。これについて，まず賃借人が賃借権を譲受人に対抗することができる場合には，譲渡人と賃借人間の賃貸借は譲受人と賃借人の間に当然に移転するので（605条の2第1項），この場合に譲受人が賃貸借契約上の権利を行使するためには，登記を備えていることが必要かどうか問題となる。次に，賃借人が対抗できない場合であっても，譲渡人と譲受人との間で賃貸人の地位の移転の合意があれば，賃借人の承諾がなくても賃貸人の地位が譲受人に移転するので（605条の3前段。最判昭46・4・23民集25巻3号388頁［百選Ⅱ8版-41]），この場合にも譲受人が賃貸借契約上の権利を行使するためには，同様に登記の具備が問題となる。

(ii)　**従来の見解**　　この問題について，判例・学説は，登記必要説と登記不要説に分かれていた。

①登記必要説　　判例は，不動産賃借人は177条の第三者に該当するので，譲受人Bは，登記がなければ賃借人Cに対して甲土地の所有権の取得を対抗することができず，したがって賃料請求や解約申入れなどの賃貸借契約上の権利を行使することができないとしている（大判昭8・5・9民集12巻1123頁—賃料請求，最判昭49・3・19民集28巻2号325頁［百選Ⅱ8版-59]—賃料不払いによる契約解除，最判昭25・11・30民集4巻11号607頁—解約申入れ）。学説も，第三者の範囲を制限的に捉える学説の①説や②説（→ **3.4.1**(2)(イ)参照）は，判

例と同様に登記必要説を採る。その理由として，これらの学説は，未登記譲受人の請求によって賃借人が賃料を支払った後に，賃貸不動産が二重に譲渡され第二譲受人が登記を備えると，第二譲受人が所有者に確定するので，その者から請求があれば賃借人は賃料を二重に支払わなければならなくなるという危険性があること，最終的には所有権を取得しないかもしれない未登記譲受人による契約解除や解約申入れを認めれば，賃借人の立場が不安定になることなどを挙げている。もっとも，判例は定かではないが，多くの学説は，この場合の登記を対抗要件としての登記ではなく，権利保護要件としての登記と解している。

　②登記不要説　　177条の第三者の範囲について，当該不動産につき物的支配を相争う関係に立ち，登記を信頼して行動すべきものと認められる者に限るとする前述の③説（→ **3.4.1** (2)(イ)参照）によると，譲受人Bによる賃料請求や解約申入れなどは，Cの賃借権を承認した上で賃貸人としての権利を行使するものであり，BとCは同一不動産について物的支配を相争う関係に立たないから，この場合の賃借人Cは第三者に該当しないと主張する。そして，賃借人の賃料二重払いの危険性は，表見受領権者への弁済の規定（478条→松井・債権**第5章 2.4.2** (3) 参照）や弁済供託（494条→松井・債権**第5章第4節**参照）によって回避することができるとする。

　(iii)　**改正民法**　　これまでの判例・学説は，以上のように分かれていたが，2017（平29）年の改正民法によって，賃貸不動産が譲渡されて賃貸人の地位が譲受人に移転する場合，および賃貸人である不動産の譲渡人と譲受人の合意によって賃貸人の地位が譲受人に移転する場合，譲受人は，所有権移転の登記をしないと賃貸人の地位の移転を賃借人に対抗することができないと規定され（605条の2第3項・605条の3後段），登記必要説の立場が採用された。

　(エ)　**転々譲渡の前々主**　　例えば，A所有の甲土地がAからB，BからCへと転々譲渡された場合における前々主Aは，Cの甲土地の所有権取得について177条の第三者に該当しない（最判昭39・2・13判タ160号71頁，最判昭43・11・19民集22巻12号2692頁）。177条の第三者というためには当該土地について何らかの正当な権利を有することが必要であり，甲土地をすでにB

に有効に譲渡したAのような，当該土地につき正当な権利を有しない者は登記の不存在を主張する正当な利益を有する者とはいえないからである。したがって，上記のCは登記がなくても所有権の取得をAに対抗することができる。

(オ)　**不法行為者・不法占拠者**　　不法行為者は，当該不動産について正当な権利を有する者ではないので，177条の第三者に該当しない（前掲大連判明41・12・15）。例えば，B所有の建物を故意または過失によって損壊したAは，Bからの所有権侵害による損害賠償請求に対して，Bの登記の不存在を主張して争うことができない。また，不法占拠者も，不法行為者の一種であり，177条の第三者に該当しない（前掲大連判明41・12・15，最判昭25・12・19民集4巻12号660頁［百選I 8版-62］）。例えば，無権限でD所有の建物を占有しているCは，Dからの明渡請求に対してDの登記の不存在を主張して争うことができない。

(カ)　**無権利者**　　同一不動産に関して正当な権原によらないで権利を主張する無権利者も，177条の第三者に該当しない（前掲大連判明41・12・15）。例えば，AがB所有の甲土地について書類を偽造して登記を自己名義にしても，Aは甲土地について何らの権利を有しない無権利者であるので，177条の第三者に該当しない（最判昭34・2・12民集13巻2号91頁―所有権を有しないのに登記上所有者と表示されている架空の権利者の事案）。したがって，Bから甲土地を買い受けたCは，登記がなくてもAに対して所有権の取得を主張することができる。

(2)　**主観的要件による検討**

(ア)　**不動産登記法5条に該当する者**　　不動産登記法5条は，次の者を「登記がないことを主張することができない第三者」であるとして，177条の第三者に該当しないとしている。すなわち，第1は，詐欺または強迫によって登記の申請を妨げた第三者である（不登5条1項）。例えば，BがAから不動産を取得したことを知ったCが，AからBへの移転登記の申請を詐欺または強迫によって妨げた上で，同一不動産をAから買い受けて先に登記をした場合，このCは不動産登記法5条1項の第三者に該当する。第2は，他人のために登記を申請する義務を負う第三者（親権者，後見人，受任者など）

である（同条2項本文）。例えば，Z が，X から Y への移転登記の申請を委任
されたが，委任された登記申請を行わずに同一不動産を X から買い受けて
先に登記をした場合，この Z は不動産登記法5条2項本文の第三者に該当
する。これらの C や Z は，第1譲受人 B や Y の登記の不存在を主張する
ことが信義に反するので，第三者に当たらないとされる。もっとも，第2につ
いては，申請義務を負う登記の原因が第三者自身の登記の原因の後に発生し
た場合は除かれる（同項ただし書）。この場合には，第三者が先に自己の登記
を申請しても信義に反しないからである。この不動産登記法5条は旧4条5
条を引き継いだものであるが，この旧4条5条は，次に述べる背信的悪意者
排除説の根拠の1つとなったものである。

　(イ)　背信的悪意者　(a)　意　義　　**背信的悪意者**とは，実体上物権変動が
あった事実を知っており，かつその物権変動について登記の不存在を主張す
ることが信義に反すると認められる第三者をいう。そして，このような背信
的悪意者は登記の不存在を主張する正当な利益を有しないとして177条の第
三者から除外する見解を**背信的悪意者排除説**という。

　この背信的悪意者排除説の前提となる問題として，177条の第三者には実
体上物権変動があった事実を知っている悪意の第三者（二重譲渡でいえば，第1
買主と売主間の所有権移転を知っている第2買主）が含まれるかという問題がある。
これについて，当初の学説は，第三者の善意・悪意を問わないと解していた
（善意悪意不問説）。①登記の有無によって物権関係を画一的に処理することが
物権取引の安全を確保できること，②第三者の善意・悪意を問うと物権変動
の対抗が問題となる毎に第三者の善意・悪意が訴訟上争われて面倒になるこ
となどがその理由であった。そして，この善意悪意不問説の背景として，第
1譲渡の事実を知る者が同一不動産を二重に譲り受けても，それは資本制経
済社会における自由競争として許されるという自由競争論の考え方があっ
た。しかしその後，自由競争といっても無制限に認められるものではなく，
自由競争の範囲外にあると考えられる者は，善意悪意不問説の例外として第
三者に該当しないという考え方が有力に主張されるようになってきた。そし
て，不動産登記法5条に規定されているような，登記の不存在を主張するこ
とが信義に反する悪意者（背信的悪意者）は自由競争の範囲外であり，177条

の第三者から除外されるとする考え方（背信的悪意者排除説）が唱えられ，現在の通説となっている。

　(b)　判例の展開　　判例も，かつては善意悪意不問説を採っていたが，その後，次第に背信的悪意者排除説を採るようになっていった。まず，①昭和30年代に，旧不動産登記法4条・5条により登記の不存在を主張することが許されない事由その他これに類する登記の不存在の主張が信義に反すると認められる事由のある第三者は，登記の不存在を主張する正当な利益を有しないとして（最判昭31・4・24民集10巻4号417頁〔傍論〕など），背信的悪意者排除の一般論を述べ，ついで，②未登記の第1買主に対する復讐の意図をもって著しく安い価格で目的不動産を買い受けて登記を備えた第2買主について，第2売買が公序良俗に反し無効であることを理由に，177条の第三者に該当しないとする判例が現れ（最判昭36・4・27民集15巻4号901頁），③昭和40年代になると，背信的悪意者という概念を明確に用いて，この背信的悪意者を177条の第三者から排除する考え方が判例理論として確立するにいたった（最判昭43・8・2民集22巻8号1571頁［百選I 4版-57]，最判昭43・11・15民集22巻12号2671頁など）[51]。

　(c)　背信的悪意者に該当する場合　　背信的悪意者排除説は，善意悪意不問説を前提にして，第1の物権変動を知っているだけの単なる悪意者は第三者に該当するが，悪意にとどまらず第1譲受人の登記の不存在を主張することが信義に反する背信的悪意者は第三者から除外されるとする。したがって，背信的悪意者は，①第1物権変動を知っているという悪意の要件と，②登記の不存在の主張が信義に反するという信義則違反の要件を充足した者ということができる。そして，判例を素材にして背信的悪意者に該当する場合を挙げれば，次のようなものがある。

　①第三者が譲渡人と実質的に同一または密接な関係にある場合　　例えば，第2譲受人が法人である譲渡人の代表者である場合（東京地判昭40・11・16判タ185号145頁）や，譲渡人の代理人や子である場合（東京地判昭30・12・27下民集6巻12号2801頁―譲渡人の代理人の事案，東京地判昭39・1・23下民集15巻1号54頁―譲渡人の子の事案）などである。これらの第2譲受人は，第1譲渡

---

51)　鎌田・前注7) 78頁以下。

の関係者と見ることができ，第1譲渡の当事者と同視することができるので，第1譲受人の競争者としての地位を認めることが許されないからである。

　②第三者が反倫理的な意図や不当な利益を得る目的で同一不動産を譲り受けて登記を備えた場合　　例えば，第2譲受人が第1譲受人に対する恨みを晴らす意図で，第1譲渡が未登記であることに乗じて同一不動産を買い受けた場合（前掲最判昭36・4・27）や，すでに買い受けて長期間占有している未登記の第1譲受人に権利証を高く売りつける目的で，同一不動産を安く買い受けた場合（前掲最判昭43・8・2［百選Ⅰ4版-57]）などである。これらの第2譲受人については，その権利取得が第1譲渡の未登記に乗じた反倫理的な意図の実現や不当な利益の獲得という目的に基づいている点に背信性が認められる。

　③第三者が未登記譲受人の権利取得を前提とする行為をしておきながら，後にそれと矛盾する主張をする場合　　例えば，国がAからの未登記譲受人Bを甲土地の所有者と認めて固定資産税を徴収しておきながら，その後登記名義人Aの所有物として滞納処分により甲土地を差し押さえて公売処分に付した場合（最判昭35・3・31民集14巻4号663頁）などである。国の登記の不存在の主張がその以前の行為と矛盾している点に背信性が認められる。

　④第三者に不動産登記法5条に類する事情がある場合　　例えば，第三者が譲渡人による第1譲受人への移転登記妨害に協力したうえ譲渡人から同一不動産を譲り受けた場合のように（最判昭44・4・25民集23巻4号904頁），第三者に不動産登記法5条1項の詐欺・強迫により登記申請を妨げた者に類する事情がある場合や，未登記の不動産譲渡をめぐる紛争について立会人として移転登記すべきことを内容とする和解を成立させたにもかかわらず，その後自己の債権の満足を得るために未登記を理由に当該不動産を譲渡人の所有として差し押えた場合のように（前掲最判昭43・11・15），第三者に不動産登記法5条2項の他人のために登記を申請する義務を負う者に類する事情がある場合である。

＊背信的悪意者排除説を採る学説の中には，判例よりも背信的悪意者の範囲を
広く捉えるものもある。例えば，未登記の第 1 譲受人が引渡しを受けて現在
利用していることを知りながら，当該不動産を譲り受けた第 2 譲受人を背信
的悪意者であるとするものである[52]。これは，第 2 譲受人の単なる主観的要件
だけではなく，譲受人双方の利益状況を比較考慮した結果を背信的悪意の判
断枠組みに取り込んで判断する見解といえる[53]。そして，次に述べる未登記通
行地役権の対抗問題に関する最高裁判例は，この考え方に近い。

　(d)　**背信的悪意者排除説に関係する新たな判例**　　次のような背信的悪意
者排除説に関わる新たな最高裁判例が現れている。
　(i)　**未登記通行地役権の対抗と民法 177 条の第三者**　　その 1 つは，黙
示で設定された通行地役権の承役地の譲受人が通行地役権者の登記の不存在
を主張した事案である（通行地役権については→**第 5 章第 3 節**参照）。これについ
て，最高裁は，譲渡の時に，承役地が要役地の所有者によって継続的に通路
として使用されていることが物理的状況から客観的に明らかであり，譲受人
がそのことを認識していたかまたは認識可能であったときは，譲受人は，地
役権の存在を知らなかったとしても，特段の事情のない限り，地役権設定登
記の不存在を主張する正当な利益を有する第三者には当たらないと判示した
（最判平 10・2・13 民集 52 巻 1 号 65 頁 ［百選 I 8 版-63]）。
　この判決については，第 1 に，背信的悪意者に該当しなくても，信義則に
照らして登記の不存在を主張する正当な利益を有する第三者に当たらない場
合があること，第 2 に，承役地の譲受人に通路としての客観的な利用状況に
ついて認識または認識可能性があれば，原則として背信性が認められると判
断されたことが，特徴的である。このような判断の背後には，①通行地役権
の成立については黙示の設定を認定するほかない場合が多く，背信的悪意者
以外には登記がないと対抗することができないとなると，多くの通行地役権
は承役地の譲渡によって消滅してしまうこと，②地役権は承役地の所有権と
併存することができるので，地役権を認めても承役地の譲受人は負担付きの
所有権を取得することができることなどの，通行地役権の特殊性があると解

---

52)　広中・103 頁以下。
53)　安永・78 頁。

されている[54]。この判決，特に第 2 の特徴点の考え方を一般化することができるならば，例えば不動産の二重譲渡について第 1 譲受人の利用状況について認識またはその可能性を有する第 2 譲受人は 177 条の第三者に該当しないと判断されることになり，背信的悪意者排除説の存在意義が問われることになろう。しかし，(ii)で述べる判例では，従来どおり背信的悪意者排除説の立場が維持されているので，この判決の一般化は考えられないであろう。ただ，(ii)で述べる判例とともに従来の 177 条の第三者の判断枠組みに何らかの影響を与えるものといえよう。

＊抵当不動産競売における買受人に対する未登記通行地役権の主張　　未登記の通行地役権者が抵当権不動産の競売における買受人に対して通行地役権を主張した事案について，最高裁は，抵当権者が地役権設定登記の不存在を主張する正当な利益を有する第三者にあたるかどうかについては，買受人による抵当不動産の買受時ではなく，最先順位の抵当権の設定時を基準にした(i)の平成 10 年最高裁判決で挙げられた事情の存否で判断すべきことを判示した（最判平 25・2・26 民集 67 巻 2 号 297 頁）。通行地役権を買受人に主張することができるかどうかは，最先順位の抵当権者に対して主張できるかどうかによって決まるので，最先順位の抵当権の設定時を基準にした上記事情の存否で抵当権者が登記の不存在を主張する正当な利益を有するかどうかが判断されるとした最高裁の考え方は妥当といえよう。

(ii)　**所有権の取得時効と背信的悪意者**　　その 2 つは，A は B 所有の甲土地の一部を自己の所有に属すると信じ，コンクリート舗装をして長年の間通路として利用・占有していたが，B から甲土地を譲り受けて移転登記を備えた C から所有権確認，コンクリート舗装の撤去を求める訴えが提起されたので，A が抗弁として時効による所有権取得を主張した事案である。C は A の時効完成後の譲受人であるため，判例によれば，未登記の A は，C に所有権の時効取得を対抗することができない。そこで，A は，C が背信的悪意者に当たると主張した。これについて，最高裁は次のように判示した（最判平 18・1・17 民集 60 巻 1 号 27 頁［百選 I 8 版-60]）。すなわち，C が，甲土地の譲渡を受けた時点で，A が多年にわたり甲土地の一部を占有している事実を認識しており，A の登記の不存在を主張することが信義に反すると認め

54)　内田・460 頁。

られる事情が存在するときは，Cは背信的悪意者に当たるというべきである。そして，取得時効の成否については，その要件の充足の有無が容易に認識・判断することができないものであるから，Cにおいて，Aが取得時効の成立要件を充足していることをすべて具体的に認識していなくても，背信的悪意者と認められる場合があるというべきであるが，その場合であっても，少なくとも，CがAによる多年にわたる占有継続の事実を認識している必要があると解すべきである。

　背信的悪意者も悪意者の一種であることから，実体上物権変動が生じた事実を知っていることが要件の1つとされる。したがって，この事案においてCが背信的悪意者と判断されるためには，まず物権変動の事実，すなわちAの時効による所有権取得の事実を知っていなければならない。そして，Aの時効取得の事実を知るためには，CはAについて取得時効の成立要件が具備されていることを知らなければならないが，それを知るのは容易でない。そこで，この判決は，Cの悪意の対象を取得時効の基礎であるAの長年の占有継続の事実にまで緩め，これによって背信的悪意の成立の余地を拡げたということができる[55]。

　(e)　背信的悪意者排除説以外の学説　　判例・通説の採る背信的悪意者排除説に対して，悪意者および善意有過失者を177条の第三者から除外する見解が学説で有力に主張されている（悪意者・善意有過失者排除説）。1つは，背信的悪意者排除説が前提にしている善意悪意不問説の根拠となっている自由競争論に対する批判的な立場からのものである。すなわち，自由競争の原理が働くのは契約締結の段階においてであり，売主Aにとって有利な売買条件を提示した者が通常Aと契約することができるというものであって，その者がすでにAと売買契約を締結していることや所有権を取得していることを知って譲り受けた悪意の第三者Cを保護する趣旨は含まれないという批判である[56]。そして，このような批判に立つ学説は，判例分析から背信的悪意者排除説は実際には単純悪意者や善意有過失者を排除するために用いられているという批判を踏まえて[57]，先行する売買契約や所有権取得を知って

---

55)　安永・77頁。
56)　内田・458頁，生熊・250頁。

いる悪意の第 2 譲受人のみならず，善意であっても過失のある善意有過失の第 2 譲受人も保護に値しないとして，悪意者・善意有過失者を 177 条の第三者から除外すべきことを主張している[58]。他の 1 つは，公信力説からの主張である。公信力説は，不動産の二重譲渡において，第 1 譲渡により無権利者となった譲渡人から第 2 譲受人が有効に所有権を取得することができるのは，登記の公信力によると考えるので，第 2 譲受人が悪意または善意有過失であるときは，有効に不動産を取得することができない。したがって，公信力説においても，悪意者・善意有過失者は 177 条の第三者から排除される。

(f)　背信的悪意者と転得者　(i)　背信的悪意者からの転得者

【設例Ⅲ-25】　Ａの所有地がＡからＢ，ＡからＣへと二重に譲渡され，先に移転登記を備えたＣは，この土地をさらにＤに転売して，Ｄへの移転登記を行った。ところが，Ｃは背信的悪意者と判断された。この場合，Ｃからの転得者Ｄは第 1 譲受人Ｂに対して所有権の取得を対抗することができるか。

【設例Ⅲ-25】の場合，第 2 譲受人Ｃは背信的悪意者であるから，第 1 譲受人Ｂは未登記であっても所有権取得をＣに対抗することができ，Ｃは所有権を取得することができなくなる。そうすると，Ｃからの転得者Ｄも所有権を取得することができないということになりそうである。しかし，このように考えるならば，とくにＣが背信的悪意者であることをＤが知らないときであっても，Ｄの所有権取得が否定されて物権取引の安全が害される。

　この問題について，考え方としては，相対的構成説と絶対的構成説の 2 つに分かれている。

　①相対的構成説　　ＢＤの関係をＢＣの関係と切り離して，ＤがＢとの関係で背信的悪意者に当たるか否かを判断する考え方である（背信的悪意者の相対的判断）。【設例Ⅲ-25】でいえば，Ｃは背信的悪意者であっても有効に権利を取得し，ただ登記の不存在をＢに主張することができないことから未登記のＢとの関係で所有権の取得を否定されるにすぎない。したがって，転

---

57)　松岡久和「民法 177 条の第三者・再論」奥田還暦『民事法理論の諸問題下巻』（成文堂，1995 年）所収。
58)　内田・458 頁以下，松岡・136 頁。

得者Dは無権利者からの譲受人ではなく，有効に所有権を取得することが
できるが，Bとの関係で背信的悪意者と判断されれば，Dは登記の不存在を
Bに主張することができず，所有権の取得をBに対抗することができない
とする。背信的悪意者排除説に立つ学説が採る見解である。そして，判例
（最判平8・10・29民集50巻9号2506頁［百選Ⅰ8版-61］）も，この相対的構成説
を採用している。

　②絶対的構成説　　BCの関係においてCが背信的悪意者と判断されれ
ば，Cは所有権取得をBに対抗することができない以上，Bの所有権取得
が確定する，したがって，Cからの転得者Dは善意であっても無権利者C
から所有権を取得することができないとする見解である。これによれば，背
信的悪意者からの転得者Dは，常に所有権の取得をBに対抗することがで
きないことになる。

　私見は，絶対的構成説では第2譲受人が背信的悪意者であればその転得者
は常に保護されなくなるので，転得者が第1譲受人との関係で背信的悪意者
に当たるかどうかで判断する相対的構成説が優れていると考える。

(ii) 善意の第2譲受人からの背信的悪意の転得者　　【設例Ⅲ-25】の場合

とは逆に，二重譲渡を知らない善意者であるCからの転得者Dが背信的悪
意者である場合についても，同様にDは所有権の取得を未登記のBに対抗
することができないかどうかが問題となる。これについても，見解は相対的
構成説と絶対的構成説に分かれている。相対的構成説は，背信的悪意者の相
対的判断の観点から，背信的悪意者かどうかはBとの関係で判断されるべ
きであり，Dは，善意のCからの転得者であってもBとの関係で背信的悪
意者と評価された以上，所有権取得をBに対抗することができないとする。
その理由として，そうでないとDが善意のCを介在させて権利を取得でき
る途を容認する結果となることが挙げられている[59]。そして，この説を採る
下級審判例もある（東京高判昭57・8・31判時1055号47頁）。これに対し，絶対
的構成説は，BCの対抗関係がCの登記具備によっていったん決着した以
上，Cの所有権取得が確定し，Dは権利者からの取得として確定的に所有権
を取得すると解する。そして，Dが善意のCを介在させたような場合には，

---

59)　近江・88頁。

DによるCの権利の援用は信義則に反し，DはBに対して権利を主張することができないと考えるべきだとする[60]。

善意者Cの登記具備によってCの所有権取得が確定した以上，DはCから確定的に所有権を取得すると解するのが物権取引の安全に資するので，私見は絶対的構成説を採りたい。

3.5 登記の効力・有効要件と仮登記

3.5.1 登記の効力

権利登記（本登記）の効力として，対抗力と推定力が認められているが，公信力は否定されている。

(1) 対抗力

すでに述べたように，177条によって登記は不動産物権変動の対抗要件とされている。このことから登記には不動産物権変動を第三者に対抗（主張）することができる効力がある。これを**登記の対抗力**という。

(2) 推定力

明文の規定はないが，登記には**推定力**があると解されている。すなわち，登記がなされておれば，その内容どおりの権利関係が実際に存在すると推定されるという効力である（最判昭34・1・8民集13巻1号1頁）。例えば，Aが甲不動産の所有者として登記されておれば，Aは甲不動産の所有者と推定される。登記に推定力が認められるのは，登記制度は国の機関によって厳格に管理・運用され，登記簿に記載されている権利関係は真実の権利関係に一致している蓋然性が高いと見られるからである。しかし，この推定は反証によって覆すことができるので，上例のAの所有権を争うBが，Aは所有者ではないのではないかという合理的な疑いを裁判官に起こさせる程度の証明に成功すれば，この推定は破られる*。

なお，登記簿上の前所有名義人が現所有名義人に対し当該不動産の所有権の移転を争う場合，例えば，XからYに贈与を原因とする所有権移転がなされたが，Xが贈与の無効を主張してYに移転登記の抹消登記手続を求め

---

60)　安永・80頁。

た場合には，登記の推定力は働かない（最判昭38・10・15民集17巻11号1497頁）。このような登記簿上の直接の当事者間で権利の存否が争われている場合には，登記の記載の真偽が実質的に問題となるが，ここで登記の推定力を認めると，Yを不当に利しXを不当に不利に扱うことになるからである[61]。したがって，この場合には，現所有名義人Yは前所有名義人Xから有効に所有権を取得したことを立証しなければならないものと解されている。

＊**法律上の推定と事実上の推定**[62]　　法律上の推定とは，法規の適用による推定であり，188条による占有の本権推定（→**第6章 [3.1]** 参照）がその代表である。法律上の推定を覆すためには，推定の事実と相容れない事実の証明が必要とされる。例えば，占有者が所有者であるという推定を覆すためには，占有者に所有権がないとの心証を裁判官が抱くまでの証明が必要とされる。これに対し，登記の推定力による権利推定は事実上の推定といわれている。事実上の推定とは，裁判官が経験則に基づいてある事実から他の事実の推認を事実上行うことである。そして，事実上の推定を覆すためには，事実が真実とは異なるのではないかという合理的な疑いを裁判官に抱かせる程度の証明ができれば足りるとされる。

(3)　公信力

わが国の登記には公信力は認められていない。したがって，甲土地について無権利者Aが所有者と記載されている登記を信じて，BがAから甲土地を買い受けても，Bは有効に所有権を取得することはできない。しかし，次に述べる94条2項の類推適用によって，Bが所有権を取得することができる場合がある。

(4)　**94条2項類推適用論**

(ア)　**意　義**　　**94条2項類推適用論**とは，94条2項を用いて通謀虚偽表示によらずに行われた虚偽の登記を信頼して取引関係に入った善意（無過失）の第三者を保護しようとする理論をいう（94条および94条2項類推適用論については→民法総則の教科書や参考書参照）。94条2項は，権利外観法理の具体的な現れの1つと解されている。**権利外観法理**とは，他の者が権利者であるかのような虚偽の外観（登記）を真の権利者が作り出した場合に，その虚偽の外

61)　佐久間・118頁。
62)　生熊・145頁。

観を信頼した第三者を保護して，虚偽の外観を作り出した真の権利者が権利を失ってもやむを得ないという考え方をいう[63]。そして，94条2項が類推適用されるためには，第1に，実際の権利関係と一致しない虚偽の登記が存在すること（虚偽の登記の存在），第2に，真の権利者に虚偽の登記の作出に帰責性があること（真の権利者の帰責性），第3に，虚偽の登記に対する第三者の信頼が存在すること（第三者の善意または善意無過失），という3つの要件が必要とされる。

(イ)　94条2項類推適用の3つの類型　94条2項類推適用論は，判例によって形成されてきた理論であるが，学説によって94条2項が類推適用された事案が整理され，基本的には次の3つの類型に分類されている（これら3類型に含まれる判例は多々存在するが，以下ではその代表的なものを挙げるにとどめる）[64]。

(a)　意思外形対応—外形自己作出型　これは，真の権利者が自ら虚偽の登記を作り出したために，真の権利者の意思と虚偽の登記が対応している場合である。例えば，Aから不動産を買い受けたXが相続税対策のために次男Bの承諾を得ずにB名義に所有権移転登記をしたところ，その後金に困ったBがYにその不動産を売却して所有権移転登記をした事案がある。この事案につき，判例は，B名義の「登記について登記名義人（事案のB—筆者注）の承諾のない場合においても，不実の登記の存在が真実の所有者の意思に基づくものである以上，右94条2項の法意に照らし，同条項を類推適用すべきものと解するのが相当である。けだし，登記名義人の承諾の有無により，真実の所有者の意思に基づいて表示された所有権帰属の外形に信頼した第三者の保護の程度に差等を設けるべき理由はないからである」と判示した（最判昭45・7・24民集24巻7号1116頁—第三者Yは悪意であったとされた）。

(b)　意思外形対応—外形他人作出型　これは，他人が無断で作り出した虚偽の登記を真の権利者が承認したと見られるために，結果的には真の権利者の意思と虚偽の登記が対応しているといえる場合である。例えば，Xが

---

63)　内田・53頁。
64)　松井宏興「民法94条2項類推適用の類型について」法と政治62巻1号（2011年）87頁以下。なお，佐久間毅『民法の基礎1　総則〔第4版〕』（有斐閣，2018年）132頁以下，安永・91頁以下も参照。

店を開くために不動産をAから購入して自己名義の登記をしたが，その後，内縁の夫BがXの登記済証と印鑑を勝手に持ち出して書類を偽造し，XからBへの虚偽の所有権移転登記をしたところ，Xはすぐにこれを知ったが，抹消登記費用の問題やBと婚姻したことなどからそのまま放置し，さらにXの債務を担保するためにB名義のままでその不動産に抵当権を設定したという事情があり，その後BがYにその不動産を売却して所有権移転登記をした事案がある。この事案につき，判例は，「不実の所有権移転登記の経由が所有者の不知の間に他人の専断によってされた場合でも，所有者が右不実の登記のされていることを知りながら，これを存続せしめることを明示または黙示に承認していたときは，94条2項を類推適用し，所有者は，その後当該不動産について法律上利害関係を有するに至った善意の第三者に対して，登記名義人が所有権を取得していないことをもって対抗することをえない」と判示した（最判昭45・9・22民集24巻10号1424頁［百選I8版-21]）。この事案では，真の権利者が虚偽の登記の存在を知りながら長年これを放置し，しかも虚偽の登記を前提として抵当権設定の登記をしていることから，真の権利者は，虚偽の登記の存続について明示または黙示に承認していたと判断されたといえよう。

(c) **意思外形非対応型**　これは，他人の行為が介在することによって，真の権利者が意図したものとは異なる虚偽の登記が作り出された場合である。これに該当するものとして，例えば，Xは，会社の経営者であるAから，個人名義の財産を持っていなければ取引先の信用を得られないので，X所有不動産の所有名義を貸してほしいと頼まれ，Aとの売買予約を仮装してX所有不動産にAのための所有権移転請求権保全の仮登記（不登105条2号→3.5.3参照）をしたところ，Aは書類を偽造して仮登記をA名義の所有権移転の本登記に改めたうえ，その不動産をYに売却して移転登記をした事案がある。この事案につき，判例は，「不動産について売買の予約がされていないのにかかわらず，相通じて，その予約を仮装して所有権移転請求権保全の仮登記手続をした場合，外観上の仮登記権利者（事案のA—筆者注）がこのような仮登記があるのを奇貨として，ほしいままに売買を原因とする所有権移転の本登記手続をしたとしても，この外観上の仮登記義務者（事案のX

―筆者注）は，その本登記の無効をもって善意無過失の第三者に対抗できないと解すべきである。けだし，このような場合，仮登記の外観を仮装した者がその外観に基づいてされた本登記を信頼した善意無過失の第三者に対して，責に任ずべきことは，民法 94 条 2 項，同法 110 条の法意に照らし，外観尊重および取引保護の要請というべきだからである」と判示した（最判昭 43・10・17 民集 22 巻 10 号 2188 頁）。

　(d)　若干のまとめ　これらのうち(a)と(b)では，判例は，第三者が 94 条 2 項の類推適用によって保護されるための要件として「善意」を要求しているが，(c)では，94 条 2 項のほかに 110 条を用いて「善意無過失」を要求している。これは，(a) (b)と比べて(c)では真の権利者の帰責性が少ないので，第三者の保護の要件を厳しくして両者のバランスをとったものと解される。110 条が用いられたのは，(c)における A が X の承認した仮登記を勝手に本登記に改めたことは，いわば X から与えられた権限の範囲外の行為をしたことに当たり，それは代理人が与えられた代理権の範囲外の行為をした場合と類似していると考えられたからであろう。

　＊ **94 条 2 項類推適用の新しい型の出現**　(1)　事案の概要　上記の意思外形対応型（(a)・(b)）や意思外形非対応型（(c)）のどちらにも該当しないにもかかわらず，94 条 2 項と 110 条を類推適用という形で併用した新しい型が判例で現れている。それは，甲不動産の所有者 X がその不動産を買い受けた際の売主との交渉やその不動産買受後の賃貸の際の賃借人との交渉などに当たっていた A に対し，登記名義を移転する意図は全くなかったにもかかわらず，色々な理由で A から請われて印鑑登録証明書や登記済証を交付し，A の用意した甲不動産の登記申請書に X の実印が押印されるがままにしており，そして A は，これらの書類を利用して，A 名義の虚偽の所有権移転登記を行い，この登記を信頼した Y に甲不動産を売却し，A から Y への所有権移転登記がなされたので，後にこれを知った X が Y に対し登記の抹消を求めたという事案について，最高裁は，94 条 2 項と 110 条の類推適用により，X は善意無過失の Y に対し，A が甲不動産の所有権を取得していないことを主張することができないと判示したものである（最判平 18・2・23 民集 60 巻 2 号 546 頁）。
　(2)　判決の内容　この事案は，真の権利者が虚偽の登記を自ら作出したのではなく，また他人が作出した虚偽の登記を真の権利者が承認した，いわゆる意思外形対応型でもなく，さらに真の権利者が関与して作出した第 1 の

虚偽の登記を基に他人による第2の虚偽の登記が作り出され，それを第三者が信頼した，いわゆる意思外形非対応型でもない。すなわち，虚偽の登記の作出に真の権利者の意思的な関与が見られないものである。それにもかかわらず，最高裁は，Xが甲不動産の賃貸などの事務に必要とは考えられない登記済証を合理的な理由もなく数ヶ月にわたってAに預けたままにし，Aのいうがままに印鑑登録証明書を交付した上，AがXの面前で甲不動産の登記申請書にXの実印を押捺したのにその内容を確認したり使途を問いただすことなく漫然とこれを見ていたことなどの事情から，「Aによって虚偽の外観（不実の登記）が作出されたことについてのXの帰責性の程度は，自ら外観の作出に積極的に関与した場合やこれを知りながらあえて放置した場合と同視し得るほど重いものというべきである」として，94条2項と110条の類推適用によって善意無過失のYを保護している。すなわち，Xは不注意によって自己の意図しない虚偽の登記が作り出される原因を与えており，この点にXの帰責性があると判断されたのであろう。

　（3）判決の評価　　いうまでもなく94条は，意思表示に関する規定であり，表意者の通謀による虚偽の意思表示が行われた場合に，それを信頼した第三者を保護するものである。そのため，これまで94条2項が援用されてきたのは，意思外形対応型であれ非対応型であれ，虚偽の外形の作出について真の権利者自らによる作出や明示または黙示による承認というような意思的な関与が真の権利者に認められる場合であった。これに対し，この事案では，真の権利者は虚偽の外形の作出について原因を与えているが，その意思的な関与によって虚偽の外形を作出したわけではない。このような権利者の意思的な関与がない場合にまで94条2項を用いるのは，意思表示の規定である94条が予定している範囲を逸脱して理論的に妥当ではなく，また94条2項の類推適用が歯止めなく拡大するおそれがあると考えられる[65]。

3.5.2　登記の有効要件

登記が有効なものとして対抗力や推定力を持つためには，形式的有効要件と実質的有効要件を満たす必要がある。

（1）形式的有効要件

登記の形式的有効要件とは，登記申請が不動産登記法の定める手続に従ってなされなければならないことである。この手続に従わない登記申請は却下

---

65)　同旨，中舎寛樹「判批」私法判例リマークス34号8頁以下（日本評論社，2007年）。

される。しかし，判例・学説は，そのような瑕疵のある登記申請であって
も，受理されて登記された場合には，直ちに無効とすべきではなく，実体的
な権利関係に合致しているかどうかなどを考慮して判断すべきだとしてい
る。例えば，登記申請が登記義務者の意思に基づいてなされたものであり，
なされた登記が実体的権利関係に合致するときは，登記申請の際に添付され
た文書が変造されたものであっても，登記は有効であるとされる（最判昭
34・7・14民集13巻7号1005頁）。また，偽造文書による登記申請が受理され，
なされた登記の記載が実体的権利関係に合致しており，登記義務者に登記を
拒みうる特段の事情がなく，登記権利者に登記申請の適法を信じる正当の事
由があるときは，登記は有効であるとされる（最判昭41・11・18民集20巻9号
1827頁）。

(2) 実質的有効要件

　登記の実質的有効要件とは，登記が実体的権利関係と一致していなければ
ならないことである。これについて，とくに次の場合が問題となる。

(ア) 無効な登記の流用　(a) 建物保存登記の流用

例えば，Aが所有
の甲建物を取り壊して同一敷地上に乙建物を新築したが，登録免許税の節約
のために，甲建物の滅失登記をして新たに乙建物の所有権保存登記をする手
続をとらずに，甲建物の登記を乙建物の登記として流用した場合である。こ
のような建物保存登記の流用について，判例は，旧建物の既存の登記を新建
物の保存登記に流用することは許されず，流用された登記は，新建物の登記
としては無効と解している（最判昭40・5・4民集19巻4号797頁［百選Ⅰ4版-
84]）。その理由として，旧建物が滅失した以上，その後の登記は真実に合致
しないだけでなく，新建物につきその後新たな保存登記がなされて，一個の
不動産に二重の登記が存在するにいたるとか，その他登記簿上の権利関係の
複雑化・不明確化をもたらすなど不動産登記の公示性をみだすおそれがあ
り，登記制度の本質に反することが挙げられている。したがって，上例の
Aが乙建物をBに譲渡してこの流用された登記に基づいて移転登記をして
も，Bは乙建物の取得について対抗要件を備えたことにはならない。

(b) 抵当権設定登記の流用

例えば，AのBに対する500万円の貸金
債務の担保として設定された抵当権の登記が，Aの債務の弁済後も抹消さ

れないでその後に生じた A の C に対する 500 万円の貸金債務の担保として
設定された抵当権に流用された場合である。このような抵当権設定登記につ
いても，流用された登記は無効である。しかし，判例や多数説によると，登
記流用前の第三者（後順位抵当権者や抵当不動産の第三取得者など）との関係での
み，抵当権設定登記の流用登記は無効と解されている（→松井・担保**第 2 章**
2.3.4 参照）。

　(イ)　**中間省略登記**　　**中間省略登記**とは，不動産が A から B，B から C
へと譲渡された場合に，登記費用（登録免許税や司法書士への手数料・報酬）の節
約などのために，中間者 B の登記を省略して直接 A から C へなされる登記
をいう。中間省略登記では，登記の記載は現在の実体的権利関係と一致して
いるが，実際の物権変動の過程と一致していないので，物権変動の過程を忠
実に登記によって公示すべきとする登記制度の建前に反しているといえる。
そこで，このような中間省略登記の請求が認められるかどうか，さらに中間
省略登記がなされた場合の効力が議論されている。

　(a)　**中間省略登記請求権**　　中間省略登記については，まず現在の所有者
C から登記名義人 A に対する中間省略登記請求権が認められるかどうかが
問題となる。

　(i)　**従来の考え方**

> 【設例Ⅲ-26】　A はその所有地を B に売却したが，B も引き続いてその土地
> を C に売却した。しかし，登記名義はまだ A のままであったので，現在の土
> 地所有者 C が登記名義人である A に対して，中間者 B をとばして直接自己へ
> の所有権移転登記をするように請求した。このような C の請求は認められる
> か。

　【設例Ⅲ-26】のような場合において，C の中間省略登記請求権が認められ
るかどうかについては，これまで次のように解されていた。すなわち，判例
は，実際の物権変動の過程と異なる移転登記を請求する権利は当然に発生す
るのではなく，ABC 三者の合意（特約）があれば，C は A に対して中間省
略登記を請求することができると解していた（最判昭 40・9・21 民集 19 巻 6 号
1560 頁［百選Ⅰ8 版-53]）。学説も，通説は判例を支持していた。AC 間の合意
のほかに B の同意が要求されるのは，中間者 B の利益（C の代金支払いを確保

するためのＢからＣへの移転登記との同時履行の主張）を保護する必要があるからである。したがって，Ｂの同意がない場合には，Ｃは，債権者代位権（423条の7）を用い，ＢのＡに対する登記請求権を代位行使して登記をＢ名義に移し，さらに自己のＢに対する登記請求権を行使して自己名義に登記を移すことになる（債権者代位権の転用ケース→松井・債権**第 4 章 1.5.2** 参照。大判明 43・7・6 民録 16 輯 537 頁［百選Ⅱ 7 版-14］）。

(ii)　改正不動産登記法の対応　　2004（平 16）年に改正された不動産登記法によれば，登記申請内容の真正さを確保するために，申請人は登記原因証明情報を提供しなければならなくなった（不登 61 条）。登記原因証明情報とは，不動産売買であれば，売買契約書や当該不動産の所有権が移転したことを証明する売買代金の領収書などの情報であり，実際には存在しない AC 間の所有権移転があったことの登記原因証明情報を作成することは許されないので，今後は中間省略登記がなされることは手続上不可能になったといわれている[66]。

　しかし，実際には，真実でない登記原因証明情報が作成・提供されて中間省略登記がなされることは起こりうる。そこで次に，中間省略登記がなされてしまった場合の効力を検討しておく必要がある。

(b)　中間省略登記の効力　(i)　中間者の抹消請求

> **【設例Ⅲ-27】**　Ａはその所有地をＢに売却したが，Ｂも引き続いてその土地をＣに売却した。しかし，登記名義はまだＡのままであったので，Ｃは，Ｂの知らない間にＡと合意して直接ＡからＣへ所有権移転登記を行った。この場合，中間者ＢはＣに対して，この中間省略登記の無効を主張して抹消を求めることができるか。

【設例Ⅲ-27】のように，中間者Ｂの同意なしに中間省略登記がなされた場合，Ｂはこの中間省略登記の無効を主張して，その抹消を請求することができるか問題となる。この問題について，従来の判例の流れは次のようである。①当初の判例では，中間省略登記は物権変動の過程を忠実に反映していないので無効とされていた（大判明 44・5・4 民録 17 輯 260 頁など）。したがって，中間者Ｂは，Ｃに対して中間省略登記の抹消を求めることができた。

---

66)　佐久間・125 頁。

しかし，②その後の判例になると，中間省略登記であっても現在の実体的権利関係と一致していること，中間者の同意があれば B の利益を考慮する必要がないことなどから，ABC 三者の合意に基づいてなされた中間省略登記は有効と解されるようになった（大判大 5・9・12 民録 22 輯 1702 頁，大判大 8・5・16 民録 25 集 776 頁など）。したがって，このような中間省略登記については，B は抹消を求めることができない。そして，③現在の判例は，中間者 B の同意なしに中間省略登記が行われた場合でも，中間省略登記が現在の実体的権利関係と一致しており，そして B に抹消を求める法律上の利益がないときは，B は中間省略登記の抹消を請求することができないとしている（最判昭 35・4・21 民集 14 巻 6 号 946 頁）。

(ii)　中間省略登記の対抗力

> **【設例Ⅲ-28】**　A 所有の土地が A から B，B から C へ順次譲渡され，中間者 B の同意なしに A から C へ中間省略登記がなされた。その後 A が当該土地に D のために賃借権を設定し，D が建物を建てて所有権保存登記を行った。そこで，C が D の借地権は C に対抗できないとして，D に対し建物収去・土地明渡しを求めたところ，D は，A から C への中間省略登記は中間者 B の同意がないから無効であり，C は A からの賃借人である D に所有権取得を対抗できないと主張した。このような D の主張は認められるか。

【設例Ⅲ-28】のような事案について，最高裁は，中間省略登記が中間者 B の同意なしになされたものであっても，登記が現在の実体的権利関係に合致する場合には，B が中間省略登記の抹消を求める正当な利益を有するときにかぎり，B は登記の抹消を求めることができるにとどまり，中間者にあたらない D は中間省略登記の無効を主張してこの抹消登記を求めることができないと判示した（最判昭 44・5・2 民集 23 巻 6 号 951 頁）。したがって，**【設例Ⅲ-28】**では，B の登記抹消請求が認められない限り，C は所有権取得を D に対抗することができるので，D の主張は認められない。判例は，中間省略登記が実体的権利関係に一致している場合には，中間者に登記抹消請求の利益がない限り，その同意がなくても中間省略登記の対抗力を認めていると解される。中間省略登記が実体的権利関係に一致している以上，中間者に登記抹消請求の利益がない限り，対抗力を認めても問題がないからである。した

がって，DがAからの第2譲受人であっても，Bに登記抹消請求の利益が認められない限り，CはDに対抗することができる。

＊**真正な登記名義の回復を原因とする登記**　例えば，甲土地が所有者Aから
　B，BからCに売却されてそれぞれ所有権移転登記がなされたが，AB間の売
　買契約の無効を理由にAが登記名義の回復を図る場合，AはBとCに対し
　て，まずBからCへの所有権移転登記の抹消を求め，次いでAからBへの
　所有権移転登記の抹消を求めるのが本則である。しかし，判例は，この場合
　にAはCに対して自己への所有権移転登記を求めることができるとする（最
　判昭30・7・5民集9巻9号1002頁，最判昭34・2・12民集13巻2号91頁など）。
　登記実務も，真正な登記名義の回復を原因とする所有権移転登記として，こ
　れを認めている（昭39・4・9民事甲第1505号民事局長回答登記先例集追Ⅳ106頁
　など）。しかし，学説では有力な反対説がある。
　　なお，甲土地の所有権がAからB，BからCに有効に移転したにもかかわ
　らず，登記名義がAに残っている場合に，現在の所有者CからAに対して真
　正な登記名義の回復を原因とする所有権移転登記を求めることはできない（最
　判平22・12・16民集64巻8号2050頁）。最高裁は，物権変動の過程を忠実に登
　記に反映させようとする不動産登記法の原則に照らして許されないとしてい
　るが，このCの登記請求は実質的には中間省略登記請求と見ることができる
　ので，Cの請求を認めるとABC三者の合意がなければ中間省略登記請求は認
　められないとする従来の判例の立場と矛盾するからであろう。

3.5.3　仮登記

(1)　仮登記の意義と種類

仮登記とは，将来行われるかもしれない本登記（終局登記—前述した対抗力や推定力を生じさせる177条の登記）の順位を保全するためになされる登記をいう。この仮登記の種類として，次のものがある。1つは，物権変動はすでに生じているが，登記申請のために申請情報と併せて登記所に提供しなければならない情報（登記識別情報〔不登22条〕や登記原因証明情報〔不登61条〕など）を提供することができない場合に，本登記の順位を保全するためになされる仮登記である（不登105条1号。1号仮登記といわれる）。2つは，物権変動は生じていないが，物権変動を目的とする請求権（始期付きまたは停止条件付きのものその他将来確定することが見込まれるものも含まれる）を保全するためになされる

仮登記である（同条2号。2号仮登記といわれる）。例えば，AB間で不動産売買の予約が結ばれた場合，予約買主Bが予約売主Aに対して取得する所有権移転を目的とする請求権（予約完結権）を保全するためになされる仮登記である。

(2) 仮登記の効力

> 【設例Ⅲ-29】 5月1日に，BはAとの間でその所有の甲土地について売買の予約をし，売主Aに対する所有権移転請求権を保全するために仮登記を行った。Aは，5月25日に甲土地をCにも売却し，5月30日に代金の支払いと引換えにAからCへの引渡しと所有権移転の本登記を行った。その後，買主Bは6月10日に代金を提供してAとの売買予約を完結し，仮登記を本登記にした。この場合，BとCのどちらが甲土地について所有権を取得することができるか。

仮登記には対抗力がない（最判昭38・10・8民集17巻9号1182頁など）。しかし，次に述べる**順位保全の効力**（順位保全効）が認められている（不登106条）。仮登記の順位保全の効力とは，仮登記に基づいて本登記がなされると，本登記の順位は仮登記の順位によって定められることをいう。その結果，本登記がなされた当該物権変動は仮登記から本登記までの間に生じた他の物権変動に対抗できることになる。したがって，【設例Ⅲ-29】の場合，6月10日に行われたAからBへの本登記の順位は5月1日の仮登記の順位によるので，5月30日のAからCへの本登記に優先し，Bは所有権の取得をCに対抗することができる。

仮登記に基づいて本登記がなされた場合，その対抗力がいつから生じるのかについて，学説は，仮登記には対抗力がないことから，対抗力は本登記の時から生じ，順位だけが仮登記の時にさかのぼると解している（最判昭36・6・29民集15巻6号1764頁も仮登記の時に物権変動の事実を擬制するのではないとする）。したがって，【設例Ⅲ-29】の場合，Aから甲土地の引渡しを受けて使用・収益をしていたCは，Bが本登記を備えるまでは不当利得の返還義務または不法占拠による損害賠償義務を負わない。

第 4 節　動産の物権変動

4.1　序　説

　「動産」とは，有体物であって (85条)，不動産以外の物をいう (86条2
項)。そして，178条によれば，動産の物権変動の対抗要件は引渡し (占有移
転) とされている。それは，動産は不動産に比べて一般に経済的価値が小さ
く，また動産の取引が不動産より頻繁であるため，登記のような公示方法を
採用することが経済的・技術的に困難であるからである。しかし，次に述べ
るような動産については，178条は適用されない。①商法上の船舶，登記さ
れた建設機械，登録された自動車・航空機などについては，登記または登録
が所有権移転や抵当権設定の対抗要件であり (商687条，建設機械抵当法7条，
道路運送車両法5条，自動車抵当法5条，航空法3条の3，航空機抵当法5条など)，
178条の適用がない。②金銭については，それが記念硬貨や古銭のように収
集の対象として取り引きされる場合は，178条の動産として扱われるが，通
貨として流通する場合には，金銭自体は交換価値を表すだけで個性がなく，
金銭の占有と所有は切り離すことができないので，引渡しが所有権移転の効
力発生要件と解されている。したがって，通貨として流通する金銭の譲渡に
は，178条は適用されない。

4.2　動産物権変動の対抗要件

　178条により動産物権変動の対抗要件は引渡しであるが，この引渡しの方
法には，実際の所持の移転を伴う現実の引渡しのほかに，所持の移転を伴わ
ない観念的な引渡し (簡易の引渡し・占有改定・指図による占有移転) がある。

4.2.1　現実の引渡し

　現実の引渡しとは，動産に対する現実的・直接的な所持を譲渡人から譲受
人に移転する方法である (182条1項)。例えば，甲動産の売買で売主 A から

買主 B へ甲動産を実際に引き渡すことであり，これによって B は甲動産について所有権取得の対抗要件を備えることになる。

4.2.2　簡易の引渡し

簡易の引渡しとは，譲受人またはその占有代理人がすでに目的動産を所持している場合に，譲渡人と譲受人の合意（当事者の意思表示）によってなされる引渡しの方法をいう（182 条 2 項。占有代理人については→**第 6 章 1.2.2 (1)(イ)** 参照）。4.2.1 の例においてすでに甲動産を借り受けていた B が A からそれを買い受ける場合，B は，A との占有移転の合意だけで引渡しを受けたことになり，所有権取得の対抗要件を備えることができる。B から A へ，それから A から B へと現実の引渡しを繰り返す手間を省く趣旨である。

4.2.3　占有改定

占有改定とは，譲渡人が譲渡後も引き続き目的動産を占有する場合に，譲渡人が以後譲受人のためにそれを占有する意思を表示すること（譲渡人と譲受人の間で占有移転が合意されること）によってなされる引渡しの方法をいう（183条)*。4.2.1 の例でいえば，甲動産を売った A が売却後は B からそれを借り受けるという場合，B は，A が以後 B のために甲動産を占有する意思を表示すること（譲渡人 A と譲受人 B の間で占有移転が合意されること）によって引渡しを受けたことになり，所有権取得の対抗要件を備えることができる（183条にいう「代理人」とは売主 A を指し，「本人」とは買主 B を指す)。この場合も，A から B へ，それから B から A へと現実の引渡しを繰り返す手間を省く趣旨である。なお，A の意思表示（AB 間の占有移転の合意）は明示的になされる必要はなく，上記の甲動産の売買において，A が売却後は B から甲動産を借り受けるという内容で契約が結ばれて A が引き続き甲動産を占有している場合には，B は占有改定によって引渡しを受けたものと解することができる（最判昭 30・6・2 民集 9 巻 7 号 855 頁［百選Ⅰ8 版-64］―譲渡担保設定の事案について，「債務者が引き続き担保物件を占有している場合には，債務者は占有の改定により爾後債権者のために占有するものであり，従って債権者はこれによって占有を取得する」と判示したもの)。

＊183 条は，譲渡人が譲受人のために「占有する意思を表示したとき」と規定しているが，譲渡人と譲受人の占有移転の合意が必要とされている（大判大 4・9・29 民録 21 輯 1532 頁)[67]。

4.2.4　指図による占有移転

　指図による占有移転とは，譲渡人が占有代理人によって占有している動産を譲渡する場合において，譲渡後もその者に引き続いて占有させるときには，譲渡人がその占有代理人に対して以後譲受人のために占有すべき旨を命じ，譲受人がこれを承諾することによってなされる引渡しの方法をいう（184 条)。**4.2.1** の例でいえば，A が C に貸している甲動産を B に売却するが，売却後は C が B からそれを借り受けて引き続き占有する場合には，B は，A が C に対して以後 B のために占有すべき旨を命じ，B がこれを承諾することによって引渡しを受けたことになり，所有権取得の対抗要件を備えることができる（184 条にいう「代理人」は甲動産の借主 C，「本人」は売主 A，「第三者」は買主 B を指す)。この場合も，C から A へ，A から B へ，さらに B から C へと現実の引渡しが繰り返されるのを省略する趣旨である。

4.2.5　引渡しの公示手段としての不完全性

　引渡し（占有移転）には，登記簿に権利が記録される登記と比べて，物権変動の公示手段（対抗要件）として不完全なところがある。第 1 に，そもそも物を占有しているからといって常に権原に基づいて占有しているとは限らない。占有には本権推定の効力があるが（188 条→**第 6 章 3.1** 参照)，他人の物を無断で占有している場合も考えられ，そのような占有者は無権利者である。第 2 に，権原に基づいて物を占有しても，どのような権原に基づいて物を支配しているのかはその占有から明らかになるわけではない。したがって，処分権を伴わない権原によって占有している場合もありうる。第 3 に，引渡しには占有改定や指図による占有移転のような物の現実的な移動を伴わない観念的な引渡しがあり，それらも動産物権変動の対抗要件とされている。特に，占有改定においては譲渡人と譲受人の占有移転の合意だけで引渡

---

67)　佐久間・132 頁。

しが行われたことになり，それによって所有権取得の対抗要件が具備される。

　これらのことから，例えば A が B の占有を信頼して B を所有者と思って甲動産を買い受けた場合，B が無権利者であるときや所有者 C から甲動産を借り受けているにすぎないときには，A は有効に甲動産を取得できないことになる。あるいは，乙動産が X から Y に譲渡されて占有改定によって Y に引渡しがなされた後に X から Z に二重に譲渡された場合，第 1 譲受人 Y が占有改定によってすでに対抗要件を備えているので，Z はいくら X の占有を信頼して乙動産を買い受けたとしても，その所有権を取得することができない。

　このように引渡しには公示手段として不完全なところがあり，B や X を所有者と信じて甲動産や乙動産を買い受けた A や Z が害される危険性が出てくる。そこで，引渡しの公示手段として不完全さを補うために，192 条は，動産取引について公信の原則を採用して，譲渡人 B や X の占有からその者を所有者と信じて取引した A や Z を保護している（→ 4.4 参照）。

4.3　引渡しを必要とする物権変動

4.3.1　引渡しを必要とする動産物権

　178 条は「動産に関する物権」と規定しているが，引渡しを対抗要件とする動産物権は，動産の所有権に限られる（譲渡担保について担保的構成を採る場合には，譲渡担保権も含まれる。譲渡担保の担保的構成については→松井・担保**第 5 章 3.1.2 参照**）。というのは，動産に成立する物権のうち，占有権（180 条・203 条・182 条以下）・留置権（295 条・302 条）・質権（344 条・352 条）は，いずれも占有が権利の成立と存続の要件であるので，対抗要件としての引渡しを論じる必要がなく，また先取特権は対抗要件を必要としないからである。

4.3.2　引渡しを必要とする物権変動

　引渡しを対抗要件とする動産の物権変動は，178 条によれば「動産に関する物権の譲渡」であるが，具体的には動産所有権の移転である。すなわち，

①売買などの法律行為による動産所有権の移転が主であるが，②判例・通説によれば，法律行為の取消しや契約の解除による所有権の復帰的移転も含まれる。これに対し，相続による所有権移転については，相続によって相続財産の占有も相続人に移転すると解されているので（→第6章 **2.3** 参照），対抗要件としての引渡しを問題にする必要がない。さらに，取得時効による所有権取得についても，占有の継続が時効取得の要件になっているので，対抗要件としての引渡しを問題にする必要がない。

4.3.3　引渡しを必要とする第三者

(1)　第三者の範囲

178条の第三者とは，物権変動の当事者およびその包括承継人以外の者で，引渡しの不存在を主張する正当な利益を有する者に限られる（第三者制限説）（大判大5・4・19民録22輯782頁，最判昭33・3・14民集12巻3号570頁）。具体的な第三者の範囲については，177条の第三者の範囲と同様に考えられているので，ここでは省略する（→ **3.4.2** 参照）。ただ，178条の第三者に該当するかどうかについて争いがあるのは，賃借人と受寄者であるので，以下ではこの2者について検討する。

(2)　動産の賃借人と受寄者

> **【設例Ⅲ-30】**　Aは所有の甲動産をCに賃貸していたが，BがAから甲動産を買い受けた。この場合，Bは引渡し（指図による占有移転）を受けなければ，賃借人Cに対して所有権の取得を対抗することができないか。CがAから甲動産を預かって保管していた場合において，BがAから甲動産を買い受けたときはどうか。

(ア)　**判　例**　**【設例Ⅲ-30】**のような問題につき，判例はCが賃借人である場合と受寄者である場合とで区別し，賃借人は178条の第三者に当たるが（大判大4・2・2民録21輯61頁，大判大4・4・27民録21輯590頁など），受寄者は178条の第三者に該当しないとする（大判昭13・7・9民集17巻1409頁，最判昭29・8・31民集8巻8号1567頁［百選Ⅰ6版-61］など）。したがって，Cが賃借人である場合には，Bは引渡し（指図による占有移転）を受けなければ，Cに対し所有権の取得を対抗することができないが，Cが受寄者である場合に

は，Bは引渡しを受けなくても，所有権の取得を対抗することができる。判例が賃借人を178条の第三者とする理由は明らかでないが，受寄者については，返還の時期を定めているか否かを問わず請求あり次第いつでも目的物を返還しなければならず（662条1項），物を一時的に保管するにすぎないことを理由に，178条の第三者に該当しないとしている。

　(イ)　**学　説**　これに対し，学説は見解が分かれており，①賃借人や受寄者は，賃借物や受寄物を誰に返還すべきかについて重大な利害関係をもっているので，178条の第三者に該当すると解するのが多数説である。しかし，②動産の賃借人や受寄者と譲受人は物の支配を争う関係に立たないことや，誰に賃借物や受寄物を返還すべきかは所有者決定の問題であって対抗要件の具備がその唯一の基準になるわけではないとして，賃借人や受寄者は178条の第三者に該当しないとする説もある。そして，この否定説は，賃借人や受寄者の保護は，表見受領権者への弁済の規定（478条→松井・債権**第5章 2.4.2**(3)参照）によって図ることができるとする。

＊私見　否定説が述べるように，動産の賃借人や受寄者と譲受人は物の支配を争う関係に立たないことや，誰に賃借物や受寄物を返還すべきかは所有者決定の問題であることを考えると，たしかに賃借人や受寄者は178条の第三者に含まれないと解することができよう。しかし，譲受人に対抗要件具備を要求することによって確実に物の返還の相手を特定することができるという利点を考慮するならば，厳密な意味では対抗問題ではないが，賃借人や受寄者は178条の第三者に含まれると解したい。

＊＊動産譲渡登記制度　法人が行う動産の譲渡については，平成16（2004）年の「動産及び債権の譲渡の対抗要件に関する民法の特例等に関する法律」（以下では「動産債権譲渡特例法」と略称する）によって，動産譲渡登記ファイルへの登記（以下では「動産譲渡登記」という）による対抗要件具備が認められた。以下では，この動産譲渡登記制度について簡単に説明する。

　(1)　制度の趣旨　近年，法人企業が保有する動産を利用して資金を調達することが行われるようになってきた。その方法として，例えば動産を譲渡担保に提供して融資を受ける場合を考えると，譲渡担保権の対抗要件としては従来占有改定しかなかったので，二重三重に同一の動産が譲渡担保に提供され債権者間で権利の優先関係をめぐって紛争の生じることがあり，また第三者によって目的動産が即時取得（192条→ **4.4** 参照）される危険もあった。

そこで，このような問題点を可能な限り取り払い，動産を活用した資金調達を円滑に行うために，動産の占有を譲渡人に留めたままで権利関係を公示できる手段として動産譲渡登記制度が創設された。

(2)　登記制度の概要　(ア)　法人による動産の譲渡　動産譲渡登記ファイルへの登記は，法人による動産の譲渡についてのみ行うことができる（動産債権譲渡特例法―以下では「特例法」と引用する―3条1項）。譲渡には譲渡担保権の設定も含まれる。

(イ)　動産譲渡登記の効果　動産譲渡登記がなされると，178条の引渡しがあったものとみなされるので（特例法3条1項），当該動産譲渡について対抗力が生じる。しかし，この登記が行われても，同一の動産の二重譲渡は可能であり，例えば，甲動産がAからBとCに二重譲渡され，Bには動産譲渡登記，Cには引渡しがなされた場合，BとCの優劣は動産譲渡登記と引渡しの時間的先後によって決まる。すなわち，動産譲渡登記と引渡しは平等に取り扱われ，動産譲渡登記を備えた譲渡が常に優先するわけではない。なお，動産譲渡登記がなされた譲渡の目的動産について，第三者の即時取得が成立することもありうる（動産の譲渡担保について→松井・担保**第5章 3.2.1**(3)(イ)，**3.2.4**(1)(ア)末尾＊＊参照）。

(ウ)　登記手続　動産譲渡登記に関する事務は，法務大臣の指定する法務局もしくは地方法務局もしくはこれらの支局または出張所（指定法務局等）が，登記所として取り扱う（特例法5条1項。現在では東京法務局1カ所のみが指定されている）。この指定法務局等に磁気ディスクをもって調製する動産譲渡登記ファイルが備えられ（特例法7条1項），動産譲渡登記は，譲渡人と譲受人の申請によって，この登記ファイルに一定の登記事項を記録することによって行われる（特例法7条2項）。

(エ)　登記情報の開示　動産債権譲渡特例法は，動産譲渡登記について登記情報の開示の制度を設けており，これを通じて第三者が譲渡の有無を認識することができるようにしている。すなわち，①誰でも，登記官に対し，登記事項の概要を証明した登記事項概要証明書または動産譲渡登記事項概要ファイルに記録されている事項を証明した概要記録事項証明書の交付を請求することができる（特例法11条1項・13条1項）。そこで，これから動産を譲り受けようとする者は，これらの証明書によって動産譲渡登記の有無を知ることができる。また，②動産の譲渡人と譲受人など動産債権譲渡特例法11条2項に掲げられている者は，登記官に対し，動産譲渡登記ファイルに記録されている事項を証明した登記事項証明書の交付を請求できる。そこで，これから動産を譲り受けようとする者は，譲渡人に登記事項証明書の交付とその提示を要求することによって，動産譲渡登記の有無を知ることができる。

4.4   動産の即時取得

4.4.1   即時取得の意義

> 【設例Ⅲ-31】　Aは所有のカメラをBに貸していたが，金に困ったBは，そ
> のカメラを事情の知らないCに売却して引き渡した。この場合，カメラの持
> ち主AはCからカメラを取り戻すことができるか。

　即時取得（善意取得）とは，動産の取引において，動産の占有を信頼して
占有者を権利者と過失なく信じて取引関係に入った者は，その占有者が無権
利者であっても，その動産について権利を取得するという制度をいう。【設
例Ⅲ-31】でいえば，Bがカメラを占有していることから，CがBを所有者
と過失なく信じてカメラをBから買い受けて引き渡しを受けた場合には，C
はカメラの所有権を取得し，その反面真の所有者Aはカメラの所有権を失
うことになる。Bはカメラの借主であり，所有権を持っていないので，Cが
Bからカメラを買い受けても所有権を取得することができないのが原則であ
る。しかし，即時取得はこの原則に対する例外を設けているのである。
　このような即時取得が認められている理由として，つぎのようなことが挙
げられる。すなわち，前述したように，動産物権変動の公示手段（対抗要件）
である引渡しは，第1に，現実の引渡し以外に所持の移転を伴わない観念的
な引渡し（占有改定や指図による占有移転）も公示手段としての引渡しに含ま
れ，第2に，登記と比べて権利を正確に公示するものではないという点で，
公示手段としては不完全なものである。しかし，高度な流通性と迅速性を要
求される動産の取引において，その都度占有者が真の権利者であるかどうか
を調査することは，手間がかかりまた実際上期待できない。そこで，動産を
占有していることによって権利者らしい外観を有している者を信頼して取引
関係に入った者を保護することによって，動産取引の安全性と迅速性を確保
するために，即時取得が設けられているのである。
　ところで，即時取得を定めている192条は，「動産の占有を始めた者は，
……即時にその動産について行使する権利を取得する」として，即時取得を
無権利者と取引した者が取得した占有の効力として規定している。しかし，

今日では，即時取得は，無権利者の占有に対する取引者の信頼を保護するためのものであり，動産所有権の公示手段である占有を信頼して取引した者のために占有者に所有権があると扱われる占有の効力（公信力）ととらえられている。

4.4.2　即時取得の要件

即時取得が成立するための要件として，①目的物が動産であること，②前主に所有権がないこと，③取得者が取引行為によって前主から占有を取得したこと，④占有の取得が平穏・公然に行われたこと，⑤取得者が占有の取得時に善意・無過失であること，という 5 つの要件が必要とされる。

＊即時取得の要件の主張立証責任の所在[68]　　**【設例Ⅲ-31】**について，訴訟でＡから所有権に基づくカメラの引渡請求がなされ，ＣがＡの所有権喪失の抗弁として即時取得を主張する場合には，③取引行為によってＣがＢから占有を取得したことを主張立証すれば足りる。④Ｃの平穏・公然の占有取得，⑤Ｃの善意・無過失は推定されているので，Ｃは主張立証する必要がない（→⑷・⑸参照）。これに対し，Ａは，Ｃの隠匿による占有取得や暴行または強迫による占有取得，Ｃの悪意または有過失を主張立証する。

⑴　目的物が動産であること

即時取得の対象は動産に限られる（192 条）。しかし，次に挙げる動産については，即時取得の対象になるかどうかが問題となる。①登記・登録によって権利関係が公示されている自動車・船舶・航空機・建設機械などは，即時取得の対象にならない（最判昭 62・4・24 判時 1243 号 24 頁［百選Ⅰ 4 版-65］—道路運送車両法により登録を受けた自動車）。しかし，未登録の自動車または登録抹消された自動車（最判昭 45・12・4 民集 24 巻 13 号 1987 頁—道路運送車両法による登録を抹消された自動車）や登記を必要としない船舶（最判昭 41・6・9・民集 20 巻 5 号 1011 頁—総トン数 20 トン未満の登記を必要としない船舶）・登録を必要としない軽自動車は，対象となる。なお，登記が公示手段とされる農業用動産は即時取得の対象となり（農動産 13 条 2 項），即時取得によって抵当権の付着している農業用動産は抵当権のないものとして取得される。②金銭については，貨

---

68)　佐久間・147 頁，安永・112 頁。

幣として流通しているものであれば，物としての個性がなく占有の移転ととも
に所有権も移転すると解されているので，即時取得の対象にはならない。
これに対し，記念硬貨や古銭のような，物としての個性があり取引の対象に
なるものであれば，即時取得の対象になる。

＊無記名債権（無記名証券→松井・債権第6章 [3.5] 参照）　改正前の民法では，
無記名債権（証券が発行されているが，債権者が特定されておらず，証券の正当な
所持人が債権者と扱われる債権。商品券・乗車券・入場券などがその例である）は，
動産とみなされていたので（旧86条3項），192条の適用を受けていた。しか
し，改正民法では86条3項が削除され，無記名債権は有価証券の1つ（無記
名証券）として，記名式所持人払証券に準じた扱いを受けることになった
（520条の20）。したがって，無記名債権（無記名証券）については，192条では
なく，記名式所持人払証券の善意取得に関する520条の15が準用される。そ
のため，権利取得の要件が取得者の善意・無過失から取得者の善意・無重過
失に変わることになる。

(2) 前主の無権限

前主に所有権があれば，取得者は有効に権利を取得することができるの
で，即時取得は問題にならない。即時取得が問題になるのは前主に所有権が
ない場合であるので，即時取得の要件として，前主に所有権がないこと（前
主の無権限）が要求される。【設例Ⅲ-31】では前主Bはカメラを借り受けて
（借主）占有しているが，これ以外にBがカメラを預かっていたり（受寄者），
質にとったりして（質権者），占有している場合が例としてあげられる。ま
た，BがAからカメラを買い受けて引渡しを受けたが，AB間の売買が無効
や取消しによって効力がなかったり効力を失った場合のBなども含まれる。

(3) 取引行為による前主からの占有取得

(ア) **取引行為の存在**　即時取得は，動産取引の安全を保護する制度であ
るから，取引行為（売買・贈与・代物弁済・弁済・質権設定など）によって動産を
取得したことが要件となる。したがって，相続によって相続財産中にある他
人の動産を承継しても即時取得は認められないし，他人の山林を自己の山林
と誤信して伐採し，動産となった樹木を占有しても即時取得は成立しない
（大判大4・5・20民録21輯703頁，大判昭7・5・18民集11巻1963頁［百選Ⅰ5補版-

65])。

　即時取得は無効な取引行為を有効とする制度ではないので，取引行為そのものは有効であることが必要である。すなわち，取引行為が行為能力の制限・詐欺・強迫・錯誤その他の原因によって取り消されたり無効となったときは，即時取得は成立しない。というのは，即時取得は，前主の無権限という瑕疵を補完するだけであり，取引行為の取消原因や無効原因といった瑕疵を補完するものではないからである。ただし，取消しや無効により効力のない取引行為によって占有を取得した無権利者から，その占有を信頼して動産を譲り受けた者については，即時取得の適用がある。

　(イ)　**前主からの占有取得**　(a)　**前主の占有**　　即時取得が成立するためには，前主から占有を取得すること，すなわち引渡しを受けることが必要である。このことから前主が当該動産を占有していることが前提となる。また，即時取得は前主の占有に対する信頼を保護する制度であることからも前主が占有していることが要求される。

　(b)　**取得者の占有取得**　　即時取得が成立するためには，取得者が占有を取得したことが必要である。この取得者の占有取得については問題がある。すでに述べたように，占有の取得方法については，現実の引渡しのほかに，簡易の引渡し，占有改定，指図による占有移転がある。そして，現実の引渡しや簡易の引渡しによって占有が取得された場合には，取得者が目的動産を現実に占有しているので即時取得の成立を認めることについて異論はない。これに対し，占有改定や指図による占有移転によって占有が取得された場合については，取得者に現実の占有がないので，即時取得が成立するかどうかについて議論が分かれている。

　(i)　**占有改定の場合**

> 【設例Ⅲ-32】【設例Ⅲ-31】において，カメラをCに売却したBは，今度はそのカメラをCから借り受けて使用するために，Cに対し占有改定によってカメラの引渡しを行った。この場合，Cは即時取得によってカメラを取得することができるか。

①現実の引渡し　　②占有改定

A ─────── B ─────── C

カメラ

　占有改定による引渡しの場合に即時取得が成立するかどうかについて，大きく肯定説，否定説，折衷説の3つの見解に分かれている。

　①判例　　判例は，大審院と最高裁を通じ一貫して占有改定による引渡しでは即時取得は成立しないと解して，否定説の立場をとっている（大判大5・5・16民録22輯961頁，最判昭32・12・27民集11巻14号2485頁，最判昭35・2・11民集14巻2号168頁［百選Ⅰ8版-68]）。その理由は，即時取得の成立には無権利者と取引した者が「一般外観上従来の占有状態に変更を生ずる」ような占有を取得することが必要であるところ，占有改定による取得は占有状態に一般外観上変更を来さないからということである。しかし，判例は，なぜ即時取得の成立には「一般外観上従来の占有状態に変更を生ずる」ような占有の取得が必要なのかについては説明をしていない。これについては，前掲最判昭35・2・11（[百選Ⅰ8版-68]）が引用した前掲大判大5・5・16は，即時取得は原権利者を犠牲にして取得者を保護するものであるので，一般外観上従来の占有状態に変更が生じて原権利者の追求権を顧慮しなくてもよい場合には取得者を保護する必要があるが，そうでない場合には原権利者の利益を顧慮しないわけにはいかないからだということを述べている[69]。

　②学説　　ⓐ肯定説　　これは，占有改定による引渡しの場合でも即時取得が成立すると解する説である。この説は，即時取得は無権利者の占有を信頼して取引した者を保護して動産取引の安全を図るための制度であり，取得者が信頼した無権利者の占有の効力として権利取得を認めるので，即時取得の成立には占有取得は必要でない。しかし，第三者に対抗できない物権の取得を認めると権利関係が紛糾するので，192条は引渡しを178条の対抗要件として要求している。そして，占有改定も動産物権変動の対抗要件としての引渡しに該当することから，占有改定による引渡しの場合でも即時取得が成立すると説明する[70]。

---

69)　安永・117頁以下。

　この肯定説に対しては，第 1 に，占有改定による引渡しの場合でも即時取得が成立すると解すると，【設例Ⅲ-32】の場合，Ｂがカメラを原所有者Ａに返還しても，Ｃは即時取得を理由にＡに対しカメラの引渡しを請求できることになるが，これはＣを保護し過ぎであること，第 2 に，占有改定による引渡しは幾重にも可能なので，肯定説では時間的に遅れて占有改定による引渡しを受けた取得者が有利になること（遅い者勝ち），第 3 に，占有改定が公示手段として不完全な引渡しであることが即時取得の設けられた理由の 1 つであることからすると，この不完全な引渡しによる即時取得の成立を認めるのは妥当でないことなどが主張されている。そのため，現在ではこの肯定説を主張する者はあまり見当たらず，もっぱら次に述べる否定説と折衷説の 2 説が学説では対立している。

　ⓑ否定説　　これは，占有改定による引渡しでは即時取得は成立せず，現実の引渡しが行われた時に即時取得が成立すると解する説である[71]。否定説は，その理由として，即時取得は原所有者から権利を奪い，無権利者と取引した者に権利を付与するものであるから，【設例Ⅲ-32】のＢからＣへの占有改定による引渡しがあっても，Ｂはまだカメラを現実に占有しており，ＡがＢに与えた信頼が形の上で裏切られたとはいえないが，ＢからＣへ現実の引渡しがなされ，Ｂのカメラに対する占有が失われてＡのＢに対する信頼が形の上で裏切られたときに即時取得が成立する*，または取引安全の保護と原所有者Ａの保護との調和から，占有改定のような外部から認識できない占有移転の場合に即時取得を認めてＡの権利を喪失させることは妥当でなく，現実の引渡しにより占有移転が明確化したときに即時取得が成立する，と説明する。

＊本文の「原所有者Ａの信頼が形の上で裏切られたときに即時取得が成立する」という説明は，即時取得の沿革に関係している。すなわち，即時取得は沿革的には中世ゲルマン法の Hand wahre Hand（手は手を守る）の原則に由来している[72]。この原則は，「所有者は信頼して動産の占有を与えた相手にだけその

70)　柚木＝高木・物権 389 頁など。
71)　末川・235 頁，舟橋・245 頁，近江・156 頁以下，生熊・284 頁，安永・118 頁など。
72)　川島＝川井編・新判注民（7）130 頁［好美］，近江・150 頁以下，佐久間・152 頁。

返還を請求することができる」というものである。この原則から，所有者は，自らの意思に基づいて占有を与えた者（賃借人や受寄者など）に対しては物の返還を求めることができたが，その者から占有を取得した第三者に対しては返還を請求することができなかった（例外として，所有者の意思によらずに占有が失われた場合〔盗難や遺失の場合〕には，第三者に対しても物の返還を請求することができた）。これによるならば，占有改定の場合には，原所有者Aが自らが占有を与えたBにまだ占有があり，AのBに対する信頼が裏切られていないので，Aはカメラの返還を求めることができることになる。

　なお，即時取得は，中世ゲルマン法では所有者の追及権の制限という構成であり，追及権が及ばないことの反射として第三者の所有権取得が認められた。そして，この中世ゲルマン法の制度が近代法に組み入れられたときに，動産物権の公示手段である占有を信頼したことによる所有権取得という構成に転化した。

　ⓒ折衷説　　これは，占有改定の場合でも一応即時取得は成立するが，その時点では権利取得は不確定であり，原権利者も権利を失っていないが，後に取得者が現実の引渡しを受けると，その時に取得者の権利取得が確定し，その結果原権利者も確定的に権利を失うと解する説である[73]。この折衷説と否定説との差異は，つぎのような点に現れる。第1に，取得者の善意・無過失の判断時期について，否定説では，取得者は現実の引渡しを受ける時に善意・無過失でなければならないが，折衷説では，占有改定の時に善意・無過失であればよく，第2に，占有改定の段階で原権利者と取得者の間で権利の帰属が争われた場合，否定説では原権利者に権利があるために原権利者が勝訴するが，折衷説では原権利者も取得者もお互いに権利を主張できないために，原告となって訴訟を起こした方が敗訴する。

　(ii) 指図による占有移転の場合　　指図による占有移転の場合に即時取得が成立するかどうかについて，判例には否定するもの（大判昭8・2・13新聞3520号11頁）と肯定するもの（最判昭57・9・7民集36巻8号1527頁）がある。学説は，即時取得の成立を肯定するのが多数説である[74]。しかし，最近では，この問題を類型に分けて考える立場が有力になっている[75]。すなわち，

---

73)　我妻＝有泉・233頁以下，鈴木・213頁以下，内田・475頁以下など。
74)　末川・235頁，舟橋・247頁，近江・160頁など。

①Ａから借りているカメラをＢがＣに譲渡して占有改定による引渡しを行い，さらにＣがこれをＤに譲渡して指図による占有移転をした場合（図①-前掲大判昭8・2・13はこのような事案）と，②Ａから借りているカメラをＢがさらにＤに転貸して現実の引渡しを行い，その後ＢがこれをＣに譲渡して指図による占有移転を行った場合（図②-前掲最判昭57・9・7はこのような事案）を区別する。そして，①の場合には，ＣがＤに指図による占有移転をしてもカメラはＢのもとにあるので，ＡのＢに対する信頼は形の上では裏切られていないし，ＢからＣへの譲渡は外観から認識不可能である。したがって，Ｄの即時取得は否定される。これに対し，②の場合には，Ｂの指図による占有移転によってＣのカメラの占有関係が生じてＢのカメラの占有関係はなくなり，Ｂを介したＡの占有関係もなくなるので，Ｃの即時取得が認められるとする。

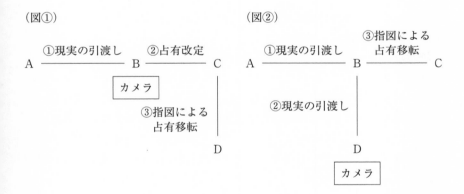

（図①）　　　　　　　　　　　　　　（図②）

(4)　平穏・公然の占有取得

　取得者は，平穏・公然に占有を取得したことが必要である（192条）。この平穏・公然の占有は推定されるので（186条1項），即時取得の成立を否定する者が取得者の占有取得は平穏・公然でないこと（強暴・隠匿であること）を主張立証しなければならない。しかし，取引行為によって動産の占有を取得する場合には，平穏・公然という要件は通常充足されていると解されるの

75)　広中・193頁，安永・119頁以下，生熊・286頁以下など。

で，この要件が問題になることは実際上極めて少ない。

(5)　取得者の善意無過失

　取得者は，占有取得時に，前主に所有権がないことについて善意・無過失であることが必要である（192条）。取得者の善意は法律上推定される。その根拠条文については，通説は186条1項とするが，188条とする有力説もある[76]。これに対し，無過失を推定する規定はない。しかし，目的動産を占有している前主は188条により有効に所有権を有していると推定されるので（→**第6章 3.1.1** 参照），取得者も前主に所有権があると信じたことについて過失がないという推定，つまり無過失の推定を受けると解するのが，現在の判例（最判昭41・6・9民集20巻5号1011頁）・通説である。したがって，即時取得の成立を否定する者が取得者の悪意または有過失を立証しなければならない。

4.4.3　即時取得の効果

(1)　権利の取得

　即時取得の効果として，取得者は即時にその動産の上に権利を取得する（192条）。取得される権利は，具体的には所有権または質権であるが，そのどれであるかは取引行為の形態（売買契約や質権設定契約）によって決まる。なお，取得者への所有権の移転が担保目的であれば，譲渡担保権が取得されることになる。また，319条は，一部の動産先取特権について192条以下の規定を準用しているので，債務者以外の者の所有動産について先取特権が即時取得される場合もある。

(2)　原始取得

　即時取得による権利取得は，前主に所有権がないにもかかわらず取得者が権利を取得するので，原始取得である。したがって，所有権の取得の場合には，原権利者の所有権が取得者に移転するのではなく，取得者がそれとは無関係に新たに所有権を取得し，その反射的効果として原権利者の所有権が消滅する。また，質権の取得の場合には，原権利者は所有権を失わないが，その所有権は質権という負担の付いたものになる。言い換えれば，原所有者は

---

76)　内田・473頁。安永・116頁は，186条1項と188条を根拠にすべきだとする。

他人の債務の担保のために自己の動産を質に入れた物上保証人の立場に立つことになる（譲渡担保権や動産先取特権についても同様）。

4.4.4　盗品・遺失物に関する特則

(1)　民法 193 条

(ア)　意　義　　192 条の即時取得が成立する場合において，目的動産が所有者の意思に基づかずにその占有を離れた物であるとき，すなわち目的動産が盗品または遺失物であるとき，被害者または遺失主は，盗難または遺失の時から 2 年間，占有者に対して目的動産の回復を請求することができる（193条）。目的動産が盗品または遺失物である場合には，被害者または遺失主は回復請求をすることができるので，即時取得が制限されることになる（192 条の即時取得の特則）。

(イ)　回復請求権　　回復請求権を行使することができる者は，被害者または遺失主である。所有者に限られない。寄託物または賃借物の盗難または遺失の場合には，受寄者または賃借人が被害者または遺失主である。この場合に所有者も回復請求をすることができるかどうかについては，肯定説と否定説に分かれている[77]。回復請求の相手方は，192 条の要件を備えた現在の占有者である。回復請求権は，盗難または遺失の時から 2 年間に行使されなければならない。この 2 年の期間は除斥期間と解されている。

(ウ)　回復までの間の所有権の帰属　　回復までの間目的動産の所有権は原所有者と占有者のどちらにあると解すべきかについて，争いがある。①判例は，回復までの間は原所有者に所有権があり，2 年の経過によって占有者が所有権を取得すると解する（大判大 10・7・8 民録 27 輯 1373 頁，大判昭 4・12・11 民集 8 巻 923 頁など）。②多くの学説は，192 条によって占有者が所有権を取得するが，原所有者を保護するために，193 条によって 2 年間は回復を請求することができると解する。前者によれば，193 条の回復請求権の性質は，原所有者が請求権者であれば所有権に基づく返還請求権，受寄者または賃借人が請求権者であれば物の占有関係を回復するための請求権と解することになろう。これに対し，後者では，193 条によって特別に認められる請求権（盗

---

77)　肯定説として我妻＝有泉・231 頁，否定説として安永・124 頁がある。

難または遺失時における所有権や占有関係の回復を求める請求権）と解されよう[78]。

(2)　民法 194 条

(ア)　代価の弁償　　193 条においては，被害者または遺失主は，回復請求をするにあたって占有者に代価を支払う必要がない。すなわち，占有者が前主に代金を支払っていても，被害者または遺失主は，それを弁償せずに取り戻すことができる。これに対し，占有者が盗品または遺失品を競売もしくは公の市場においてまたはその物と同種の物を販売する商人より善意で買い受けた場合は，被害者または遺失主は，占有者が支払った代価を弁償しなければ，目的物の回復を請求することができない（194条）。したがって，194 条は 193 条の特別規定であるといえる。本条では，192 条と異なり占有者の善意しか規定されていないが，これは立法上のミスであり，占有者の善意・無過失が必要と解されている[79]。本条にいう「競売」は，強制執行によるもの（民執122条以下）と担保権の実行によるもの（民執190条以下）とを問わない。「公の市場」とは店舗を，「同種の物を販売する商人」とは店舗をもたないで同種の物を販売する商人（例えば行商人）をいう。しかし，占有者が古物商や質屋であるときは，被害者または遺失主は，盗難または遺失の時から 1 年以内しか回復請求することができないが，無償で回復請求することができる（古物20条，質屋22条）。これらの規定は，194 条の特別規定である。

(イ)　代価弁償に関する権利の法的性質　　194 条によれば，被害者または遺失主は，占有者が支払った代価を弁償しなければ目的動産の回復を請求することができないと規定されている。この占有者の代価弁償に関する権利について，代価の弁償を受けるまで占有者は回復請求を拒絶することができるという抗弁権にすぎないのか（抗弁権説），あるいは代価弁償請求権という実体法上の権利なのか（請求権説）ということが争われてきた。前者であれば，占有者の権利は抗弁権にすぎないので，占有者が代価弁償を受けないで目的動産を被害者または遺失主に返還した場合には，もはや代価の弁償を請求することができないことになる。かつての判例は，このような立場をとってい

---

78)　近江・161 頁。

79)　川島＝川井編・新版注民（7）223 頁［好美］。これに対し，佐久間・157 頁は，競売等で善意で買い受けた者には過失がないと考えられるためであるとする。

た（大判昭 4・12・11 民集 8 巻 923 頁）。これに対し，後者では，占有者の権利は
実体法上の請求権であるので，占有者が代価弁償を受けないで目的動産を被
害者または遺失主に返還しても，代価の弁償を請求することができることに
なる。最高裁は，この立場をとり前掲大審院判決を変更した（最判平 12・6・
27 民集 54 巻 5 号 1737 頁［百選 I 8 版-69]）。

(ウ)　目的動産返還時までの使用利益の帰属

> 【設例Ⅲ-33】　A は，所有の土木機械甲を何者かに盗まれた。数日後 C は，
> 無店舗で中古土木機械の販売業などを営んでいる B から善意・無過失で甲を
> 300 万円で買い受け，以後これを使用占有していた。そして，盗難から 2 年
> 以内に，A は甲の返還と返還を求めた日から返還の日までの甲の使用利益相
> 当額の支払いを求めて，B を訴えた。A の請求のうち甲使用利益相当額の支
> 払請求は認められるか。

　判例のように，回復までの間も盗品・遺失物の所有権は原所有者にあると
解すると，それまでの間は占有者は他人の物を権原なく占有していることに
なる。そのため【設例Ⅲ-33】では，原所有者 A は，占有者 B に対し物の使
用利益相当額を不当利得として返還請求することができるかどうか問題とな
る。これについて，最高裁は，占有者が代価の弁償があるまで盗品・遺失物
の引渡しを拒むことができる場合には，代価の提供があるまで占有者は盗
品・遺失物を使用収益する権原があるとして，A の使用利益相当額の支払
請求を認めなかった（前掲最判平 12・6・27 ［百選 I 8 版-69]）。

　その理由は，次のようなものである。すなわち，194 条は，192 条の即時
取得の要件が備わっているときは，被害者または遺失主（以下では被害者等と
いう）は占有者が支払った代価を弁償しなければ盗品または遺失物（以下では
盗品等という）を回復することができないとして，被害者等と占有者の保護の
均衡を図った規定である。そして，被害者等の回復請求に対し占有者が盗品
等の引渡しを拒む場合には，被害者等は，代価を弁償して盗品等を回復する
か，盗品等の回復をあきらめるかを選択することができる。これに対し，占
有者は，被害者等が盗品等の回復をあきらめた場合には盗品等の所有者とし
て占有取得後の使用利益を享受することができるのに，被害者等が代価の弁
償を選択した場合には代価弁償以前の使用利益を喪失するというのでは，被

害者等の選択の仕方によって占有者の地位が不安定になり，被害者等と占有者の保護の均衡を図った 194 条の趣旨に反することになる。また，弁償される代価には利息は含まれないと解されるので，それとの均衡上占有者の使用収益を認めることが両者の公平に適う。

＊即時取得（公信の原則）と 94 条 2 項類推適用論の関係　　すでに述べたように，わが国では登記に公信力は認められていないが，94 条 2 項の類推適用によって，虚偽の登記を信頼し登記名義人を権利者と信じて不動産取引を行った者を保護する仕組みが判例・学説によって形成されている（94 条 2 項類推適用論）。他方，即時取得は，動産の占有を信頼し無権利の占有者を権利者と信じて動産取引を行った者を保護する制度である。いずれも登記や占有という外観を信頼して無権利者と取引した者を保護するものであるが，前者の 94 条 2 項類推適用論は表見代理制度（109 条・110 条・112 条）などとともにいわゆる権利外観法理（表見法理）の具体的な現れであり，後者の即時取得は占有の公信力によるもの（動産取引における公信の原則）と解されている[80]。

そして，両者の違いは，虚偽の外観の作出について真の権利者に帰責性が必要かどうかにあると考えられており，権利外観法理では真の権利者に帰責性が必要であるのに対し，公信の原則ではそれは不要とされている。確かに，登記の公信力を規定しているドイツ民法では，国家が管理する登記制度への信頼を高めるために，虚偽登記の作出について真の権利者の帰責性は問題とされない。

それでは，即時取得についても，無権利者の占有取得について真の権利者の帰責性は問題にならないといえるであろうか。即時取得が問題になるのは，基本的には真の権利者が自己の意思に基づいて他人に占有を与えた場合であり，盗難や遺失のような真の権利者が自己の意思に基づかないで占有を喪失した場合には，即時取得の成立が制限される。盗品や遺失物（占有離脱物）について即時取得の成立が制限されるのは沿革的な理由によるものではあるが，とにかく真の権利者が自己の意思に基づいて占有を与えたかどうかが即時取得の成否に関係しているということができる。

このように解することができるならば，即時取得においても，真の権利者の信頼を裏切るような者に自己の意思に基づいて占有を与えたという点に真

---

80)　両者の関係については，権利外観法理と公信の原則は異なるものであるとする見解（近江・151 頁，石口・342 頁注（356））と公信の原則は権利外観法理に由来するという見解（内田・481 頁）がある。

の権利者に帰責性があるということができる。したがって，即時取得は，どちらかといえば真の権利者の帰責性を不要とする公信の原則に関わるものではなく，真の権利者に帰責性を要求する権利外観法理に関わるものであると解することができる。もっとも，真の権利者が自己の意思に基づかないで占有を喪失した場合には，即時取得の成立は否定されるのではなくて制限されるだけであるので，即時取得において帰責性が要求される程度は94条2項類推適用論よりも軽いといえよう。

　以上のように公信の原則と権利外観法理を対立的に考えるのに対し，権利外観法理を広く捉えて，権利外観法理は，特に物権取引の範囲では，登記の公信力，即時取得（占有の公信力）および94条2項類推適用論を包含した上位概念的な法理と考えることもできよう。言い換えれば，これらの効力や法理論の根底には，いずれも権利外観法理という共通の考え方が存在しているのではないかということである。ただ，これら3つの間には真の権利者の帰責性の要否について違いがあり，一方では帰責性を不要とする登記の公信力，他方では帰責性を必要とする94条2項類推適用論があり，その中間に位置するものとして帰責性の要求される程度が軽い即時取得が存在すると解することもできよう。

第5節　明認方法

5.1　明認方法の意義

5.1.1　立木の取引と明認方法

　本来立木は土地の構成部分として土地とともに取り引きされるものである。しかし，わが国では古くから立木は土地に付着したままでしかも土地とは切り離して取引の対象とされてきた。この場合には，立木が土地所有権と切り離されていることを公示することが必要になる。このために，明治42(1909) 年に「立木ニ関スル法律」（立木法）が制定され，「一筆ノ土地又ハ一筆ノ土地ノ一部分ニ生立スル樹木ノ集団」で立木法に従って所有権保存の登記（立木登記）をした立木は不動産とみなされ，土地と分離して譲渡することや抵当権の目的とすることが可能とされた（立木法1条・2条）。

　ところが，わが国ではこのような立木登記は行われず，**明認方法**と呼ばれる取引慣行上の公示手段を用いて立木が地盤から分離していることを公示し，立木だけが取引されることが行われている。判例も，これを有効な公示方法として立木所有権取得の対抗要件と認めている。ただし，抵当権設定の公示には使えないと解されている。なお，この明認方法は立木だけでなく，個々の樹木やみかん・桑の葉・稲立毛などの未分離の果実の取引にも公示手段として認められている。

5.1.2　明認方法の具体例

　明認方法は，立木を削って所有者名を墨書きしたり（大判大 10・4・14 民録 27 輯 732 頁［百選 I 初版-62］），立て札を立てたり（大判大 5・9・20 民録 22 輯 1440 頁—温州みかん事件），木の幹に焼き印を押すなどの方法で行われるのが一般的である。さらに判例は，立木を薪炭用として買い受けて山林に製炭設備を作って製炭事業に従事することも明認方法と認めている（大判大 4・12・8 民録 21 輯 2028 頁）。

5.2　明認方法の効力

5.2.1　対抗要件としての明認方法

　立木の取引において，つぎのような場合に明認方法は対抗要件として作用することになる。

(1)　立木の二重譲渡

　山林の所有者 A が立木のみを B と C に二重に譲渡した場合には，先に明認方法を備えた者が立木の所有権取得を対抗することができる。B と C がともに明認方法を備えていないときには，両者は互いに対抗することができない（最判昭 33・7・29 民集 12 巻 12 号 1879 頁）。

(2)　立木の譲渡と土地の譲渡

　山林の所有者 A が B には立木のみを譲渡したが，C には立木も含めて土地を譲渡したときには，立木について二重譲渡の関係が生じる。この場合，B が先に明認方法を備えれば立木所有権の取得を C に対抗することができ

るが，C が先に土地所有権の移転登記を備えれば，C は立木所有権の取得を
B に対抗することができる。

(3)　立木を留保した土地の売買

　山林所有者 A が立木を留保して土地のみを B に譲渡したが，B はその土
地を立木を含むものとして C に転売した場合には，A は立木について明認
方法を備えていなければ，土地所有権について移転登記を受けた C に対し，
留保した立木の所有権を対抗することができない（最判昭 34・8・7 民集 13 巻 8
号 1223 頁）。

5.2.2　対抗力の存続

　明認方法は立木の譲渡が行われる際に備えられるだけでは足りず，第三者
が立木について利害関係を取得する時にも存在していなければ，対抗要件と
しての効力をもたない（最判昭 36・5・4 民集 15 巻 5 号 1253 頁［百選 I 8 版-65]）。
したがって，例えば B が山林の所有者 A から立木を買い受け，立木につき
明認方法を備えたが，その後その明認方法は存在しなくなった場合には，B
は A から立木を譲り受けた C に対して立木の所有権取得を対抗することが
できない。

第 6 節　　物権の消滅

6.1　　物権の消滅原因

　物権の消滅とは，物権それ自体が存在しなくなることであり，物権変動の
1 つである。物権に共通する消滅原因として，①混同，②目的物の滅失，③
消滅時効，④放棄などがある。また，各物権に特有の消滅原因があるが，そ
れぞれの物権のところで説明する。この節では物権に共通の消滅原因を取り
上げるが，まず混同を説明した後，それ以外の消滅原因をまとめて述べる。

6.2 混 同

6.2.1 混同の意義

混同とは，2つの法律上の地位が同一人に帰属した場合に，併存させておく必要のない一方の法律上の地位が他方に吸収されて消滅することをいう。民法は，物権の共通の消滅原因として混同を規定している（179条）。なお，債権の共通の消滅原因としての混同も定められている（520条→松井・債権**第5章** 6.3 参照）。

6.2.2 混同による消滅

①所有権と地上権や抵当権などの他の物権（制限物権）が同一人に帰属した場合には，他の物権を併存させておく必要がないので，他の物権は消滅する（179条1項本文）。②所有権以外の物権（地上権などの制限物権）とこれを目的とする抵当権などの他の物権が同一人に帰属した場合には，抵当権などの物権は消滅する（同条2項本文）。この場合にも，同一人に帰属した制限物権を目的とする他の物権を併存させておく必要がないからである。

6.2.3 混同によって消滅しない場合

次の場合には，同一人に帰属した2つの権利を併続させておく必要があるので，混同による消滅は生じない。

(1) 所有権と制限物権の帰属

所有権と制限物権が同一人に帰属したが，目的物または制限物権が第三者の権利の目的となっている場合である（179条1項ただし書）。例えば，A所有の土地にBが1番抵当権，Cが2番抵当権を有する場合，Bがその土地の所有権を取得しても，Bの1番抵当権は消滅しない。Bの1番抵当権が消滅すると，Cの2番抵当権は順位を上昇し（順位昇進の原則），Cは思わぬ利益を受けるからである。また，A所有の土地に地上権を有するBがCのために地上権に抵当権を設定している場合には（369条2項），Bがその土地の所有権を取得しても，地上権は消滅しない。地上権が消滅すると，Cの抵当権は権利の対象を失って消滅するからである。

＊179条1項ただし書の類推適用　　例えば，Aの所有地甲の賃借人Bが建物を建てて自己名義の所有権登記を行った後に，CがAから甲地に抵当権の設定を受け，さらにBがAから甲地を買い受けた場合，Bの賃借権は混同によって消滅するであろうか。賃借権は債権であるので，520条の適用が考えられるが，520条ただし書では，債権が第三者の権利の目的あるときには混同による消滅は生じないとされているだけなので，この場合には混同による消滅を免れない。しかし，それでは本来Bの賃借権はCの抵当権に対抗することができたのに，混同によって消滅することになれば，Bは不利益を受けるのに対し，逆にCは思わぬ利益を受けることになる。そこで，対抗力を備えた土地賃借権は物権に準じた権利と考えられることを理由に179条1項ただし書を類推適用して，甲地がCの抵当権の目的物であるので，Bの賃借権は混同で消滅しないとされている（最判昭46・10・14民集25巻7号933頁）。

(2) 制限物権とこれを目的とする物権の帰属

　制限物権とこれを目的とする物権が同一人に帰属したが，制限物権または制限物権を目的とする権利が第三者の権利の目的となっている場合である（179条2項ただし書）。例えば，A所有の土地に地上権を有するBが，その地上権についてCのために1番抵当権，Dのために2番抵当権を設定している場合，Cが地上権を取得してもCの1番抵当権は消滅しない。また，A所有の土地に地上権を有するBがCのために地上権に抵当権を設定し，CがDのためにその抵当権に転抵当を設定している場合には，Cが地上権を取得してもCの抵当権は消滅しない（転抵当については→松井・担保第2章 6.1 参照）。

6.2.4　例外としての占有権

　占有権は物を占有しているという事実に基づいて生じる権利であるので，占有権と他の物権が同一人に帰属しても，占有権は消滅しない（179条3項。占有権については→第6章参照）。

6.3 混同以外の消滅原因

6.3.1 目的物の滅失

物権は物を支配する権利であるので，支配の対象である物が滅失すれば，物権もまた消滅する。例えば，火事によって家屋が焼失すれば，その家屋の所有権も消滅する。

6.3.2 消滅時効

所有権は時効消滅しないが，所有権以外の物権は，20 年の消滅時効にかかる（166 条 2 項）。ただし，抵当権については，債務者および抵当権設定者に対する関係では債権と同時でなければ時効によって消滅しないという特則が設けられている（396 条→松井・担保第 2 章 8.1 参照）。また，占有権は物の占有という事実から生じるので，占有を失えば消滅し，消滅時効を問題にする余地がない。

6.3.3 放　棄

物権の放棄は，原則として自由にすることができる[81]。そして，物権の放棄は，物権の消滅を目的とする単独行為であり，物権変動の一般原則に従って，放棄の意思表示のみによって効力を生じる（176 条）。ただし，不動産物権の放棄は，登記を抹消しなければ第三者に対抗できない。放棄の意思表示は，所有権と占有権については，特定の人に対してなされる必要はないが，制限物権については，放棄によって直接利益を受ける人（通常は所有者）に対してなされる必要がある。例えば，地上権の放棄の意思表示は，土地所有者に対してなされねばならない。物権の放棄は，他人の権利を害するときには

---

81)　土地所有権を自由に放棄することができるかについては議論があり，一定の制約または要件の下で認められるべきだという主張がなされている（佐久間・29 頁以下，安永・28 頁）。また，所有権の放棄ではなく国などへの移譲のための制度設計が図られるべきであるが，その場合所有者としての責任が生じていない土地であることが移譲のための重要な要素であるとする見解も主張されている（田高寛貴「土地所有者が負担すべき責任の限界」NBL1152 号 13 頁以下〔2019年〕）。これに対し，土地所有権の放棄は原則自由であるが，かなり限定された場面において，放棄が権利濫用や公序良俗違反によって制限されると解する説もある（張洋介「土地所有権放棄の場面における土地所有者の自由と責任」法と政治 69 巻 2 号Ⅱ 150 頁以下〔2018 年〕）。

許されない。民法は，地上権の放棄（268条1項）や抵当権の設定された地上権や永小作権の放棄（398条）についてこの旨を定めているが，これらの規定の趣旨はすべての権利の放棄にも類推適用されるべきであるとされている。したがって，例えば借地上の家屋に抵当権が設定されている場合には，借地権が放棄されても抵当権者には対抗することができない（→松井・担保**第2章3.2.4**参照）。

第4章　所　有　権

第1節　総　説

　所有権は，民法において物を全面的に支配することができる権利ととらえられており，物権の中で最も中心的かつ典型的な権利である。この所有権について，**第1節**では，所有権とはどのような権利かということを所有権の社会的意義という観点から述べ，次いで所有権はどのような性質を備えているのかということを説明する。

1.1　所有権の社会的意義

1.1.1　序

　人は，その生存のために衣食住に必要な外界の物を支配し，自己のために利用または消費することを必要とする。この外界の物に対する人の支配関係がどのような内容のものとしてとらえられていたかは，時代によって異なっている。したがって，この物に対する人の支配関係を一般に「所有（所有権）」と呼ぶならば，その具体的な内容は，各時代により異なるものであることはいうまでもない。

1.1.2　封建制社会における所有

　封建制社会における最も重要な所有は，土地所有である。そこでは，土地について重層的な支配関係が形成された。まず領主と家臣の関係では，家臣の臣従義務に対する一般的な対価として領主から封地が与えられ，家臣はその封地において末端的な領主となった。そして，貢納を条件として家臣から農民に対してその土地の耕作が許された。このように，領主と家臣の間の封建的関係（封地を媒介とした家臣の領主に対する臣従関係）とその下での領主と農

民の貢納関係が封建的な土地所有関係を形成したが，それらは上級者から下級者への土地支配権の分割譲与という点で共通するものであった。

　このような封建的な土地所有は，単一・排他的な私的所有ではなく，複合・併存的な物支配の体系であった。しかも，封建的な土地所有関係は純然たる物の支配関係にとどまらず，その土地を耕作する農民に対する様々な政治的身分的な支配関係と結びついていた。

1.1.3　資本制社会における所有権

(1)　商品所有権

　わが国の民法を含む近代民法は，いわゆる資本主義経済を土台とする資本制社会の法である。したがって，そこに規定されている所有権は，この資本制社会に適合した内容をもったものとして現れてくることになる。

　資本主義経済は，資本家と賃労働者という二大階級の分裂および広範に展開する社会的分業を前提とし，商品交換を不可欠の媒介として展開する経済である。このような経済を土台とする資本制社会では，商品交換が社会の隅々まで浸透し，生産手段であれ消費財であれ，すべての物は商品交換の客体（商品）としての性格を付与され，また資本家であれ賃労働者であれ，すべての人は商品交換の主体（商品所有者）として現れる。このような資本制社会における所有権は，この商品交換の論理に適合した内容と特質を与えられて，商品としての物に対する全面的（包括的）な支配権として成立することになる（商品所有権）。土地は，他の財貨と異なって，人間労働の所産ではなく単なる自然物にすぎず，それ自体価値を内包するものではないが，他の財貨と同じように商品化され（土地の商品化），土地所有権も商品所有権の中に含まれることになる。そして，この商品所有権は，商品交換の主体である所有者の意思にのみ服し，一切の政治権力や共同体の拘束から解放された「自由な私的所有権」として構成される。

(2)　所有権と契約

　物に対する全面的支配権としての所有権は，商品交換過程の法的形態である契約と結合することによって，その社会的機能を有効に果たすことができる。例えば，土地所有権は，土地を賃貸して（賃貸借契約）賃料をもたらすこ

とができ，あるいは土地に資本を投下して工場を建設し（建設請負契約），労働者を雇い（雇用契約），原料を購入し（売買契約），生産された製品を売却する（売買契約）という過程をとおして，より大きな利益を生み出すことができる。

このように，所有権は，契約と結びついて利益を生み出す源泉となるため，社会的に富の偏在をもたらすことになる。そのため，資本主義経済の発展につれて，自由な私的所有権の弊害が次第に現れてくる。例えば，資本家の資本または生産手段に対する所有権は，雇用契約と結びついて賃労働者を低賃金で働かせたり，賃労働者を失業と貧困に追い込んだり，大企業への資本の集積・集中と中小企業の倒産や大企業への従属を引き起こしたり，あるいは土地所有権は，地主の土地独占や賃貸借契約をとおして賃借人の生活や営業を圧迫するという好ましくない現象を生み出すようになる。そこで，自由な私的所有権に対して一定の制限を加えることによって，このような弊害を取り除くことが必要となり，今日では，所有権（特に土地所有権）を制限する様々な立法が存在するとともに，民法の解釈による所有権の制限も主張されている。

1.2 所有権の性質

1.2.1 序

所有権の性質は，2つの観点から述べることができる。第1は，資本制社会では所有権は商品所有権として特徴づけられるところから指摘される性質であり，これを「近代的所有権の性質」と呼ぶことにする。第2は，所有権は物に対する全面的な支配権である点で他の物権と区別されるが，この全面的支配権としての所有権の特徴から指摘される性質であり，これを「全面的支配権としての性質」と呼ぶことにする。

1.2.2 近代的所有権の性質

近代的所有権の性質として，通常次の3つのものが挙げられる。

(1)　所有権の観念性

　近代的所有権は，物に対する現実的支配と直接に関わることなく成立し，物を支配することができる観念的な権原として構成される。このことから所有権は観念的な支配権ととらえられ，これを**所有権の観念性**という。この所有権の観念性は極めて歴史的な概念であり，物の現実的支配と観念的な支配権が未分化であった中世ゲルマン社会では，物支配の権原は何らかの現実的支配と結びついており，それがなければ原則として物支配は認められなかった。このような現実的支配と結合してはじめて成立する中世ゲルマン社会の物支配をゲヴェーレ（Gewere）という。

(2)　所有権の絶対性

　所有権の絶対性には色々な意味があるが，近代的所有権の性質としては，所有者はすべての者に対して自己の所有権を主張することができることと解されている。これに対して，中世ゲルマン社会におけるゲヴェーレでは，権利者は自らの意思で物の現実的支配を与えた者に対しては自己のゲヴェーレを主張できたが（「手は手を守る」原則），その者から現実的支配を取得した第三者に対しては自己のゲヴェーレを主張することができなかった。このように，ゲヴェーレは特定の人に対する関係でしか主張することができない相対的な支配権であった。

(3)　所有権の私的性質

　近代的所有権は，一切の政治権力や共同体からの拘束から解放され，所有者の私的で自由な意思にのみ服するものとして構成される。これを**所有権の私的性質**といい，このような所有権は「自由な私的所有権」と呼ばれる。

1.2.3　全面的支配権としての性質

　物に対する全面的支配権である所有権の性質として，次の4つのものが挙げられる。

(1)　全面性

　所有権は物を全面的に支配する権利であるという性質を**所有権の全面性**という。これに対して，所有権以外の物権は，用益物権であれば物の利用，担保物権であれば物の処分といった一面で物を支配するにすぎない。

(2)　渾一性

　所有権は使用・収益・処分 (206条) という個々の権能が集まった束ではなく，所有権にはあらゆる権能が渾然一体として包含されており，そこから種々の権能が流出すると解されている。このように，所有権はあらゆる支配権能が流出する源泉であるという性質を**所有権の渾一性**という。

(3)　弾力性

　地上権や賃借権などの用益権が設定された物の所有権は，使用・収益という現実的支配の権能を欠いたいわゆる「空虚な所有権」になる。しかし，それらの用益権は永久無限のものではなく，それらが消滅すると所有権はもとの全面的支配権に戻ると解されている。このような性質を**所有権の弾力性**という。

(4)　恒久性

　所有権は一定の存続期間を定めて成立することはできないし，消滅時効によって消滅することはないという性質 (166条2項参照) を，**所有権の恒久性**という。なお，他人の取得時効 (162条) によって所有者が所有権を失うことがあるが，これは取得時効の反射的効果である。

1.2.4　所有権の客体

　所有権の客体は物 (206条)，すなわち有体物である (85条)。そして，物以外の財産に対する支配権は，別の概念で示されている。例えば，発明された技術，考案されたデザイン，文学作品や芸術作品などに対する全面的な支配権は，著作権，意匠権，特許権，実用新案権として構成されている。また，現在では債権も証券化されて1つの商品として取引されるが (例えば債権譲渡)，債権に対する所有権を認める必要はない。債権という1つの権利として観念すれば十分であるからである。

第2節　所有権の内容とその制限

2.1　所有権の内容

　所有権の内容は，法令の制限内において，所有者が自由に所有物を使用・収益・処分することである（206条）。使用とは，例えば本を読むとか洋服を身に付けるなどのように，所有物を通常の用法に従って使用することをいう。収益とは，所有物から生じる天然果実や法定果実を取得することをいい，所有者自らが使用して天然果実を取得することのほかに，所有物を他人に使用させて地代や家賃などの対価（法定果実）を受け取ることも含まれる。処分とは，所有物を変形・改造・破壊したり消費したりする物理的処分と，所有物を譲渡したりそれに用益物権や担保物権を設定したりする法律的処分を意味する。

　しかし，所有権はこれらの使用・収益・処分という3つの権能が集まった束ではなく，これらの権能を含むあらゆる支配権能が流出する源泉として，渾然一体の包括的な内容をもつものである。206条のいう使用・収益・処分は所有権の代表的な権能と解することができる。

2.2　所有権の制限

2.2.1　制限の必然性

　所有権は国家の法によって承認・保障されたものである以上，所有権の行使は制限のない全く自由なものではあり得ない。206条の「法令の制限内において」という定めは，このような観点から設けられたものである。ただ，民法の制定当時は，所有権の行使に国家はできるだけ介入しないという立場から，その行使はきわめて自由であり，その制限は例外的かつ最小限にとどめられるべきものと考えられていた。

　しかし，資本主義経済の高度の発展と富の社会的偏在の増大に伴って，自由な私的所有権のもたらす弊害が著しくなるにつれて，所有権の社会性が強

調され，社会の立場からの所有権の行使に対する制限が強く意識されるように
になった。このようなことから，第2次世界大戦後において，憲法29条で
公共の福祉による財産権の制限が，また民法1条で公共の福祉による私権の
制限や権利濫用の禁止が規定された。こうして，所有権の行使に対する制限
は例外的なものであるという旧来の考えに代わって，所有権も当然にその内
在的な制約に服すものであり，さらに所有権は積極的に公共の福祉に適合す
るように行使されるべきであるという原則が確立された。所有権の制限に
は，次に述べるように法令による制限や一般条項による制限がある。

2.2.2 法令による制限

　所有権は，「法令の制限内において」行使することができる（206条）。こ
こにいう法令は，憲法29条1項・2項との関係から，国会で可決された
「法律」（憲59条）と，法律によって所有権を制限する権限を与えられた命令
（いわゆる委任命令）に限られると解されている。法令による所有権の制限に
は様々なものがあるが，その主なものを挙げれば，次のようである[1]。

(1) 民法上の制限

　土地所有権相互間の調整を図る相隣関係の規定（209条以下→**第3節**参照）の
ほかに，借地借家法や農地法などの特別法による不動産利用権を保護するた
めの土地所有権の制限がある。

(2) 公法上の制限

　公権力により強制的に土地所有権を取り上げる土地収用法や都市計画法な
どのほかに，土地の合理的な開発や利用のために土地所有権に一定の制限を
加える都市再開発法，都市計画法，土地区画整理法，宅地造成規制法，土地
改良法，農地法，河川法，森林法，建築基準法，古都保存法，自然公園法な
どがある。

(3) 公害防止・環境保全に関する規制

　公害防止や環境保全の目的から，土地・建物・機械設備などの所有権を規
制する大気汚染防止法，水質汚濁防止法，騒音規制法，自然環境保全法など
がある。

1）　近江・219頁による。

⑷　その他の制限

その他の制限として，麻薬取締法，あへん法，覚せい剤取締法，銃砲刀剣類所持等取締法，火薬類取締法などによる所有権の制限がある。

2.2.3　一般条項による制限

裁判所は，所有権の行使が社会的にみて妥当でないときは，権利濫用の禁止や公共の福祉などの一般条項を用いて，所有権の行使を制限している。注目すべき事例として，次のようなものがある。

⑴　宇奈月温泉事件

これは，Y 鉄道会社が温泉経営のため湯元から木管で温泉を引いたところ，A の承諾なしにその所有地の一部（約 2 坪の土地）に木管が通っていることを知った X が，A よりその所有地（112 坪）を買い取り，木管の撤去かさもなくば隣接している自己所有の荒蕪地と併せて約 3000 坪の土地を法外な価格で買い取るよう請求したが，Y が拒絶したために土地所有権に基づく妨害排除請求として木管の撤去を求めた事案である。これについて，大審院は，本件は「侵害ニ因ル損失云フニ足ラズ，而モ侵害ノ除去著シク困難ニシテ……莫大ナル費用ヲ要スベキ場合」であり，X の「行為ハ全体ニ於テ専ラ不当ナル利益ノ攫得ヲ目的トシ，所有権ヲ以テ其ノ具ニ供スルニ帰スルモノナレバ，社会観念上所有権ノ目的ニ違背シ，其ノ機能トシテ許サルベキ範囲ヲ超脱スルモノニシテ，権利ノ濫用ニ外ナラズ」として，X の請求を否定した（大判昭 10・10・5 民集 14 巻 1965 頁［百選 I 8 版-1]）。

⑵　発電用トンネル撤去事件

Y 電力会社が X の所有地に無断で発電用水路としてトンネルを掘り，工事を完成した事案について，大審院は，「已ニ当該工事ノ竣成シタル現在ニ於テ之ヲ撤去シ新ニ水路ヲ設クルコトハ，……其ノ巨大ナル物質ト労力ノ空費ヲ来シ社会経済上ノ損失尠カラザルモノ」ありとして，X の「所有権ニ基ク妨害排除ハ最早不能ニ帰シ」たと判示した（大判昭 11・7・10 民集 15 巻 1481 頁）。

⑶　鉄道線路敷築堤事件

Y 鉄道会社が鉄道線路敷設のために X の所有地を無断で埋め立てはじめ

たので，X がその工事の停止を求め，埋立禁止の仮処分の決定を得たが，Y
の主張により仮処分が取り消されると，Y は急いで埋め立て工事を進行さ
せて鉄道線路敷築堤を完成させた事案について，大審院は，「鉄道線路ヲ現
状ノ儘ニテ上告人 (Y) 所有地ヨリ埋立土砂ヲ取除キ之ヲ現状ニ回復スルコ
トハ技術上不可能ニ属シ，強テ之ヲ除去セントセバ同地方ニ於ケル重要交通
路ニ長期ニ亘リ著シキ不便ト危険ヲ招来シ，一般公共ノ利益ヲ阻害スルコト
甚シキノミナラズ，該工事モ亦技術上至難ニシテ尠カラザル日時ト費用トヲ
要スル」として，X の原状回復の請求は「社会通念上不能ニ属ス」と判示
した（大判昭 13・10・26 民集 17 巻 2057 頁）。

(4)　板付飛行場事件

　これは，第 2 次世界大戦後 X らの所有地が板付飛行場用地として占領軍
に接収されることになったので，X らと国の間で土地賃貸借契約が結ばれ，
国はその土地を占領軍，さらに占領終了後は米駐留軍に利用させていたとこ
ろ，X らが土地の賃貸借は占領状態終結により終了したことを理由に，国
に対し所有権に基づく土地の返還を求めた事案である。これについて，最高
裁は，条約上の義務の履行として国は米駐留軍に土地を提供しており，X
らも直接間接国の義務履行に協力すべき立場に置かれている，また本件土地
がガソリンの地下貯蔵設備用地として使用されていて，その明渡しにより
X らが受ける利益と比較して国が被る不利益の方がより大であるなどの事
情を考慮すれば，X らの土地明渡請求は「私権の本質である社会性、公共
性を無視し、過当な請求をなすものとして、認容しがたい」と判示した（最
判昭 40・3・9 民集 19 巻 2 号 233 頁）。

(5)　判例の傾向のまとめ

　以上のような判例の傾向について，次のように述べることができる。判例
は，所有権行使が権利濫用となる理由として，宇奈月温泉事件では，所有者
の相手方に対する加害意思または不当な利益獲得の意思の存在（主観的要件）
と，所有権行使により所有者の得る利益と比較して相手方の受ける不利益が
大きいこと（客観的要件）をあげている。しかし，その後の判例は，発電用ト
ンネル撤去事件，鉄道線路敷築堤事件および板付飛行場事件から明らかなよ
うに，客観的要件を重視して，所有権行使にあたって対立する当事者の利益

の比較考量から権利濫用の成否を判断する傾向をみせている（もっとも，これら3つの事件の判例は，いずれも権利濫用という言葉を使っていないが，所有権行使の濫用のケースとみることができる）。

このような判例の傾向は，権利濫用禁止の一般条項が「社会経済上ノ損失」，「一般公共ノ利益」あるいは「私権の社会性・公共性」といった不明瞭な概念と結びついて，国や企業の行った所有権侵害行為に対する被害者の権利主張を制限するための道具として利用されるおそれのあることを示すものである（権利濫用禁止については→民法総則の教科書・参考書参照）。

2.3 土地所有権の範囲

2.3.1 土地所有権の効力の及ぶ範囲

土地の所有権は，法令の制限内において，その土地の上下に及ぶ（207条）。これは，土地所有権の効力の及ぶ範囲は地表面に限られないことを意味するが，地上ははるか上空まで，地下は地中深くまで及ぶということではない。スイス民法667条が規定するように，所有権の行使について利益の存する限度で土地の上下に及ぶと解されている。

法令の制限として，地中の鉱物（鉱業3条）には土地所有権の効力が及ばない。これらの鉱物を採掘・取得する権利（鉱業権・租鉱権）（鉱業5条・6条）を付与する権限が国にあり（鉱業2条），国からこれらの権利を与えられた者が採掘・取得できるからである。また，2000（平12）年のいわゆる大深度地下利用法（大深度地下の公共的使用に関する特別措置法）により，道路，地下鉄，電気・ガス・水道などの公共性の高い事業を進めるために，首都圏，中部圏，近畿圏の三大都市圏を対象として，地下40メートル以深の地下空間（「大深度地下」と呼ばれる）の利用が可能となり，この「大深度地下」の利用については，原則として，土地所有者の同意や補償が必要とされない（具体的な損失があったときにその損失の補償を請求することができるにとどまる〔大深度地下37条〕）[2]。

---

2) 安永・132頁，石口・491頁。

2.3.2 地下水

民法は，地表の流水については相隣関係として規定を設けているが（214条以下→**3.2.2** 参照），地下水については全く規定していない。判例は，地下水を土地の構成部分とみているが，自然湧出の地下水の利用と人工掘削による地下水の利用とに分けて規制している。

(1) 自然湧出の地下水の利用

地下水の湧出した土地の所有者は，これを自由に利用することができ，他の者はその余水を利用することができなくなっても異議を述べることができない。しかし，湧出した地下水が永年にわたって他人の土地に流出し，その者に慣習上利用権が生じた場合には，湧出地の所有者は，その利用を妨げてはならない（大判大6・2・6民録23集202頁）。

(2) 人工掘削による地下水の利用

土地所有者は，自由に土地を掘削して地下水を汲み上げ，利用することができるが，そのために隣地の泉水が涸れたりして，その権利行使が社会観念上他人が忍容するのを相当とする限度を超えるときは，不法行為責任を負う（大判昭13・6・28新聞4301号12頁）。これに対し，他の土地の湧水に影響を及ぼしても，土地所有権の効力としてやむをえないとする判例もある（大判昭13・7・11新聞4306号17頁）。

第3節　相隣関係

3.1　序　説

1つの土地は通常他の土地と隣接しているため，土地の利用は隣接する土地に対して影響を及ぼすことが少なくない。そこで，隣接する土地相互間の利用を調整することが必要となり，そのために土地所有者の所有権をある程度制限して所有者に受忍義務を負わせ，隣接する土地相互の利用関係を調整する必要がある。この目的のために設けられた法律関係を**相隣関係**（209条以下）という。

　この相隣関係には，所有権の制限と拡張という二面性がある。すなわち，相隣関係に関する規定によって，一面では，土地所有権は隣接地の利用が円満に行われるために種々の制限を受けるが（土地所有権の制限），他面では，所有者は自己の土地の利用のために所有権の効力を隣接地にまで及ぼすことができることから，所有権の内容の拡張とみることができる。例えば，袋地の利用のために認められる隣地通行権（→**3.2.1**(2)参照）についていえば，一面では，通行される隣地の所有権が袋地の利用のために制限されているとみることができるが，他面では，通行権の認められる袋地の所有権の効力が隣地に及んでいるとみることができる。相隣関係と同様の土地所有権の制限は，地役権（→**第5章第3節**参照）の設定によっても可能であるが，相隣関係は法律の規定に基づく所有権の当然の制限であるのに対して，地役権は契約による所有権の制限であるという点で，両者は異なる。

　相隣関係は土地相互の利用を調節するものであるから，その規定は地上権にも準用される（267条）。永小作権（→**第5章第2節**参照）や土地賃借権については準用規定はないが，相隣関係の性質上これらにも準用すべきものと解されている（最判昭36・3・24民集15巻3号542頁—農地の賃借権）。

$\boxed{3.2}$　相隣関係の種類

　相隣関係の種類には様々のものがあるが，それらを分類すれば以下のようになる[3]。

3）　近江・223頁による。

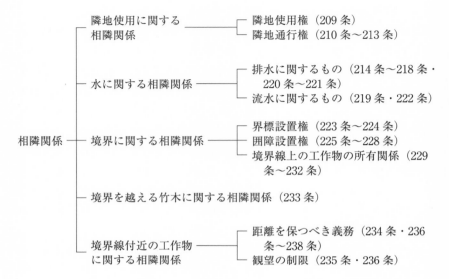

　これらの相隣関係に関する民法の規定は，現代の相隣関係を規律するには不十分であり，現代的な内容のものに改められることが望まれる。

3.2.1　隣地使用に関する相隣関係

(1)　隣地使用権

　土地の所有者は，境界またはその付近において障壁または建物を築造しまたは修繕するため必要な範囲内で，隣地の使用を請求することができる（209条1項本文）。請求の相手方は，隣地を使用している土地所有者，地上権者，土地賃借人などである。これらの者の承諾がなければ隣地を使用することができない。承諾が得られない場合には，裁判所に訴えて承諾に代わる判決（民執177条1項）を得なければ隣地を使用することができない。

　隣家（住家）に立ち入るには，隣人の承諾が必要である（209条1項ただし書）。この場合には，承諾に代わる判決を得ることができないと解されている。ここでいう隣人とは，建物の所有者や賃借人などを指す。

　以上のいずれの場合でも，隣人が損害を受けたときは，その償金を請求することができる（同条2項）。

(2)　隣地通行権（囲繞地通行権）

(ア)　有償の隣地通行権　(a)　意　義　　周りを他の土地に囲まれて公道に

通じない土地（「袋地」と呼ばれる）の所有者は，公道にいたるため袋地を囲ん
でいる他の土地（「囲繞地」と呼ばれる）を通行することができる（210条1項）。
また，一方を他の土地に囲まれていて，池沼，河川，水路，海を通らなけれ
ば公道にいたることができない土地または崖があって公道と著しい高低差が
ある土地（これらの土地は「準袋地」と呼ばれる）の所有者も，囲繞地を通行す
ることができる（同条2項）。このような袋地または準袋地の所有者の通行権
を**隣地（囲繞地）通行権**という。

　袋地であるかどうかは，その土地の利用方法も考慮して判断される。例え
ば，公道に通じる道があっても，それが土地から産出する石材の運搬に著し
く不便である場合には，隣地山林に立ち入ってその山道を通ることができる
（大判昭13・6・7民集17巻1331頁）。袋地の所有権を取得した者は，所有権取得
登記を経由していなくても，囲繞地の所有者または利用権者に対して袋地通
行権を主張することができる（最判昭47・4・14民集26巻3号483頁［百選Ⅰ5版
補-56]）。隣地通行権は袋地所有権そのものの内容であり，囲繞地は当然に通
行を受忍すべき負担を負っているからである。

　(b)　通行の場所と方法　　通行の場所と方法については，通行権者のため
に必要であり，かつ囲繞地のために損害のもっとも少ないものを選ばなけれ
ばならない（211条1項）。問題となるのは自動車による通行が認められるか
どうかである。現在のような自動車がきわめて広く普及している時代では，
自動車による通行を全く否定することはできないであろう。判例は，「自動
車による通行を前提とする210条通行権の成否及びその具体的内容は，他の
土地について自動車による通行を認める必要性，周辺の土地の状況，自動車
による通行を前提とする210条通行権が認められることにより他の土地の所
有者が被る不利益等の諸事情を総合考慮して判断すべきである」と判示し
て，肯定的な態度を示している（最判平18・3・16民集60巻3号735頁［百選Ⅰ6
版-70]）。

　(c)　通路の開設　　通行権者は，必要があるときは，通路を開設すること
ができる（211条2項）。例えば，砂利を敷いたり，通行の妨げとなる物を除

いたりすることである。

(d) **償金の支払い**　通行権者は，通行地の損害に対して償金を支払わなければならない。ただし，通路開設のために生じた償金は，一時に支払わなければならないが，それ以外の場合には，1年ごとに償金を支払うことができる（212条）。通行権者が償金の支払いを怠っても隣地通行権は消滅せず，通行を拒否されないと解されている[4]。隣地通行権は，袋地や準袋地の有効な利用という公益上の必要性によって認められているからである。

(e) **袋地通行権と建築基準法との関係**　建築基準法では，建築可能な敷地は原則として幅員4メートル以上の道路に2メートル以上接していなければならないとされている（接道義務。建基42条・43条）。そこで，このような要件が満たされないために建築許可が下りない敷地を袋地とみて，必要な通路幅の部分について隣地通行権を認めることができるかどうかという問題がある。判例は，通行権そのものの問題ではないとして，これを否定している（最判昭37・3・15民集16巻3号556頁［百選Ⅰ5版補-70]，最判平11・7・13判時1687号75頁）。しかし，この問題については，建物を建てて当該敷地を合理的に利用する必要性と通行される土地の利用状況などを比較考量して，接道義務を満たすための隣地通行権を認める余地があるかどうかで判断していくべきであろう[5]。

(イ) **土地の分割または一部譲渡の場合の隣地通行権**　(a) **土地の分割による袋地**

【設例Ⅳ-1】　公道に接する1筆の土地を共有しているABが，下の図のように，これを甲乙2筆の土地に分割（分筆）したところ，甲地が公道に通じない土地（袋地）になってしまった。この場合，袋地甲の所有者Aは，公道にいたるためにどの土地を通行することができるか。

---

4) 我妻＝有泉コンメン・437頁は，通行を拒否できるとする。
5) 安永・143頁。

甲地（A）

乙地
（B）

丙地
（C）

公　　道

　土地の分割によって公道に通じない袋地が生じたときは，袋地の所有者
は，公道にいたるため他の分割者の所有地のみを通行することができる
(213条1項前段)。したがって，【設例Ⅳ-1】では，袋地の所有者Aは，他の
分割者B所有の乙地（以下では残余地という）のみを通行することができる。
この場合，Aは丙地を通行して公道にいたることができるとしても，残余
地以外の土地に対して通行権を主張することはできない。土地分割の仕方に
よって袋地が生じうることは分割当事者には予測可能であるから，袋地通行
権の負担も当事者が負うのが合理的であるからである。しかも，この場合の
袋地通行権は無償であり，通行権者AはBに対して償金を支払うことを要
しない（同項後段）。

　(b)　土地の一部譲渡による袋地　(i)　一部譲渡　　1筆の土地の所有者が
土地の一部を譲渡した場合にも袋地が生じうる。例えば【設例Ⅳ-1】の図の
ように，Bが所有の1筆の土地を甲地と乙地に分筆して，公道に通じない甲
地をAに譲渡した場合である。この場合も，分筆前1筆であった土地の他
の部分（乙残余地）について，Aのために無償の隣地通行権が認められる
(213条2項)。なお，213条2項の隣地通行権は，同一人の所有に属する数筆
の土地の一部が譲渡または担保権の実行によって袋地となった場合にも認め
られる（最判昭44・11・13判時582号65頁―譲渡のケース，最判平5・12・17判時
1480号69頁―担保権の実行のケース）。

　(ii)　全部同時譲渡　　213条2項は，1筆の土地の一部譲渡だけを規定し
ている。しかし，1筆の土地が分割されて全部が同時に複数の者に譲渡さ
れ，これによって袋地が生じた場合にも，袋地の譲受人は，213条2項によ
り分割前1筆であった土地の他の部分についてのみ無償の隣地通行権を有す

ると解されている（最判昭37・10・30民集16巻10号2182頁）。一部譲渡の場合であれ全部同時譲渡の場合であれ，分割譲渡によって生じた袋地のために隣地通行権が必要であることには変わりがないからである。学説も異論がない。

(c) 残余地の譲渡と無償隣地通行権の帰趨

【設例Ⅳ-2】　公道に接する1筆の土地を所有しているBが，下の図のように，これを甲乙2筆の土地に分筆して，公道に通じない甲地（袋地）をAに譲渡した。その後，Bが残余地乙もDに譲渡した場合，袋地甲の所有者Aは，Dに対しても隣地通行権を行使することができるか。

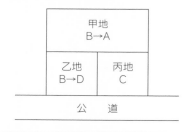

土地の一部譲渡によって袋地が生じた場合，袋地の所有者は213条2項により残余地を無償で通行することができるが，【設例Ⅳ-2】のように，その後残余地が譲渡されて所有者が変わった場合でも，袋地の所有者は従来のように残余地を通行することができるかという問題がある。

この問題について，判例は，213条の「囲繞地通行権は，残余地について特定承継が生じた場合にも消滅するものではなく，袋地所有者は，民法210条に基づき残余地以外の囲繞地を通行しうるものではない」と判示して，残余地の通行権のみを認めた（最判平2・11・20民集44巻8号1037頁［百選Ⅰ8版-71］，前掲最判平5・12・17）。その理由として，第1に，213条の隣地通行権は，袋地に付着した物権的権利で，残余地自体に課せられた物権的負担と解すべきものであること，第2に，残余地が第三者に譲渡されることによって隣地通行権が消滅すると解するのは，袋地所有者が自己の関知しない偶然の事情によって法的保護を奪われるという不合理な結果をもたらし，他方，残余地以外の囲繞地を通行しうると解するのは，その所有者に不測の不利益を

及ぼすことになることがあげられている＊。

＊私見　この問題について，判例を支持するものもあるが[6]，判例の見解では，隣地通行権は登記の途が開かれていないため，残余地の譲受人は隣地通行権の主張により思いがけない不利益を受けるおそれがある。そこで，隣地通行権の行使が通路開設などによって事実上公示されている場合には，残余地の譲受人に対しても213条の隣地通行権を行使することができるが，事実上の公示がない場合には213条の適用はなく，残余地を含む囲繞地のいずれかについて210条の有償の隣地通行権を行使できると解したい。

3.2.2　水に関する相隣関係

(1)　排水に関するもの

(ア)　**自然排水**　隣地から水が自然に流れて来る場合には，土地の所有者はこれを妨げてはならない（承水義務。214条）。自然に流れて来る水に限られるから，隣地に地盛工事がなされたために水が流れて来るようになった場合などは，自然排水ではないので承水義務はない。反対に，隣地の所有者に対し，妨害排除または妨害予防の請求として排水施設の設置などを請求することができる。

水流が天災その他避けることのできない事変により低地において閉塞（へいそく）したときは，高地の所有者は，自己の費用で水流の障害を除去するため必要な工事をすることができる（215条）。工事費用の負担について別段の慣習があるときは，その慣習に従う（217条）。

(イ)　**人工排水**　人工排水のために隣地を使用できないのが原則である。すなわち，土地の所有者は，直接に雨水を隣地に注ぐ構造の屋根その他の工作物を設けてはならない（218条）。屋根が隣地の上に出ることはもちろん許されないが，屋根が出ていなくても，雨水が屋根から直接隣地に注ぎ込むことは許されないわけである。

他の土地に貯水，排水または引水のために設けられた工作物の破壊または閉塞により，自己の土地に損害が及びまたは及ぶおそれがある場合には，その土地の所有者は，当該他の土地の所有者に，工作物の修繕もしくは障害の

6)　近江・226頁。

除去をさせ，または必要があるときは予防工事をさせることができる（216条）。妨害排除または妨害予防の請求である。工事費用の負担について別段の慣習があるときは，その慣習に従う（217条）。

　例外として，次の場合には人工排水が認められる。第1に，高地の所有者は，その高地が浸水した場合にこれを乾かすため，または自家用もしくは農工業用の余水を排出するため，公の水流または下水道にいたるまで低地に水を通過させることができる。この場合においては，低地のために損害が最も少ない場所および方法を選ばなければならない（220条）。第2に，土地の所有者は，その所有地の水を通過させるため，高地または低地の所有者が設けた工作物を使用することができる（221条1項）。この場合には，他人の工作物を使用する者は，その利益を受ける割合に応じて，工作物の設置および保存の費用を分担しなければならない（同条2項）。なお，宅地の所有者が他の土地を経由しなければ水道事業者の敷設した配水管から給水を受け，その下水を公の水流または下水道まで排出できない場合に，220条・221条の類推適用によって，他人の設置した給排水設備の使用を認めた判例がある（最判平14・10・15民集56巻8号1791頁）。

　(2)　**流水に関するもの**

　民法の適用を受ける流水は，水流地（河床）の所有権が私人に属している場合に限られる。民法の適用を受けない流水については河川法があるが，その適用を受けない流水も多い。判例は，適用されるべき法規のない流水については，慣習によって問題の解決を図っている（大判大5・12・2民録22輯2341頁など）。

　(ア)　**水流の変更**　　溝，堀その他の水流地の所有者は，対岸の土地が他人の所有に属するときは，その水路または幅員を変更してはならない（219条1項）。しかし，両岸の土地が水流地の所有者に属するときは，その所有者は，水路および幅員を変更することができる。ただし，水流が隣地と交わる地点において，自然の水路に戻さなければならない（同条2項）。これらの規定と異なる慣習があるときは，その慣習に従う（同条3項）。

　(イ)　**堰の設置・使用**　　水流地の所有者は，堰を設ける必要がある場合には，対岸の土地が他人の所有に属するときであっても，その堰を対岸に付着

させて設けることができる。ただし，これによって生じた損害に対して償金を支払わなければならない（222条1項）。対岸の土地の所有者は，水流地の一部がその所有に属するときは，その堰を使用することができる（同条2項）。ただし，この場合には，利益を受ける割合に応じて堰の設置および保存の費用を分担しなければならない（同条3項・221条2項）。

3.2.3　境界に関する相隣関係

(1)　界標設置権

　土地の所有者は，隣地の所有者と共同の費用で境界標を設けることができる（界標設置権。223条）。境界標とは境界を表示する物（例えば石や木の標柱など）をいう。界標設置権は土地所有者の権利として認められているので，土地所有者は，隣地の所有者に対し境界標の設置について協力を求めることができる。もし拒絶などをして協力しないときは，土地所有者は，みずから境界標を設けることはできないが，設置の協力を求めて訴えることができると解されている。境界標の設置は，境界が確定している場合になされるものであり，それによって境界が定まるのではない。境界について争いがあるときは，筆界の特定を求める手続（不登131条以下）または境界確定の訴えによって確定しなければならない。

　境界標の設置および保存の費用は，相隣者が等しい割合で負担する。ただし，測量の費用は，その土地の広狭に応じて分担する（224条）。

(2)　囲障設置権

　隣接する各土地に建物があり，その2棟の建物が所有者を異にし，かつその間に空地がある（相互に相手の建物を見通せる状態にある）ときは[7]，各所有者は，他の所有者と共同の費用で，その境界に囲障を設けることができる（囲障設置権。225条1項）。これは土地所有者間ではなく，建物所有者間の関係を定めたものである。囲障設置権も建物所有者の権利であるので，建物所有者は，囲障の設置について協力を求めることができる。

　囲障の種類および高さは，相隣者の協議によって決めることができるが，協議の整わないときは，板塀または竹垣その他これらに類する材料のもので

7）　安永・147頁。

あって，かつ高さ2メートルのものでなければならない（同条2項）。板塀または竹垣などに類する材料として，トタン，プラスチック，コンクリートブロックなどが考えられる[8]。囲障の設置および保存の費用は，相隣者が等しい割合で負担する（226条）。もっとも，相隣者の1人は，225条2項に規定する材料よりも良好なものを用い，または高さを増して囲障を設けることができる。ただし，これによって生じる費用の増加額を負担しなければならない（227条）。したがって，増加費用を負担すれば，相隣者の協議によらずにその1人が囲障の種類や高さを決定できることになる。

　囲障の設置等に関して異なる慣習があれば，それに従う（228条）。

(3)　境界線上の工作物の所有関係

　(ア)　**共有の推定**　　境界線上に設けた境界標・囲障・障壁・溝および堀は，相隣者の共有に属するものと推定する（229条）。この共有は，その目的から各共有者の分割請求が認められないので（257条），「互有」と呼ばれることがある。例外として，第1に，1棟の建物の一部を構成する境界線上の障壁については，その建物の一部として建物所有者に属する（230条1項）。第2に，高さの異なる2棟の隣接する建物を隔てる障壁の高さが低い建物の高さを超えるときは，その障壁のうち低い建物を超える部分についても，高い建物の所有者に属する。ただし，その障壁が防火障壁であれば，全体について共有の推定を受ける（同条2項）。防火障壁は，相隣者が共通の利害を持つからである。

　(イ)　**共有障壁の増築権**　　相隣者の1人は，共有の障壁の高さを増すことができる（共有障壁の増築権）。ただし，その障壁がその工事に堪えないときは，自己の費用で，必要な工作を加えまたはその障壁を改築しなければならない（231条1項）。障壁の高さを増したときは，その高さを増した部分は，その工事をした者の単独の所有に属する（同条2項）。この場合において，隣人が損害を受けたときは，その償金を請求することができる（232条）。

8）　川島＝川井編・新版注民358頁［野村好弘・小賀野晶一］。

3.2.4　境界を越える竹木に関する相隣関係

(1)　竹木の枝の切除

　隣地の竹木の枝が境界線を越えるときは，その竹木の所有者にその枝を切除させることができる（233条1項）。すなわち，相隣者は，竹木の所有者に対して枝の切除を請求することができるだけであり，みずからこれを切り取ることはできない。竹木の所有者がこの請求に応じないときは，その者の費用で第三者に切り取らせることを裁判所に請求することができる（民執171条1項）。なお，越境してきた枝の果実が隣地に落下した場合については，民法に規定はないが，竹木の所有者に属すると解されている（通説）。

(2)　竹木の根の切取り

　隣地の竹木の根が境界線を越えるときは，その根を切り取ることができる（233条2項）。すなわち，相隣者は，みずから竹木の根を切り取ることができる。切り取られた根の所有権は，切り取った相隣者に属すると解されている（通説）。

　枝と根とで取扱いを区別した理由として，根と比べて枝の方が高価な場合が多いということのほかに，枝であれば竹木所有者が隣地に立ち入らないで切除できるが，根は立ち入らなければ切り取ることができないことがあげられている[9]。

3.2.5　境界線付近の建築制限

(1)　境界線から距離を保つべき義務

　(ア)　建　物　(a)　建物の築造　　建物を築造するには，境界線から50センチメートル以上の距離を保たなければならない（234条1項）。この距離を保つべき義務は，建物の築造・修繕の便宜，通風・日照・採光の阻害の予防および木造建物の朽廃の防止などを目的としている。ただし，異なる慣習があるときは，その慣習に従う（236条）。判例で異なる慣習が認められた場所として，旧東京市の京橋区新富町（東京地判大13・10・14新聞2329号19頁）や旧大阪市郊外の猪飼野（大判昭11・8・10新聞4033号12頁）などがある。反対に，異なる慣習が否定された場所として，東京都品川区東戸越町（東京地判

9）　川島＝川井編・新版注民365頁［野村・小賀野］。

昭 36・11・30 下民集 12 巻 11 号 2895 頁）や北海道の旭川市三条・四条七丁目仲
通りの飲食料理店街（旭川地判昭 39・9・16 下民集 15 巻 9 号 2200 頁）などがある。

(b) **建築基準法 63 条との関係**　建築基準法 63 条は，防火地域または
準防火地域内にある建築物で，外壁が耐火構造のものについては，その外壁
を隣地境界線に接して設けることができると定めており，234 条 1 項との関
係が問題となる。これについては，建築基準法 63 条が 234 条 1 項の特則で
あるかどうかが争われていた。判例は，「建築基準法 65 条（現 63 条）は，
……所定の建築物に限り，その建築については民法 234 条 1 項の規定の適用
が排除される旨を定めたものと解する」として，建築基準法 63 条が 234 条
1 項の特則であるという立場をとった（最判平元・9・19 民集 43 巻 8 号 955 頁 [百
選 I 6 版-71]）。その理由として，「建築基準法 65 条（現 63 条）は，耐火構造の
外壁を設けることが防火上望ましいという見地や，防火地域又は準防火地域
における土地の合理的ないし効率的な利用を図るという見地に基づき，……
右各地域内にある建物で外壁が耐火構造のものについては，その外壁を隣地
境界線に接して設けることができることを規定したもの」であることがあげ
られている。

(c) **拒離を保たない建築**　50 センチメートル以上の距離を保たないで
建築しようとする者があるときは，隣地の所有者は，その建築を中止させま
たは変更させることができる。ただし，建築に着手した時から 1 年を経過し
またはその建築が完成した後は，損害賠償の請求のみをすることができる
（234 条 2 項）。この場合には，建築の中止や変更，または完成した建物の変更
は，建築者にとっても社会経済的にも不利益であるからである。建築着手時
から 1 年以内または建物完成までの期間内に，建築の中止または変更を求め
る訴えが裁判所になされれば，その後に建物が完成しても建築者は建物を変
更しなければならない（大判昭 6・11・27 民集 10 巻 1113 頁）。なお，境界線を越
えて建物が建築された場合については規定されていないが，234 条 2 項を類
推適用すべきとする見解が有力である。

(イ) **建物以外の工作物**　井戸，用水だめ，下水だめまたは肥料だめを掘
るには境界線から 2 メートル以上，池，穴蔵またはし尿だめを掘るには境界
線から 1 メートル以上の距離を保たなければならない（237 条 1 項）。導水管

を埋めまたは溝もしくは堀を掘るには，境界線からその深さの2分の1以上の距離を保たなければならない。ただし，1メートルを超えることを要しない（同条2項）。境界線の付近においてこれらの工事をするときは，土砂の崩壊または水もしくは汚液の漏出を防ぐため必要な注意をしなければならない（238条）。

(2)　観望の制限

境界線から1メートル未満の距離において他人の宅地を見通すことのできる窓または縁側（ベランダを含む）を設ける者は，目隠しを付けなければならない（235条1項）。この距離は，窓または縁側の最も隣地に近い点から垂直線によって境界線に至るまでを測定して算出する（同条2項）。これと異なる慣習があるときは，その慣習に従う（236条）。

第4節　所有権の取得

4.1　序　説

民法は，239条から248条までの規定において，所有権の取得原因として無主物先占，遺失物拾得，埋蔵物発見および添付（付合・混和・加工）について定めている。これらの原因による所有権取得は，所有者のいない物について所有権を取得したり，あるいは前主の所有権とは無関係に新たに所有権を取得したりする場合であるので，原始取得である。

現実の社会では，誰の所有にも属さない物や所有権が誰に属するのか判断しがたい物などが存在する。このような物について，誰がどのような要件の下で所有権を取得するか確定する必要がある。そこで，民法は，無主物先占，遺失物拾得および埋蔵物発見という特殊な所有権の取得原因を定めている。また，所有者の異なる2個以上の物が人為的または自然の原因により結合して1個の物が成立したり，あるいは1個または2個以上の物に他人の労力が加えられて1個の物が新たに生じたりすることがある。このような場合に，一物一権主義の原則からその1個の物に1個の所有権を成立させること

が必要となる。そのため，民法は，添付という特殊な所有権の取得原因を定
めている。

　しかし，われわれが所有権を取得する主な原因は，売買や贈与を始めとす
る契約や相続などである。これらの原因による所有権取得は，前主の所有権
をそのまま承継するものであるから，承継取得と呼ばれる。また，農林水産
業のような第1次産業や製造業においては，無主物先占，付合，加工などに
よる所有権取得の問題が生じるが，これらの場合には，その産業に従事する
労働者と雇主との関係によって所有権の帰属が決まり，239条以下の規定が
問題となることはほとんどない。したがって，239条以下の所有権の取得原
因は，実際の社会ではそれほど大きな意味を持つものではない。ただ，賃借
建物の増改築に伴う増改築部分の所有権の帰属や樹木・農作物の苗などの土
地への植栽に伴うその所有権の帰属については，不動産の付合の問題として
議論のあるところである。

4.2　無主物先占・遺失物拾得・埋蔵物発見

4.2.1　無主物先占

(1)　意　義

　所有者のない動産は，所有の意思をもって占有することによって，その所
有権を取得する（239条1項）。この所有者のない動産（無主の動産）を所有の
意思で占有することを**無主物先占**という。

(2)　所有権取得の要件

　無主物先占による所有権取得の要件は，次のとおりである。

(ア)　無主物であること　　**無主物**とは，現在誰の所有にも属していない物
をいい，これまで誰の所有でもなかった物（野生の動物，海や川の魚貝類など）
とかつては誰かの所有であったが現在では誰の所有でもない物（所有者の遺棄
した物など）が含まれる。地中から発見された物でも，かつて誰かに所有さ
れ，現在その相続人の所有に属すると認められる物は埋蔵物であり，無主物
ではない。判例では，ゴルフ場内の人工池に誤って打ち込まれて放置された
ロストボールはゴルフ場の所有物であり，無主物ではないとしたものがある

（最決昭 62・4・10 刑集 41 巻 3 号 221 頁）。

　(イ)　**動産であること**　　所有者のない不動産は，国庫（財産権の主体としての国家）に帰属するので（239 条 2 項），無主物先占による所有権の取得は動産に限られる。

　(ウ)　**所有の意思をもって占有すること**　　所有の意思（→第 6 章 1.3.2 (1)参照）は，所有者と同様に物を排他的に支配しようとする意思をいい，所有権を取得しようとする意思は必要でない。したがって，先占は法律行為ではなく事実行為であり，所有の意思が存在する限り，制限行為能力者による先占も可能である。また，その物が無主物であること知らなくても，先占は成立する。

　占有が取得されたかどうかは，物がその人の事実上の支配に服したかどうかによって判断される。例えば，野生の狸を岩穴に追い込み入口を石で閉じた場合には，手で捕獲しなくても事実上狸を支配したことになり，無主物先占が認められるとしたものがある（大判大 14・6・9 刑集 4 巻 378 頁）。なお，占有の取得は占有代理人または占有機関（→第 6 章 1.2.2 (1)(イ)参照）によるものでもよいので，漁夫を雇って漁業を行う場合は，漁夫は占有代理人または占有機関とみられ，雇主が先占によって所有権を取得する。

4.2.2　遺失物拾得

(1)　意　義

　遺失物は，遺失物法の定めるところに従い公告をした後 3 ヶ月以内にその所有者（遺失者）が判明しないときは，これを拾得した者がその所有権を取得する（240 条）。

(2)　所有権取得の要件

　遺失物拾得による所有権取得の要件は，次のとおりである。

　(ア)　**遺失物または準遺失物であること**　　**遺失物**とは，占有者の意思に基づかないでその所持を離れた物であって，盗品でない物をいう。遺失物法は，誤って占有した他人の物（集会などで間違えて持ち帰り，誰の物か分からない傘など），他人の置き去った物（集会などでの忘れ物など）および逸走した家畜を準遺失物として，遺失物と同様に扱っている（遺失 2 条 1 項・3 条）。漂流物お

よび沈没品は性質上遺失物であるが，これらの拾得については水難救護法の
適用を受ける（水難24条以下）。

　(イ)　**拾得すること**　　拾得とは，遺失物の占有を取得することである。他
人の置き去った物以外については，単なる発見は拾得に当たらない（遺失2
条2項）。先占と異なり，所有の意思を必要としない。また，拾得者が遺失物
であることを知っているかどうかは問わない。拾得は事実行為であるから，
制限行為能力者もできる。

　(ウ)　**公告後3ヶ月以内に所有者（遺失者）が判明しないこと**　　拾得者は，
原則として，速やかに拾得物を遺失者（物を占有していた者，所有者その他物の回
復請求権を有する者〔遺失2条4項〕）に返還し，または警察署長に提出しなけれ
ばならない（遺失4条）。遺失物の提出を受けた警察署長は，遺失者が分かれ
ばその者に返還し（遺失6条），その者の氏名または所在が分からないとき
は，公告をしなければならない（遺失7条）。そして，拾得者が遺失物の所有
権を取得するためには，この公告後3ヶ月以内に遺失者が判明しないことが
必要である（240条）。なお，拾得者が所有権を取得した日から2か月以内に
その物を引き取らないときは，所有権を失う（遺失36条）。

　(3)　**報労金の支払い**

　誤って占有した他人の物を除き，遺失物の返還を受ける遺失者は，拾得者
に対して遺失物の価格の5％〜20％の範囲で報労金を支払わなければならな
い（遺失28条1項）。なお，この報労金は，遺失物が遺失者に返還された後1
ヶ月を経過するときは，請求することができない（遺失29条）。

4.2.3　埋蔵物発見

　(1)　**意　義**

　埋蔵物は，遺失物法の定めるところに従い広告をした後6ヶ月以内にその
所有者が判明しないときは，これを発見した者がその所有権を取得する
（241条本文）。

　(2)　**所有権取得の要件**

　埋蔵物発見による所有権取得の要件は，次のとおりである。

　(ア)　**埋蔵物であること**　　**埋蔵物**とは，土地その他の物（包蔵物）の中に

埋まっていて，外部から容易に目撃することができない状態におかれ，現在
誰の所有物であるか容易に識別することができない物をいう（最判昭 37・6・1
訟務月報 8 巻 6 号 1005 頁）。埋蔵の原因が人為的なものか自然的なものかは問
わない。埋蔵物は現在の所有者が判明しない物であるから，所有者のない無
主物と区別される。そして，埋蔵物は動産である。埋蔵物が埋まっていた包
蔵物は，土地であることが多いが，建物でも動産（例えば古道具屋から購入した
屏風の中に紙幣が含まれていた場合）でもよい。

　(イ)　**発見したこと**　　発見とは，埋蔵物の存在を認識することをいい，無
主物先占や遺失物拾得と異なり，占有の取得を必要としない。この発見も事
実行為である。発見は，偶然であっても計画的であってもよい。土木工事現
場で工事請負会社に雇われている労務者が偶然に埋蔵物を発見したときは，
その労務者が発見者になる。これに対し，埋蔵物発見のための作業中であれ
ば，そのような作業を依頼した者が発見者になる。

　(ウ)　**公告後 6 ヶ月以内に所有者が判明しないこと**　　埋蔵物発見につい
ても遺失物法が適用され（遺失 1 条，2 条 1 項・2 項），発見者は埋蔵物を警察署
長に提出し，警察署長による公告後 6 ヶ月以内に所有者が判明しないことが
必要である。所有者が判明した場合の所有者から発見者への報労金の支払い
については，遺失物拾得の場合と同じである。

　(3)　**所有権の取得**

　公告後 6 か月以内に所有者が判明しない場合，発見者が埋蔵物の所有権を
取得する（241 条本文）。ただし，他人の所有する物の中から埋蔵物を発見し
たときは，発見者とその他人が等しい割合でその所有権を取得する（同条た
だし書）。

　(4)　**埋蔵文化財**

　埋蔵文化財については，その所有者が判明しないときは，所有権は国庫ま
たは都道府県に帰属する（文化財 104 条 1 項前段・105 条 1 項前段）。所有権が国
庫に帰属する場合，文化庁長官は発見された土地の所有者にその旨を通知
し，かつその価格の 2 分の 1 に相当する額の報償金を支給する（文化財 104 条
1 項後段）。所有権が都道府県に帰属する場合，都道府県教育委員会は発見者
および発見された土地の所有者にその旨を通知し，かつその価格に相当する

額の報償金を支給する（文化財 105 条 1 項後段）。発見者と土地の所有者が異なるときは，報償金は折半して双方に支給される（同条 2 項）。

4.3　添　付

4.3.1　添付の意義と効果

(1)　添付の意義

　所有者の異なる複数の物が結びついて 1 つの物となる場合や，物に他人の工作が加えられて新たな物が作り出される場合がある。民法は，これらの場合を総称して**添付**と呼び，所有権取得の原因としている。そして，添付には**付合，混和，加工**の 3 種類がある。①付合は，所有者の異なる数個の物が結合して 1 つの物と認められることをいい，この付合によって形成された物を**合成物**という。②混和は，所有者の異なる物が混ざり合って識別することができなくなることをいい，この混和によって形成された物を**混和物**という。③加工は，物に他人の工作が加えられて新たな物が作り出されることをいい，この加工によって作り出された物を**加工物**という。

(2)　添付の効果

　添付の効果として，次のようなことを挙げることができる。

　(ア)　**合成物などの一物化と単一の所有権の成立**　　添付によって生じた合成物，混和物，加工物（以下では「合成物など」という）を 1 個の物と扱い，合成物などを付合，混和および加工が生じる前の状態へ戻すこと（合成物などの分離・復旧）は認められない。そして，一物一権主義により 1 つの所有権が合成物などに成立する。以上の点については強行規定と解されている。

　(イ)　**所有権の帰属**　　添付によって生じた合成物などに 1 つの所有権が成立するが，この所有権が誰に帰属するか問題となる。そして，所有権の帰属に関する添付の規定は任意規定であり，当事者の合意によって変更することができると解されている。

　(ウ)　**所有権喪失の補償**　　添付によって所有権を失った者は，所有権喪失の補償を受ける。すなわち，添付によって生じた合成物などについて 1 つの所有権が成立するので，一方では所有権の取得という利得が，他方では所有

権の喪失という損失が生じる。そこで，添付により所有権を失った者は，所有権を取得した者に対して，不当利得の規定（703条・704条）に従い，償金を請求することができる（248条）。この利得と損失は242条以下の規定によるものであり，703条の「法律上の原因なく」とはいえない。しかし，一方では所有権を取得し，他方では所有権を失うという関係は，不当利得の関係と同じとみることができるので，不当利得の規定に従うとしたものである。この規定も任意規定と解されている。

　(エ)　**第三者の権利の保護**　　添付によって物の所有権が消滅したときは，その物の上に存在した第三者の権利（留置権・先取特権・質権など）も消滅する（247条1項）。しかし，添付によって消滅した物の所有者が合成物などの単独所有者となったときは，第三者の権利は合成物などの上に存続し，物の所有者が合成物などの共有者となったときは，第三者の権利は共有持分権（→第5節 5.2.2(1)参照）の上に存続する（247条2項）。これに対し，添付によって消滅した物の所有者が合成物などの単独所有者にも共有者にもならなかった場合は，第三者の権利が先取特権または質権であるときは，その権利者は，物上代位の規定（304条・350条）によって物の所有者が受ける償金（248条）に対してその権利を行使することができる。この第三者の権利に関する規定は，強行規定とされている。

4.3.2　付　合

　付合には不動産の付合（不動産と動産が結合する場合）と動産の付合（動産どうしが結合する場合）がある。以下では，まず不動産の付合を説明した後に，動産の付合について述べる。

(1)　不動産の付合

　(ア)　**意　義**　　不動産の所有者は，その不動産に従として付合した物の所有権を取得する（242条本文）。すなわち，**不動産の付合**とは，不動産にその所有者以外の者が所有する物が結合し，その物が不動産の一部になったとされる場合をいう。その結果，結合した物の所有権が消滅する。例えば，A所有の建物に賃借人Bが子供部屋を増築した場合やC所有の土地にDが樹木の苗を植えた場合に，原則としてその子供部屋や苗木は，建物や土地に吸

収されて一体化し，建物や土地の一部になったとされる場合をいう。

　(イ)　**付合の要件**　(a)　**不動産に付合する物**　不動産に付合する物は通常動産であるが（不動産に動産が結合する場合），不動産に不動産が付合する場合（住居の離れ家などの附属建物を母屋と合体させた場合など）を認める見解もある。

　(b)　**付合成否の基準**　どの程度物が不動産に結合すれば不動産の付合が生じるかという付合成否の基準については，いくつかの見解に分かれている。まず，動産の付合の場合（243条→(2)参照）と同様に，不動産または結合した物を損傷しなければ分離できない程度にまで結合した場合，あるいは分離するのに過分の費用がかかる場合に付合が生じると解する見解がある。しかし，不動産の付合の規定と動産の付合の規定には違いがあるにもかかわらず，両者を同一視する点で，この見解には疑問がある。そこで，不動産の付合とは，243条が定める場合に限られずもっと一般的に，物が不動産に結合して独立性を失い，社会経済上不動産そのものとみられ，その分離・復旧が社会経済上不利益になる場合をいうと解するのが通説ある[10]。

＊付合は結合した物が独立性を失う場合をいうので，結合しても独立性を失わない従物（87条）については，付合は問題にならない。

　(ウ)　**付合の効果**　(a)　**原　則**　不動産の所有者は，不動産に付合した物（付合物）の所有権を取得する（242条本文）。この規定の意味は，付合物は不動産に吸収されて一体となり（物としての独立性を失う），付合によって形成された合成物は，不動産の所有者に帰属するということである。付合物が独立の物として不動産の所有者に帰属するということではない。付合物の所有者であった者は，不動産の所有者に付合物の分離・返還を請求することができないし，不動産の所有者も，付合物の所有者であった者にその除去を請求することができない。合成物が不動産の所有者に帰属する旨の規定は，前述したように任意規定であるので，これと異なる当事者の合意は可能である。

　(b)　**付合が生じない場合**　物の附属（結合）が権原によってなされたときは，付合は生じない（242条ただし書）。例えば，地上権や賃借権に基づいて他人の土地に樹木やその苗を植え付けた場合には，その者が樹木や苗の所有

10)　我妻＝有泉・306頁以下。

権を有する。ここでいう権原とは，他人の不動産に自己の所有物を附属させて不動産を利用する権利をいい，地上権，永小作権，農地賃借権などがこれに当たる。これに対し，建物賃借権は，借り受けた他人の建物を増改築する権能を含まないので，ここにいう権原に当たらないと解する有力な見解がある。

　さらに，付合が生じないためには，不動産に附属した物がある程度の独立性を持っていること（弱い付合）が必要である。附属物が不動産に吸収されて独立性を持たない場合（強い付合）には，物の附属が権原に基づいてなされても付合が生じる。というのは，附属物に所有権が認められるためには，物としての独立性が必要であり，不動産に吸収されて独立性を持たない物には所有権が成立しないからである。

　242条ただし書の「他人の権利を妨げない」というのは，権原によって附属させた者がその物の所有権を保有することを意味する。権原によって附属させた者が附属物の所有権を第三者に対抗するためには対抗要件が必要か否か問題となるが，これについては後述する（→⒞参照）。

　不動産の付合については，古くは他人所有の土地に植えられたり蒔かれたりした樹木や農作物の苗や種子などの土地への付合が議論されていた。しかし，その後は建物賃借人による増改築部分の建物への付合が議論されるようになった。そこで，以下では，この2つの問題について述べる。

㈑　増改築部分の賃借建物への付合

> **【設例Ⅳ-3】**　AはBから戸建ての平屋1軒を賃借していたが，子供達が大きくなり手狭になったので，賃貸人Bの承諾を得て2階部分を増改築した。この場合，2階の増改築部分は242条本文により賃借建物に付合するか，それとも同条ただし書によりAの所有になるか。

　⒜　**判　例**　　【設例Ⅳ-3】のように，賃借人が賃貸人の承諾を得て賃借建物の2階部分を増改築した場合に，増改築部分の賃借建物への付合が生じるかどうかが問題となる。これについて，判例の見解は次のようである。まず，建物賃借権は242条ただし書にいう権原に当たると解している。そして，増改築部分が構造上の独立性と用途（利用）上の独立性（建物区分1条

→ **6.2.1**(2)参照）を有する場合（弱い付合）と有しない場合（強い付合）に区別し
て，前者の場合には 242 条ただし書により増改築部分は賃借建物に付合せ
ず，増改築部分について賃借人の区分所有権（区分所有 1 条・2 条 1 項）の成立
を認める（最判昭 38・10・29 民集 17 巻 9 号 1236 頁）。これに対し，後者の場合に
は，242 条ただし書は適用されず，同条本文により増改築部分は賃借建物に
付合するとしている（最判昭 38・5・31 民集 17 巻 4 号 588 頁，最判昭 43・6・13 民集
22 巻 6 号 1183 頁，最判昭 44・7・25 民集 23 巻 8 号 1627 頁［百選 I 8 版-73］—この最
判は，増改築部分について独立の出入り口がなければ取引上の独立性がなく賃借建物への
付合が生じるとする）。

(b) 学 説　　学説では，判例の見解を支持するのが伝統的な見解であ
るが，近時の有力な説は，建物賃借権は単に建物を利用することを内容として
おり，それ自体増改築の権能を含まないので，242 条ただし書にいう権原に
は当たらないとして，賃借人による建物の増改築については 242 条ただし書
は適用されないとする[11]。したがって，242 条本文により増改築部分は賃借
建物に付合するが，増改築部分に構造上と利用上の独立性が認められるとき
には，建物区分所有法によって賃借人の区分所有権が成立すると解する
（→ **6.2.1**(2)参照）。なお，学説の中には賃貸人による増改築の承諾が 242 条た
だし書の権原に当たると解する見解もあるが[12]，賃貸人の増改築の承諾は，
増改築部分の所有権が賃借人に帰属することまで承諾するものではないか
ら，242 条ただし書の権原には該当しないと解すべきである。

＊私見　　増改築部分について建物賃借人の区分所有権を認めた場合，その部
分の存立のために賃借人の敷地利用権原が必要になる。建物賃借人は賃借建
物利用のために敷地利用権原を有しているので，賃貸借契約が存在する限り
は増改築部分の利用のための敷地利用権原もあると解することができる。し
かし，賃貸借契約の終了などによって建物賃借権が消滅したときには，賃借
人の敷地利用権原は失しなわれ，増改築部分の存立のための敷地利用権原も
消滅するので，賃借人は，敷地所有者と改めて借地契約をむすばないと，区
分所有権を持っていても増改築部分を収去しなければならなくなる。このよ
うな賃借人の不利益を避けるためには，賃借人による増改築については常に

---

11)　我妻＝有泉・308 頁，佐久間・181 頁など。
12)　近江・237 頁。

242 条本文のみが適用され，増改築部分は賃借建物に付合するが，賃借人は増
改築費用を 248 条による償金または 608 条 2 項による有益費として賃貸人に
請求することができると解すべきではなかろうか[13]。

㈠　樹木や農作物の付合

> **【設例 Ⅳ-4】**　Ａは，Ｂ所有の隣地が長い間空き地のまま放置されていたの
> で，その土地で家庭菜園を行おうと考えてナス，キュウリ，トマトなどの野
> 菜の苗を植えて育てていた。そして，Ａの努力の甲斐があって野菜は立派に
> 育ったが，それらの野菜はＡとＢのいずれの所有物になるのか。ＡがＢに無
> 断で土地を使用していた場合とＢから借り受けて賃料を払って土地を使用し
> ていた場合とで違いがあるか。

(a)　権原のある場合　　地上権，永小作権，農地賃借権などの権原に基づ
いて他人の土地に樹木や農作物の苗や種子などが植えられたり蒔かれたりし
た場合，土地への付合は生じない（242 条ただし書）。しかし，前述したよう
に，242 条ただし書により付合が生じないとするためには，不動産に附属さ
れた物が独立性を有していなければならない（弱い付合）。したがって，植え
られた苗や蒔かれた種子などは，当初は独立性を有しないから（強い付合），
242 条ただし書の適用はなく土地所有者に帰属するが，樹木や農作物として
成長し独立性を有するようになった時に，242 条ただし書により権原に基づ
いて附属させた者が所有権を取得する（通説）。この場合，理論的には附属さ
せた者は苗や種子などについて当初潜在的な所有権を有し，この所有権が苗
や種子などの成長によって顕在化すると解すべきであろう。

(b)　権原のない場合　　無権原で他人の土地に苗や種子などを植えたり蒔
いたりした場合には，付合が生じると解されている（判例・通説）。例えば，
無権原者が他人の土地に蒔いた小麦の種子（大判大 10・6・1 民録 27 輯 1032 頁），
無断転借人の植えた稲の苗（大判昭 6・10・30 民集 10 巻 982 頁），土地の交換契
約を解除された者の蒔いたまくわうりの種が二葉三葉程度に生育していた場
合（最判昭 31・6・19 民集 10 巻 6 号 678 頁［百選Ⅰ初版-76］）などについて，判例
は土地への付合を肯定している。

---

13)　248 条と 608 条 2 項の関係については，佐久間・183 頁以下参照。

　(カ)　**公示手段の要否**　　242条ただし書により権原で附属させた者が附属物の所有権を保有する場合，第三者との関係でただし書の権原または附属物の所有権について公示手段による対抗が必要かどうかが問題となる。例えば，林業を営んでいるAが地上権（265条→**第5章第1節**参照）に基づきBの所有地に樹木を植えていたが，このBの土地をCが買い受けた場合，AがCに樹木の所有権を対抗するにはただし書の権原に当たる地上権または附属物である樹木の所有権について公示手段を備えなければならないかという問題である。242条ただし書によって樹木の所有権はAにあり，土地所有者Bにはないので，Bから土地を買い受けたCには樹木の所有権は移転しないと考えるならば，Aは公示手段がなくても樹木の所有権をCに対抗できるということになる。しかし，客観的には不動産の一部となっている附属物について，その所有権が附属させた者にあることを第三者が知ることは容易ではないので，附属物の所有権の帰属を第三者に認識させるために何らかの公示手段が必要とされている[14]。

　この問題につき，判例は，田畑の未登記譲受人が耕作して得た立稲や束稲の所有権を対抗するには公示手段を不要とするが（大判昭17・2・24民集21巻151頁），山林の未登記譲受人が植栽した立木の所有権を対抗するには明認方法などの公示手段を必要とするとしている（最判昭35・3・1民集14巻3号307頁［百選Ⅰ5版補-61]）。

　(2)　**動産の付合**

　動産の付合とは，所有者を異にする数個の動産が結合して1つの物（合成物）となる場合をいう。結合した物の分離による社会経済的不利益を防ぐための制度である。動産の付合は，結合した動産を損傷しなければ分離できなくなるか，分離するのに可分の費用を要するときに成立する。そして，付合した動産の間に主従の区別ができる場合には，その合成物は主たる動産の所有者に帰属する（243条）。例えば，A所有の漁船にB所有のエンジンが取り付けられた場合，エンジンはAの漁船に付合し，Bはその所有権を失う。なお，主たる動産の所有者が合成物の所有権を取得するという規定は任意規定である。

---

14)　佐久間・182頁。

これに対し，付合した動産の間に主従の区別ができない場合には，各動産の所有者は，その付合の時における価格の割合に応じてその合成物を共有する（244条）。主従の区別は，価格の大小および取引通念に従って判断される。合成物が共有されるという規定も任意規定である。

＊建物の合体[15]　隣接し合ったＡ所有の甲建物とＢ所有の乙建物を仕切っていた隔壁が除去されて1棟の丙建物になった場合，2つの不動産の付合の問題と考えることもできる。しかし，所有者を異にする建物については主従の区別ができないので，この場合の建物の合体には244条が類推適用され，合体当時の甲建物と乙建物の価格の割合に応じて，ＡとＢが丙建物を共有すると解されている。この場合において，ＡがＤのために甲建物に抵当権を設定していたときは，Ｄの抵当権は，合体により甲建物が消滅したために消滅するのではなく，247条2項の類推適用によって丙建物に対するＡの共有持分権の上に存続する（→松井・担保**第2章2.2.6**参照）。

4.3.3　混　和

混和とは，所有者を異にする物が混ざり合って識別することができなくなることをいう。混和には，穀物や金銭などの固体の混合と酒や油などの液体の融和の2種類がある。混和は動産の付合の一種と考えられるので，動産の付合に関する243条と244条が準用される（245条）。したがって，混和は，所有者を異にする物が混ざり合い原物を識別して分離することができなくなるか，分離のために可分の費用を要する場合に成立する（243条の準用）。そして，混ざり合った物の間に主従の区別ができるときは，混和物は主たる物の所有者に帰属し（243条の準用），主従の区別ができないときは，各物の所有者は混和の当時の価格の割合で混和物を共有する（244条の準用）。なお，混和物の帰属に関する規定は任意規定である。

4.3.4　加　工

（1）　意　義

加工とは，他人の動産に工作を加えて新たな物（加工物）を作り出すことをいう。新たな物が作り出されなくても，他人の動産に大修繕を加えた場合

15）　佐久間・186頁，安永・154頁以下。

にも，加工が成立するという説もあるが，一般的には工作によって新たな物が作り出されることが必要であると解されている。判例で加工と認められた場合として，賄賂として受け取った反物を着物の表とした場合がある（大判大 6・6・28 刑録 23 輯 737 頁）。これに対し，他人の動産に自己の材料を供して大修繕を加えた場合（大判大 8・11・26 民録 25 輯 2114 頁），盗伐した木材を製材して搬出した場合（大判大 13・1・30 刑集 3 巻 38 頁），盗んだ自転車の車輪とサドルを取りはずして他の自転車に取り付けた場合（最判昭 24・10・20 刑集 3 巻 10 号 1660 頁）などについては，いずれも新たな物が作り出されたとはいえないから加工は成立しないとされた。

(2)　効　果

原則として，加工物の所有権は工作を加えられた材料の所有者に帰属する（246 条 1 項本文）。例外として，次の場合には，加工者が加工物の所有権を取得する。1 つは，工作によって生じた価格が材料の価格を著しく超える場合である（246 条 1 項ただし書）。例えば，有名な画家が他人のキャンバスに絵を描いた場合である。2 つは，加工者が材料の一部を供した場合において，その材料の価格（a）に工作によって生じた価格（b）を加えたものが他人の材料の価格（c）を越えるとき（a + b > c）である（246 条 2 項）。例えば，有名な家具職人が他人の木に自分の木を加えて立派なタンスを作った場合である。

加工による所有権の帰属に関する規定は任意規定であるので，当事者間の合意によってそれと異なる定めをすることができる。そして，加工者が材料の提供者の依頼によって加工する場合には，加工物は材料提供者の所有とする旨の合意があると通常解される（大判大 6・6・13 刑録 23 輯 637 頁─他人の依頼に応じて預かった小麦を製粉することを営業としている場合，作り出された小麦粉は，価格の如何を問わず材料である小麦の所有者たる依頼者に帰属するとした事案）。

＊建物の建築と加工法理

> **【設例 IV-5】**　A は自己の所有地について B に建物の建築を請け負わせ，B はそれを C に下請けさせた。C は自己の材料でもって建築工事を行ったが，B が請負代金を C に払わなかったために，工事を 3 分の 1 進めたところで中止して，建築中の建物がまだ独立の不動産にならない状態のまま放置し

た（この独立の不動産になる前の建築途中の建物を「建前」という）。そこで，A
はBとの間で請負契約を合意解除し，新たにDに工事を請け負わせた。そ
こでは工事進行に伴って建物の所有権はAに帰属するとの特約がなされて
いた。そして，Dは自己の材料でもって建物を完成させ，建物をAに引き
渡した。ところが，請負代金の支払いを受けていないCは，完成した建物
の所有権が自己にあることを理由に，Aに対して明渡しを請求してきた。
このようなCの請求は認められるか。

　【設例Ⅳ-5】のCの請求が認められるためには，Cが途中まで建築しその後
Dが完成させた建物の所有権がCに帰属しなければならない。この完成した
建物の所有権の帰属について，最高裁は，「建物の建築工事請負人が建築途上
において未だ独立の不動産に至らない建前を築造したままの状態で放置して
いたのに，第三者がこれに材料を供して工事を施し，独立の不動産である建
物に仕上げた場合においての右建物の所有権が何びとに帰属するかは，民法
243条の規定によるのではなく，……同法246条2項の規定に基づいて決定す
べきものと解する」と判示した。その理由として，「このような場合には，動
産に動産を単純に附合させるだけでそこに施される工作の価値を無視しても
よい場合とは異なり，右建物の建築のように，材料に対して施される工作が
特段の価値を有し，仕上げられた建物の価格が原材料のそれよりも相当程度
増加するような場合には，民法の加工の規定に基づいて所有権の帰属を決定
するのが相当である」ということがあげられている（最判昭54・1・25民集33
巻1号26頁［百選Ⅰ8版-72］）。
　したがって，【設例Ⅳ-5】では，建物の完成までに加工者Dが提供した材料
の価格と工作によって生じた価格を加えたものがCの建築した建前の価格を
超えているので，完成した建物はDの所有になり，そしてAD間の特約によ
ってAの所有になるので，Cの請求は認められないことになる。
　なお，この昭和54年判決では明示されていないが，第1に，建前は不動産
でないことから動産であるが（86条2項），建前は土地に付合しないこと，第
2に，完成された建物の所有権は原則として材料を提供した請負人に原始的に
帰属すると解されていることから，建前も原則として材料を提供した請負人
（【設例Ⅳ-5】ではC）に帰属することを前提としている（完成建物の所有権の帰属
の問題については→契約法の教科書・参考書参照）。

第5節 共 有

　近代民法が定める所有権制度は，1個の物に対する所有権は1人の者が持つという単独所有を原則としている。しかし，複数の者が1個の物を共同で所有し合う共同所有も認められており，その主要なものが，所有者（共有者）間の団体性が最も希薄な「共有」と呼ばれる共同所有である。**第5節**では，この共有を取り上げて，その法的性質，共有物をめぐる共有者間の関係や共有者と第三者との関係および共有の消滅原因である共有物の分割などについて説明する。

5.1 共同所有の諸形態

　共同所有とは，複数の者が1個の物を共同で所有し合う関係をいい，これには**共有**，**合有**，**総有**の3つの形態がある。

5.1.1 共 有

> 【設例Ⅳ-6】　毎年夏の休暇を過ごすために，ABC3名の友人がお金を出しあって別荘を1軒購入した。この場合におけるABCの別荘に対する所有関係はどうなるか。

　【設例Ⅳ-6】における別荘に対するABCの所有関係が共有と呼ばれるものである。すなわち，各共有者ABCは，それぞれ目的物である1軒の別荘に対して直接的な支配権としての持分（権）を有している。しかし，共有者間には一定の事業を行うなどの共同の目的がないことから，各共有者は，自己の持分を他人に自由に譲渡するなどの処分をすることができるだけでなく，いつでもこの持分に基づいて目的物の分割を請求することもできる。そして，各共有者は，この分割請求によって共有関係を単独所有の関係に変えることができる。

　要するに，共有は，共有者間に共同の目的のための団体的な結合関係のな

い共同所有である。単に目的物が 1 つであるために共同所有の関係が生じて
いるにすぎず，団体性が希薄で単独所有への移行を強く志向する共同所有と
いうことができる。そして，249 条以下で規定されている共有がこの共同所
有に当たる。

5.1.2 合 有

> 【設例Ⅳ-7】 貸別荘の事業を営むために，DEF3 名が出資をして民法上の組
> 合契約を結び，1 軒の別荘を購入した。この場合における DEF の別荘に対す
> る所有関係はどうなるか。

【設例Ⅳ-7】における別荘に対する DEF の所有関係が合有と呼ばれるもの
である。すなわち，合有とは，複数の者が共同の目的のために団体的な結合
関係を形成し，共同で物を所有する形態をいう。合有においては，各共同所
有者には目的物に対する持分 (権) が認められるが，共同の目的による団体
的な拘束のために，持分の自由な処分は制限され，また持分による分割請求
をすることもできない。このことから，合有では共同目的の存続中は共同所
有者の持分は潜在的なものにとどまっている。

合有の例として，民法上の組合財産の所有関係がある。すなわち，【設例
Ⅳ-7】のように，複数の者が出資して共同事業を営むために民法上の組合契
約を結んだ場合 (667 条 1 項)，組合財産は総組合員の共有に属するとされる
(668 条)。各組合員は，この共有財産に対して持分を持つが，持分処分の自
由を制限され (676 条 1 項)，また組合財産である債権につきその持分につい
ての権利を単独で行使することができない (同条 2 項)。そして，清算前の組
合財産の分割請求も否定されている (同条 3 項)。これは，組合の基礎をなす
組合財産が各組合員によって自由に処分や分割されれば，組合契約を結んだ
共同の目的が達成されなくなるからである。したがって，共同の目的の存続
中は各組合員の持分は潜在的なものにとどまり，共同の目的が終了したとき
に初めて潜在的であった持分が顕在化して，各組合員は持分の処分や持分に
基づく分割請求をすることができる。

民法はこの組合財産の共同所有関係を「共有」といっているが，それは共

同目的の達成のために持分処分の自由が制限され持分による分割請求が否定されているので，民法が定める249条以下の共有と性質が異なる。そのため，このような共同所有は「合有」と呼ばれている。民法上の組合の財産以外では，分割前の共同相続財産の所有関係の「共有」についても (898条)，これを合有と解する説がある。しかし，現在では共有と解する説も有力である (→家族法の教科書・参考書参照)。

5.1.3　総　有

　総有とは，団体的な結合が最も強い共同所有であり，団体の各構成員は持分 (権) を持たず，持分の処分や持分による分割請求が全く認められない共同所有をいう。総有では，構成員の変動にもかかわらず存続する団体の存在が前提であり，目的物の管理や処分の権限はこの団体に帰属している。そして，団体の各構成員は，団体的統制の下で目的物を使用収益する権利を認められるだけであり，しかもこれらの権利は団体の構成員としての地位と不可分であり，その地位を失うとこれらの権利も同時に失うことになる。総有では，団体の構成員には持分は認められないので，持分の処分や持分による分割請求も問題にならない。

　このような総有については，村の構成員が入会地 (村の構成員が共同で利用する山林原野) を全員で所有する場合の共同所有 (263条) がその典型といわれている。例えば，ある山林がある村の共同財産であり，昔から村人 (村の構成員) がこの山林 (入会地) に入って，炭を焼き，薪を採り，柴を刈ってきたというような使用収益の慣行がある場合 (このような村の構成員の入会地に対する慣行上の権利を入会権という。入会権については→**第5章第4節**参照)，村という共同体 (入会団体) が山林の所有者になるが，山林に対する管理権は村の慣習や取り決めに従って共同体に帰属し，使用収益権だけが山林に対する持分を否定された各村人に与えられるにすぎない。また，山林の処分は，村人全員または共同体の決定に基づいて行われ，各村人の使用収益権も，村の構成員という資格を有する限りで認められ，これを他に譲渡することはできないし，山林の分割請求をすることもできない。以上のような入会地の共同所有は入会権の古典的形態と呼ばれているが，今日ではこのような形態のものは

解体しているといわれている（→**第5章 4.2.2** 参照）。なお，権利能力なき社団の財産関係についても，総有と説明されることがある（→ **5.2.1** (2)＊参照）。

5.2　共　有

5.2.1　共有の法的構成と成立

（1）　共有の法的構成

　共有の法的構成については，2つの説がある。第1説は，共有とは各共有者に1個の所有権が帰属しているが，目的物が1つであるために各所有権は一定の割合において制限し合っており，その内容の総和が1個の所有権の内容と等しくなっている状態であるとするものである[16]。第2説は，共有とは，1個の所有権を複数の者が量的に分有する状態であるとするものである[17]。しかし，両説は共有の法的構成についての説明上の違いだけであり，共有に関する具体的な問題について結論上の差異はほとんど生じないとされている。なお，第1説は，共有には弾力性という性質があり，255条をこの共有の弾力性のあらわれと解している（→ **5.2.2** (1)(ウ)参照）。

（2）　共有の成立

　共有の成立には，意思表示による場合と法律の規定による場合とがある。

　（ア）　**意思表示による共有の成立**　　数人の者が金銭を出し合って1個の物を購入した場合（【設例Ⅳ-6】の場合）や，数人の者が1個の物の贈与を受けた場合などのように，数人の者が1個の物を共同で所有する旨の意思表示によって共有は成立する。民法上の組合財産も意思表示による共有であるが（668条），合有の性質を持つことは前述したとおりである。

　（イ）　**法律の規定による共有の成立**　　共有が法律上当然に成立する場合として，次のものがある。

　①数人の者による無主物先占（239条）・遺失物拾得（240条）・埋蔵物発見（241条本文），他人の物の中の埋蔵物発見（241条ただし書）。

　②主従の区別ができない動産の付合（244条）・混和（245条）。

---

16)　我妻＝有泉・320頁，舟橋・375頁など。

17)　末川・308頁，柚木＝高木・516頁，近江・242頁など。

③共有物の果実（89条）。

④相隣関係における境界線上に設けられた境界標・囲障・障壁・溝および堀（229条），区分所有建物における共用部分（建物区分11条1項→ **6.2.2**(2)参照）。ただし，これらの共有は，その目的や性質から分割請求が認められない特殊な共有である（257条）。

⑤分割前の共同相続財産（898条）。ただし，前述のように，これを合有とみる説もある。

＊**永続的な共同関係における共同所有**　　これまで共有の中心として捉えられてきたのは，複数の者が共同で出資することにより共有が成立する場合や（→ **5.2.1**(2)(ア)），法律上の必要から共有として処理せざるを得ない場合（→ **5.2.1**(2)(イ)）であったといえる。これらの場合の多くは，共有関係が比較的短期間で終了するか，いつでも分割請求ができ，短期間で消滅させられてもやむを得ない関係ということができる。しかし，今日共同所有として重要なものは，永続的な共同関係を前提とするものである。

第1は，永続的な人的共同関係を前提とする共同所有である。その典型的なものは，権利能力なき社団の財産関係である。民法上権利主体は個々の自然人と法人に限定されているため，複数の者が共同の目的と財産を持って活動する場合，その団体が法人でなければ財産の共同所有が問題となる。判例は，権利能力なき社団の財産は構成員の総有に属するとしている（最判昭32・11・14民集11巻12号1943頁）。しかし，学説は，総有説と合有説のほかに，問題となる団体の性格により総有となったり合有となったりするという説や，権利能力なき社団に総有や合有の概念を使うことを疑問視して，各種の団体につき別々の効果を考えれば足りるという説がある。今後検討していくべき課題といえよう。

第2は，永続的な物的共同関係を支える共同所有である。その典型なものとして，区分所有建物における共用部分の共有がある。各区分所有者の有する専有部分は，共用部分を除外すれば構造的・機能的に存在することができず，さらにその敷地も共有または準共有（→ **5.2.5**参照）になっているために，建物区分所有における共有の法律関係は重要な意味を有している。

5.2.2　共有の内部関係

(1)　共有の持分

共有における「持分」という言葉には，持分権と持分の割合の2つの意味

がある。

(ア) **持分権**　　**持分権**とは各共有者が共有物に対して有する権利をいい，その本質は所有権であり，その効力は共有物の全体に及ぶ。各共有者は，持分権を自由に処分（譲渡，担保の設定，放棄など）することができる。民法に規定はないが，持分権が所有権の本質を持つ以上当然のこととされる。共有者間で持分権を処分しない特約を結んでも，それは債権的効力を持つにすぎず，各共有者は自己の持分権を有効に処分することができる。

(イ) **持分の割合**　　**持分の割合**とは，各共有者が共有物に対して有する持分権の割合をいう。持分の割合は，共有者間の合意や法律の規定（241条ただし書・244条・245条など）によって決まるが，これらによって決まらない場合には，持分の割合は等しいものと推定される（250条）。なお，不動産について共有の登記をするときは，必ず持分の割合も登記される（不登59条4号）。

> ＊民法は持分権と持分の割合のいずれについても「持分」という表現を用いているので，それが持分権の意味かそれとも持分の割合の意味か注意する必要がある。例えば，253条2項・255条の「持分」は持分権の意味であり，249条・250条・253条1項・261条の「持分」は持分の割合の意味である。

(ウ) **持分権の放棄と共有者の死亡**　　255条は，共有者の1人がその持分権を放棄したとき，または死亡して相続人がないときは，その持分権は他の共有者に帰属する，と規定している。共有の法的構成に関して，各共有者に帰属している所有権が互いに制限し合っている状態が共有であると解する第1説は（→ **5.2.1**(1)参照），この255条は共有の弾力性に基づいているとする。すなわち，共有では各共有者の所有権は互いに制限し合っているが，その制限がなくなればいつでも完全・円満な支配権としての所有権に復帰するという性質（共有の弾力性）があり，255条はこの共有の性質から出てきたものであると説明する。しかし，今日では，持分権の放棄の場合や相続人のいない場合，持分権の帰属先が不明になったり持分権が国庫に帰属したりして，法律関係が複雑になるのを避けたものと解されている。

　なお，被相続人に相続人がいない場合における相続財産の帰属について，958条の3は，特別縁故者（被相続人と生計を同じくしていた者や被相続人の療養看護に努めた者など）が請求によって精算手続の終了後に残存している相続財産

の全部または一部を取得することができる，と規定している。そのため，255条と958条の3の適用関係が問題となるが，判例は，958条の3による特別縁故者への財産分与が優先するとしている（最判平元・11・24民集43巻10号1220頁［百選Ⅲ2版-55]）。その理由として，①958条の3の規定は，特別縁故者を保護するとともに，特別縁故者の存否にかかわらず相続財産を国庫に帰属させることの不条理を避けようとするものであること，②持分権が特別縁故者への財産分与の対象にならないとするならば，持分権以外の相続財産は財産分与の対象になるのに，持分権である相続財産は財産分与の対象にならないことになり，同じ相続財産でありながら両者を区別する合理的な理由がないことなどがあげられている。

(2)　共有物の利用関係

(ア)　共有物の使用　各共有者は，共有物の全部について，その持分に応じた使用をすることができる（249条）。規定はないが，共有物の収益についても同様とされる。使用・収益の具体的な方法は，共有者間の協議によることになる。そして，共有物の使用・収益は共有物の管理に関する事項に当たるので，協議は，各共有者の持分の価格に従いその過半数で決定される（252条本文）。

協議されない場合，共有物の持分の価格が過半数を超える者であっても，共有物を占有する他の共有者に対し，当然には共有物の明渡しを請求することができない（最判昭41・5・19民集20巻5号947頁［百選Ⅰ8版-74]）。各共有者は共有物全部を使用・収益できるからである。これに対し，「共有者間の合意により共有者の一人が共有物を単独で使用する旨を定めた場合には，……単独使用を認められた共有者は，右合意が変更され，又は共有関係が解消されるまでの間は，共有物を単独で使用することができ，右使用による利益について他の共有者に対して不当利得返還義務を負わない」（最判平10・2・26民集52巻1号255頁）。

(イ)　共有物の管理　(a)　共有物の管理　共有物の管理に関する事項は，各共有者の持分の価格に従い，その過半数で決定する（252条本文）。管理とは，共有物の変更にいたらない程度の利用または改良行為をいう（103条2号参照）。共有物について賃貸借や使用貸借などの利用契約を締結することや，

すでに締結されているこれらの契約を解除することは共有物の管理行為に当たると解されている（最判昭 38・4・19 民集 17 巻 3 号 518 頁—賃貸借の締結，最判昭 29・3・12 民集 8 巻 3 号 696 頁—使用貸借の解除，最判昭 39・2・25 民集 18 巻 2 号 329 頁—賃貸借の解除）。それらは共有物の利用方法の決定に当たるからである[18]。これに対し，借地権は存続期間が長く，借地権の設定は土地の売買と大差がないことから，借地契約の締結は処分行為と解すべきであるとする見解もある[19]。共有物に設定されている利用契約の解除については，解除の決定は共有者の多数決で行うことができるので，当事者が複数の場合契約の解除は全員でするという解除の不可分性に関する 544 条 1 項は適用されない（前掲最判昭 39・2・25）[20]。

(b)　共有物の保存　　共有物の保存行為は，各共有者が単独で行うことができる（252 条ただし書）。保存行為とは，共有物の現状を維持する行為をいう（共有物の修繕行為など）。保存行為は，共有者全員の利益になるので，共有者が単独ですることができる。判例は，持分権に基づく妨害排除請求，共有物の返還請求，第三者の不法登記の抹消請求などを保存行為に当たるとして，各共有者が単独ですることができるとする（→ **5.2.3** (1)参照）。

(ウ)　共有物の変更　　各共有者は，他の共有者の同意を得なければ，共有物に変更を加えることができない（251 条）。共有物の変更には，①物理的に共有物の現状を変化させること（共有山林の伐採や共有の田畑を宅地に変えることなど）のほかに，②共有物を法律的に処分すること（共有物の売却や地上権・抵当権の設定など）も含まれると解するのが通説である。しかし，通説に対して，共有物の法律的処分は，他の共有者の持分権の処分を伴うので，共有者全員の同意が必要なのは当然であり，251 条の「変更」に含める必要はないとする有力な批判がある。

(エ)　共有物に関する負担　　各共有者は，その持分に応じ，共有物の管理の費用を払い，その他共有物に関する負担を負う（253 条 1 項）。管理の費用とは，共有物の保存や管理に要する費用をいい，修繕費はもちろんのこと，

---

18)　佐久間・200 頁。
19)　石口・538 頁。
20)　安永・170 頁注 11）。

不動産の測量費用や登記費用，借地権その他の利用権の設定に関する費用なども含まれる。その他の負担とは，不動産に課される租税などである。共有者の1人が費用や負担を払ったときは，他の共有者に対して償還請求をすることができる。共有者が1年以内に義務を履行しないときは，他の共有者は，相当の償金を払ってその者の持分権を取得することができる（同条2項）。

(オ)　共有物に関して生じた債権

共有物の管理費用などを立替払いした共有者は，支払いをしなかった共有者に対して債権（償還請求権）を有するが，この債権は，支払いをしなかった共有者から売買などで持分権を取得した特定承継人に対しても行使することができる（254条）。また，共有者の1人が他の共有者に対して共有に関する債権を有するときは，共有物の分割（→ **5.2.4** 参照）に際し，その債務者である共有者に帰属すべき共有物の部分をもって，弁済に充てることができる（259条1項）。この場合に，債権者である共有者は，弁済を受けるため債務者である共有者に帰属すべき共有物の部分を売却する必要があるときは，その売却を請求することができる（同条2項）。

5.2.3　共有物に関する権利の主張

(1)　持分権に基づく主張

持分権は所有権の本質を有するので，各共有者は，単独で自己の持分権に基づいて他の共有者および第三者に対して種々の主張をすることができる。この場合，他の共有者を相手にするときは，その者のみを被告にすればよい。また，第三者を相手にするときは，共有者全員が原告となる必要はない。これに対し，共有関係を第三者に主張する場合には，共有者全員が原告にならなければならないと解されている（固有必要的共同訴訟〔民訴40条〕→(2)参照）。持分権に基づく主張として問題になる場合として，次のものがある。

(ア)　持分権の確認請求　　各共有者は，その持分権を争う他の共有者または第三者に対して，単独で自己の持分権の確認を求めることができる（大判大13・5・19民集3巻211頁，最判昭40・5・20民集19巻4号859頁）。持分権の確認は，各共有者が自己の権利の確認を求めるだけであり，他の共有者の権利

---

21)　佐久間・205頁。

に影響を及ぼさないからである[21]。

　(イ)　**持分権に基づく物権的請求**　(a)　**妨害排除請求**　他の共有者または第三者が持分権の行使を妨害する場合には，各共有者は，単独でその者に対して持分権に基づく妨害排除請求権を行使することができる（大判大 7・4・19 民録 24 輯 731 頁，大判大 8・9・27 民録 25 輯 1664 頁，大判大 10・7・18 民録 27 輯 1392 頁）。各共有者が単独で妨害排除請求権を行使することができる根拠について，判例には 252 条ただし書の保存行為とするものがあるが（前掲大判大 10・7・18），学説は，持分権は所有権の本質を有するので，持分権それ自体の効力として各共有者は単独で行使することができると解するのが有力である。

　(b)　**返還請求**　第三者が共有物を不法に占有している場合には，各共有者は，単独で共有物全部の返還請求をすることができる。各共有者が単独で共有物全部の返還を請求することができる根拠として，判例には，252 条ただし書の保存行為とするもの（大判大 10・6・13 民録 27 輯 1155 頁，最判昭 31・5・10 民集 10 巻 5 号 487 頁）と不可分債権の規定（428 条）の類推適用に求めるもの（大判大 10・3・18 民録 27 輯 547 頁）がある。学説では，共有物全部に効力が及ぶ持分権の性質によるものと解するのが有力である。

　(ウ)　**持分権に基づく登記請求**　共有物について登記名義人が実体上何らの権利を有していない場合には，各共有者は，単独でその登記の抹消登記手続を請求することができる（前掲最判昭 31・5・10，最判昭 33・7・22 民集 12 巻 12 号 1805 頁，最判平 15・7・11 民集 57 巻 7 号 787 頁［百選Ⅰ8 版-75]）。各共有者が単独で請求することができる根拠として，判例は，252 条ただし書の保存行為とするが（前掲最判昭 31・5・10，前掲最判昭 33・7・22），学説では持分権の効力によるものと解するのが有力である。

　(エ)　**持分権に基づく損害賠償請求**　共有者は，共有物の不法占有者に対して不法行為を理由に損害賠償を請求することができるが，各共有者は，持分の割合に応じてのみ賠償請求をすることができる（最判昭 51・9・7 判時 831 号 35 頁）。

　(2)　**共有関係の主張**

　(ア)　**判　例**　例えば，ある物を数人の者が共有していることを第三者に主張する場合，その者全員が原告となって第三者を相手に共有関係の確認を

求める訴えを提起しなければならないかどうかということが問題となる。これについて，判例は，共有関係の確認を求める訴えは共有者全員が原告となって提起しなければならない固有必要的共同訴訟（民訴40条）であるとする（大判大5・6・13民録22輯1200頁，前掲大判大13・5・19，最判昭46・10・7民集25巻7号885頁など）。共有者の1人が単独で第三者に対し共有関係の確認を求める訴えを提起することができるとすると，その者が敗訴した場合，その判決は既判力に基づき共有者全員を拘束し，原告とならなかった他の共有者も敗訴判決による不利益を受ける。つまり，他の共有者も共有者でなかったことが判決により確定してしまうので，その者は別の訴えを提起して共有者であることを主張することができなくなる。判例は，このような他の共有者の受ける不利益を考慮して，共有関係の確認を求める訴えを固有必要的共同訴訟と解したわけである。

(イ) **判例の問題点**　共有関係の確認を求める訴えについて共有者全員が原告にならなければならないとすると，共有者の中に1人でも所在の不明な者や訴えの提起に同調しない者がいる場合には，訴えを提起することができなくなる。判例の見解にはこのような問題点があるが，通説は，敗訴の場合に原告になっていない他の共有者が受ける不利益を考慮して，判例を支持している。そして，共有関係の確認を求める訴えに共有者全員の参加が得られないときは，共有関係を解消させるしかなく，またそれで良いとしている。これに対し，(1)で述べたように，各共有者は単独で自己の持分権に基づいて種々の主張をすることができるので，共有関係の確認を求める訴えを認める必要はないとする説もある。なお，第三者に対して入会権の確認を求める訴えにおいて，訴えの提起に同調しない構成員があるときは，非同調者も被告に加えて入会集団の構成員全員が訴訟当事者となる形式で入会権確認の訴えを提起することができるとした最判平20・7・17（民集62巻7号1994頁）の考え方が共有関係の確認を求める訴えについても参考になるとする見解がある[22]。

---

22)　佐久間・204頁。

5.2.4 共有物の分割

> 【設例Ⅳ-8】 ABC3 名は甲土地を共有しているが，A は BC との共有関係を解消するために共有物の分割を行いたいと考えている。A は，いつでも自由に共有物の分割を請求することができるか。また，分割の方法としてどのようなものがあるか。

(1) 共有物分割の自由

　共有は，すでに述べたように，共有者間に共同の目的のための団体的な結合関係のない共同所有である。そのため，各共有者は，原則としていつでも共有物の分割を請求することができ（256条1項本文），これによって共有関係を解消することができる。ただし，共有者間で5年を超えない期間内は分割をしない旨の契約をすることができる（同項ただし書）。この分割禁止の契約は更新することができるが，これによる分割禁止の期間も更新の時から5年を超えることができない（256条2項）。分割禁止の契約は共有者の特定承継人に対しても効力を有するが（254条），共有不動産についての分割禁止の契約は対抗要件として登記が必要である（不登59条6号）。なお，境界線上の工作物（257条）や区分所有建物の共用部分（→ **6.2.2** 参照）については分割の自由が否定され，また組合財産（676条3項）や遺産（906条以下）などについては特別規定がある。

　共有物の分割は，共有関係の消滅事由の1つである。これ以外の消滅事由として，共有物の滅失・公用徴収，共有者の1人または第三者への持分権全部の譲渡，民法の規定による持分権の集中（253条2項・255条）などがある。

(2) 分割の手続と方法

　共有物の分割の手続には，共有者の協議による分割と裁判による分割がある。

　(ア) 協議による分割 **(a) 協議による分割**　　共有物の分割は，まず共有者の協議によって行われなければならない。258条1項が「共有者間に協議が調わない」ことを裁判による分割の前提要件にしているからである。分割の協議は，共有者全員の一致によって調うことになる。

　(b) 分割の方法　　共有者全員の協議が調う限り，具体的な分割の方法に

ついては制限がない。主な分割の方法としては，次のものがある。第 1 は，
【設例Ⅳ-8】を例にいえば，甲土地を 3 つに分けて ABC 各人が 1 筆ずつ取得
するように，共有物を共有者間で分割する**現物分割**である。第 2 は，甲土地
を第三者に売却してその代金を共有者 ABC の間で分ける**代金分割**である。
第 3 は，共有者の 1 人 A が甲土地を取得して他の共有者 BC には金銭を支
払う**価格賠償**である。それぞれの方法における各共有者の取得分は，持分の
割合と異なっていても構わない。協議による分割は共有者間の合意によるも
のであり，そこでは契約自由の原則が働くからである。

　(ｲ)　**裁判による分割**　(a)　**裁判による分割**　　共有物の分割につき共有者
間に協議が調わないときは，分割を裁判所に請求することができる（258 条 1
項）。「協議が調わないとき」には，共有者全員で協議したが不調に終わった
ときだけでなく，共有者の一部が協議に応じないために全員で協議できない
ときも含まれる（最判昭 46・6・18 民集 25 巻 4 号 550 頁）。裁判所への分割請求
は，共有物分割の訴え（形成の訴え）によってなされる。訴えの当事者は，分
割を請求する者が原告となり，請求者以外の共有者全員が被告となる（固有
必要的共同訴訟。大判大 12・12・17 民集 2 巻 684 頁，大判大 13・11・20 民集 3 巻 516
頁）。

> ＊258 条 1 項は，分割の訴えが協議の成立によって訴えの利益を欠くことにな
> り却下されることを注意的に規定したものであり，そのため各共有者は，協
> 議の不調を主張しなくても共有物分割の訴えを提起することができるが，協
> 議成立の事実がある場合には訴えが却下されると解されている[23]。

　(b)　**分割の方法**　　裁判による分割の方法は，現物分割が原則であるが，
現物分割ができないとき，または分割によって共有物の価格を著しく減少さ
せるおそれがあるときは，共有物が競売され，その代金が分割されることに
なる（258 条 2 項）。しかし，近時の判例は，裁判による分割について柔軟か
つ多様な分割方法を認めている。すなわち，第 1 に，共有物が複数存在する
場合にそれらを一括して現物分割の対象とし，分割されたそれぞれの部分を
各共有者の単独所有にする方法である（例えば甲土地・乙土地・丙土地がいずれも
AB の共有である場合に，甲土地は A に，乙土地と丙土地は B に帰属させる分割方法）

---

23)　佐久間・216 頁。

（最大判昭 62・4・22 民集 41 巻 3 号 408 頁［百選 I 4 版-77］）。第 2 に，共有者の取得する現物の価格に過不足が生じる場合に，持分の割合以上の現物を取得する共有者に超過分の対価を支払わせて過不足の調整を行う一部価格賠償の方法（現物分割と価格賠償の組合せ）が認められる（前掲最大判昭 62・4・22［百選 I 4 版-77］）。第 3 に，分割請求者についてのみ持分の割合に応じて現物分割をして共有関係から離脱させ，他の共有者については共有関係を維持する方法も許される（前掲最大判昭 62・4・22［百選 I 4 版-77］）。第 4 に，共有物を共有者の 1 人の単独所有または数人の共有とし，これらの者から他の共有者に対して持分の価格を賠償させる全面的価格賠償の方法による分割である（最判平 8・10・31 民集 50 巻 9 号 2563 頁［百選 I 8 版-76］）。

　裁判による分割の方法には，以上のような様々なものが認められているが，当事者は，共有物の分割を求める旨を申し立てればよく，分割の方法を具体的に指定することを要しない（最判昭 57・3・9 判時 1040 号 53 頁）。

(3)　利害関係者の参加

　共有物について権利を有する者（地上権者・賃借人・質権者・抵当権者など）および各共有者の債権者は，自己の費用で分割に参加することができる（260 条 1 項）。参加の請求があったにもかかわらず，その請求をした者を参加させないで分割をしたときは，その分割は，請求をした者に対抗することができない（同条 2 項）。これらの者は分割に重大な利害関係を持つからである。しかし，共有者には事前にこれらの利害関係者へ分割を通知する義務はないし，請求のない限り，参加のないまま分割しても分割の効力は変わらない。また，参加者も分割に際して意見を述べる機会を与えられるにすぎず，共有者には参加者の意見を尊重すべき義務はない。したがって，260 条による利害関係者の分割への参加の意義はそれほど大きくない。

(4)　分割の効果

　(ア)　**共有関係の消滅**　　共有物の分割によって共有関係が消滅する。この消滅については遡及効がなく，分割の時から共有者は取得した部分について単独所有者になる。これに対し，遺産分割については遡及効がある（909 条）。

　(イ)　**分割による担保責任**　　共有物の分割は，理論的には分割時に共有者が持分権を交換または譲渡するという性質を持つ。例えば，AB 共有の甲土

地が乙土地と丙土地に分割されて，Aが乙土地をBが丙土地を取得する場合（現物分割）であれば，丙土地に及んでいたAの持分権と乙土地に及んでいたBの持分権が交換されたとみることができる。また，AB共有の甲土地をAが取得してBには金銭を支払う場合（価格賠償）であれば，BがAに自己の持分権を金銭と引換えに譲渡したとみることができる。これらは有償取引と同じであるので，各共有者は，他の共有者が分割によって取得した物について，売主と同じく持分に応じて担保責任を負うとされる（261条）。例えば，上の例でAが取得した乙土地の面積が不足している場合には，Aは，Bに対して不足分の引渡し（562条1項本文）または代金の減額（563条1項）を請求することができ，また損害賠償請求や分割協議の解除（564条）が認められる場合がある。ただし，裁判による分割については解除は認められない（通説）。

⑷　持分権上の担保物権の帰趨

> **【設例Ⅳ-9】**　ABC共有の甲土地について，Aが自己の持分権の上にDのために抵当権を設定していた。甲土地が分割された場合，Dの抵当権はどうなるか。

【設例Ⅳ-9】の場合，判例・通説によれば，Aの持分権に設定されていたDの抵当権は，甲土地の分割によって次のようになる。すなわち，第1に，現物分割によって甲土地が乙土地・丙土地・丁土地に分割され，Aが乙土地を取得した場合，Dの抵当権は，Aの持分の割合に応じて乙土地・丙土地・丁土地すべての上に存続する（大判昭17・4・24民集21巻447頁）。Dの抵当権はAの取得する乙土地についてのみ存続すると解すると，甲土地が必ずしも持分の割合どうりに分割されるとは限らず，Dに不利益が生じるおそれがあるからである。第2に，Aが価格賠償によって甲土地全部を取得した場合，Aの持分権は179条1項ただし書の類推適用によって存続し，Dの抵当権は，Aの持分権の上に存続する。第3に，Aが代金分割または価格賠償によって代価のみを取得した場合，言い換えれば，甲土地が他の共有者または第三者に取得された場合，Dの抵当権はAの持分の割合に応じて甲土地上に存続し，さらにDは，Aが取得した代価に対して物上代位に

よって抵当権の効力を及ぼすことができる（372 条・304 条）。

(エ)　**証書の保存**　　分割終了後は，権利の証明のために次のような証書の保存義務が課されている。まず，分割が終了したときは，各分割者は，その取得した物に関する証書を保存しなければならない（262 条 1 項）。ここでいう証書とは，例えば土地や建物を共同で購入したときの売買契約書，登記識別情報（登記済証）（不登 22 条），分割協議書，税金を納めたときの受領証書などの権利関係を証明する証書である。これらの証書のうち，分割協議書は各共有者に 1 通ずつ渡されるので，各人が保存する。次に，売買契約書や登記識別情報のような 1 通しかないものについては，分割によって共有物の最大部分を取得した者が保存しなければならない（262 条 2 項）。また，均等で分割した場合のように，最大部分を取得した者がないときは，分割者間の協議で証書の保存者を定め，協議が調わないときは，裁判所が保存者を指定する（同条 3 項）。さらに，証書の保存者は，他の分割者の請求に応じて，その証書を使用させなければならない（同条 4 項）。

5.2.5　準共有

準共有とは，数人の者が共同で所有権以外の財産権を持ち合う関係をいい，共有の規定が準用される（264 条本文）。準共有が認められる財産権には，民法上のものとして，地上権・永小作権・地役権・質権・抵当権などの物権，賃借権・使用借権（大判大 11・2・20 民集 1 巻 56 頁）・売買予約完結権（大判大 12・7・27 民集 2 巻 572 頁）などの債権，特別法上のものとして，株式，著作権・特許権・実用新案権・意匠権・商標権などの知的財産権，鉱業権，漁業権などがある。債権のうち，金銭債権については，分割債権に関する 427 条（→松井・債権**第 7 章第 2 節**参照）が優先的に適用され，共有の規定が準用される余地はあまりない。

　法令に別段の定めがある場合には，民法の共有の規定は準用されない（264 条ただし書）。法令の別段の定めは多い（282 条・284 条・292 条・544 条，会社 106 条，鉱業 44 条 5 項，特許 73 条など）。

第 6 節　建物の区分所有

6.1　序　説

　建物の区分所有とは，1 棟の建物を構造上数個の部分に区分し，それぞれの部分を独立の建物として所有する場合をいう。そして，このような区分された部分にそれぞれ所有権が成立する建物を**区分所有建物**といい，分譲マンションがその典型である。この区分所有建物においては，各部分は独立しているといっても互いに物理的に接続しており，各部分を利用するためには廊下や階段などの他の建物部分や敷地を他の所有者と共同で利用することが不可欠となる。そのため，各部分に成立する所有権の及ぶ範囲や，他の建物部分および敷地の管理・利用の方法などを明確にしておく必要がある。しかし，これらすべてを所有者の合意に委ねることは適当ではないので，昭和 37（1962）年制定の「建物の区分所有等に関する法律」（昭 58〔1983〕と平 14〔2002〕に大改正。以下では「区分所有法」という）が必要な定めを設けている。そこで，この**第 6 節**では，区分所有建物の所有関係，区分所有建物と敷地の関係，区分所有建物の利用や管理などについて，区分所有法の概略を説明する[24]。

6.2　区分所有建物の所有関係

6.2.1　専有部分

　区分所有建物は，大きく専有部分と共用部分とに分かれる。

(1)　専有部分

　専有部分とは，1 棟の建物の構造上区分された部分で独立して住居，店舗，事務所または倉庫などの建物としての用途に供することができる建物部分をいい，それ自体 1 個の独立した建物として所有権の目的となる（建物区

---

[24]　区分所有法の詳細については，稲本洋之助＝鎌野邦樹『コンメンタール　マンション区分所有法〔第 3 版〕』（日本評論社，2015 年）参照。

分 1 条・2 条 3 項）。

(2)　区分所有権

　この専有部分を目的とする所有権を**区分所有権**という（建物区分 2 条 1 項）。区分所有権が成立するためには，建物部分が構造上の独立性と用途（利用）上の独立性を備えていなければならない。**構造上の独立性**とは，その建物部分が「構造上区分された」ものであることをいい，一般的には，床，天井，壁などによって他の部分と完全に遮断されていることが要求される。**用途（利用）上の独立性**とは，その建物部分が独立して建物として利用することができるものであることをいう。この独立性が認められるためには，その部分について，人の居住や店舗などとしての利用を可能にする内部設備や間取りなどの存在（居住目的の場合には炊事場，便所，洗面場などの存在）と，他の専有部分を通らずに外に出られるという独立の出入り口の存在（大阪地判昭 41・4・27 判タ 191 号 121 頁，東京地判昭 45・5・2 下民集 31 巻 5〜8 号 546 頁など）が必要と解されている。

6.2.2　共用部分

(1)　共用部分

　共用部分は，①専有部分以外の建物部分（建物の躯体部分，廊下，階段室，エレベーター室，ロビー，外壁，屋上など），②専有部分に属しない建物の附属物（建物に備え付けられている電気・電話・ガス・水道などの配線や配管，エレベーターの昇降機，テレビ受信施設，冷暖房施設など），③構造上は専有部分となりうる建物部分（管理人室や共用の応接室など）および附属の建物（別棟の集会室など）で規約によって共用部分とされたものからなる（建物区分 2 条 4 項・4 条）。これらのうち，①専有部分以外の建物部分と②専有部分に属しない建物の附属物は，法律上当然に共用部分になり（法定共用部分），③構造上専有部分となりうる建物部分と附属の建物は，規約によって共用部分になる（規約共用部分）。

(2)　共用部分の所有関係

　共用部分は，区分所有者全員の共有に属する。ただし，一部の区分所有者のみの共用に供されるべきことが明らかな共用部分（一部共用部分）は，これを共用すべき区分所有者の共有に属する（建物区分 11 条）。共有者の持分の割

合は，規約に別段の定めのない限り，各共有者の有する専有部分の床面積の
割合による（建物区分14条）。また，共用部分の持分権は専有部分の処分に従
い，規約に別段の定めのない限り，専有部分と分離して処分することができ
ない（建物区分15条）。

6.2.3　敷　地

(1)　敷地の範囲と敷地利用権

　戸建建物の所有者が建物存立のために敷地について利用権を有しなければ
ならないのと同様に，区分所有建物においても，各区分所有者は，その専有
部分（建物）の存立のために敷地の利用権を有しなければならない。そこで，
区分所有法は，敷地の範囲や敷地利用権，さらには敷地利用権と専有部分の
分離処分の禁止などを定めている。

　敷地の範囲は，建物が所在する土地および規約によって敷地とされた土地
である（建物区分2条5項）。後者の規約により敷地とされた土地とは，区分
所有者が建物および建物の所在する土地と一体として管理または使用する
庭・通路その他の土地で，規約で敷地とされたものをいう（建物区分5条1
項）。また，敷地利用権とは，専有部分を所有するための建物の敷地に関す
る権利をいい（建物区分2条6項），具体的には，土地所有権または地上権や
賃借権である。敷地利用権が土地所有権であれば区分所有者の共有となり，
地上権や賃借権であれば区分所有者の準共有となる。

(2)　敷地利用権と専有部分の分離処分の禁止

　わが国の法制度上，土地と建物は別個の不動産とされて別々に処分するこ
とが可能である。しかし，この原則を区分所有建物にも適用すると，例え
ば，いずれか一方の譲渡によって敷地利用権を持たない区分所有者や逆に区
分所有権を持たない敷地利用権者が存在することになり，区分所有建物をめ
ぐる権利関係が複雑になる。そこで，敷地利用権は，原則として専有部分と
分離して処分することができないとされている（敷地利用権と専有部分の分離処
分の禁止。建物区分22条）。これに違反する処分は無効であるが，この無効は
善意の相手方に主張することができない（建物区分23条本文）。ただし，分離
して処分できない専有部分および敷地利用権である旨の登記がなされた後

に，その処分がなされたときは，この限りでない（同条ただし書）。

6.3　区分所有建物の管理

6.3.1　区分所有建物の管理団体

　区分所有者は，原則として自己の専有部分を自由に管理・利用・処分することができる。しかし，1棟の建物を区分して所有することから，建物と敷地を共同で管理することになる。そこで，区分所有者は，全員で，建物・敷地・附属施設の管理を行うための団体を構成するものとされ，この団体が建物などの管理を行うものとされている（建物区分3条）。この団体は，一般に管理組合と呼ばれ，一定の要件の下で法人（管理組合法人）になることができる（建物区分47条以下）。管理組合が結成されていなくても，この団体は，管理のための団体として法律上当然に存在するものと扱われる[25]。

6.3.2　共用部分の管理・変更

　区分所有法は，共用部分の管理・変更について，次のように定めている。

(1)　共用部分の管理

　共用部分の管理に関する事項は，集会の決議で決する。ただし，保存行為は，各区分所有者がすることができる（建物区分18条1項）。管理に関する事項は，規約で別段の定めをすることが許されている（同条2項）。

(2)　共用部分の変更

　共用部分の変更（その形状または効用の著しい変更を伴わないものを除く）は，区分所有者および議決権の各4分の3以上の多数決による集会の決議で決する。ただし，この区分所有者の定数は，規約でその過半数まで減ずることができる（建物区分17条1項）。民法上共有物の変更は共有者全員の同意が必要であるが（251条），区分所有建物で多数いる区分所有者全員の同意を得ることは困難なので，要件が緩和されている。共用部分の変更が専有部分の使用に特別の影響を及ぼすべきときは，その専有部分の所有者の承諾を得なければならない（建物区分17条2項）。共用部分の管理・変更に要する費用は，規

---

25)　稲本＝鎌野・前注24) 29頁，安永・182頁。

約に別段の定めがない限り，区分所有者が持分の割合に応じて負担する（建物区分19条）。

6.3.3 区分所有者の権利・義務

(1) 他の区分所有者の専有部分などの使用請求権

区分所有建物では専有部分が互いにあるいは共用部分と隣接したりしているので，専有部分や共用部分の保存や改良のために他の区分所有者の専有部分や持分権を持たない共用部分（建物区分11条1項ただし書の一部共用部分など）を使用する必要性が出てくる。この場合には，区分所有者は，必要な範囲内において，他の区分所有者の専有部分や持分権のない共用部分の使用を請求することができる（建物区分6条2項前段）。民法が定める隣地使用権（209条）と同じ趣旨のものである[26]。一時使用者は，この一時使用によって損害を受けた他の区分所有者に対して，償金を払わなければならない（建物区分6条2項後段）。

(2) 共同の利益に反する行為の禁止

区分所有者は，建物の保存に有害な行為その他建物の管理または使用に関し区分所有者の共同の利益に反する行為をしてはならない（建物区分6条1項）。区分所有者がこれに違反し，または違反のおそれのある場合には，他の区分所有者全員または管理組合法人は，区分所有者の共同の利益のため，違反行為を停止し，行為の結果を除去し，または行為を予防するために必要な措置を執ることを請求することができる（建物区分57条1項）。これを請求する訴訟の提起は，集会の決議によらなければならない（同条2項）。請求の内容として，当該区分所有者による専有部分の使用禁止の請求（建物区分58条）や当該区分所有者の区分所有権と敷地利用権の競売の請求（建物区分59条）が定められている。

賃借人などの区分所有者以外の専有部分の占有者が共同の利益に反する行為をした場合にも，区分所有者全員または管理組合法人は，集会の決議に基づき，訴えをもって，占有者の専有部分の使用・収益を目的とする契約の解除と専有部分の引渡しを請求することができる（建物区分6条3項・60条）。

---

26) 佐久間・231頁。

＊区分所有建物の復旧と建替え　(1)　**建物の復旧**　　区分所有建物の一部が滅失した場合の復旧について，区分所有法は，おおよそ次のような規定を設けている。

　(ア)　**小規模滅失の場合**　　建物価格の2分の1以下に相当する部分が滅失したときは，各区分所有者は，滅失した共用部分および自己の専有部分を復旧することができ（建物区分61条1項本文），共用部分の復旧費用については，他の区分所有者にも請求することができる（同条2項）。ただし，復旧工事の着手の前に集会で滅失した共用部分の復旧の決議や建替えの決議があったときは，この限りでない（同条1項ただし書）。

　(イ)　**大規模滅失の場合**　　建物価格の2分の1を超える部分が滅失したときは，集会において，区分所有者および議決権の各4分の3以上の多数で，滅失した共用部分を復旧する旨の決議をすることができる（建物区分61条5項）。この場合，決議の日から2週間を経過したときは，決議に賛成しなかった区分所有者は，決議に賛成した区分所有者の全部または一部に対し，建物および敷地に関する権利を時価で買い取るべきことを請求することができる（同条7項）。2分の1を超える部分が滅失した日から6か月以内に復旧の決議も建替えの決議もないときは，各区分所有者は，他の区分所有者に対し，建物および敷地に関する権利を時価で買い取るべきことを請求することができる（同条12項）。

　(2)　**建替えの決議**　　建替えの決議について，区分所有法は，次のような定めを設けている。すなわち，建物を建て替えるためには，集会において，区分所有者および議決権の各5分の4以上の多数で建替え決議をしなければならない（建物区分62条1項）。そして，建替え決議があったときは，決議に賛成した区分所有者などは，建替えに参加しない区分所有者に対し，区分所有権および敷地利用権を時価で売り渡すべきことを請求することができる（建物区分63条4項）。

第5章 用益物権

　この**第5章**では，地上権，永小作権，地役権および入会権の4つの物権を取り扱う。前章の所有権は，物を全面的に支配することができる権利であるのに対して，本章が対象とする4つの権利は，物を一定の目的のために使用収益することができる権利である。そのため，これらの権利は用益物権と呼ばれ，いずれも土地を対象としている。

第1節 地上権

1.1 序 説

1.1.1 地上権の意義

　地上権は，他人の土地において工作物または竹木を所有するため，その土地を使用することができる物権である (265条)。工作物とは，地上および地下に人工的に建造されるすべての物をいう。建物がその典型であるが，それ以外に，広告塔，テレビ塔，電柱，橋梁，道路，トンネル，鉄道線路，地下鉄，地下街など様々なものがある。竹木については，稲，麦，野菜，桑，茶，果樹などのように，それを栽植することが土地の耕作と解されるものについては，永小作権によるべきものとされているので，地上権の対象とならない。したがって，松，杉，桧などの林業の目的となる樹木や竹類がここでいう竹木に当たる。なお，地上権の内容は土地の使用にあるので，工作物や竹木が存在していなくても地上権は有効に成立し，また既存の工作物や竹木が滅失しても地上権は有効に存続する。

1.1.2 地上権の沿革

　ローマ法およびその影響を受けたヨーロッパ諸国の近代民法では，「地上

物は土地に属する」(Superficies solo cedit) という原則が存在し，他人の土地
に建物を建築すると，その建物は土地に付合し，土地所有者に帰属するとさ
れていた。そのため，フランスやドイツなどのヨーロッパ諸国では，地上権
は，この原則を修正し，土地所有者以外の者に地上物の所有権を取得させる
ための法技術として考え出されてきた。そこでは，地上権は，土地を使用す
る権利ではなく，他人の土地において地上物を土地に付合させずに所有する
権利として構成されている。そして，わが国の明治 23 (1890) 年に公布され
た旧民法も，このような構成を採用した[1]。しかし，わが国では建物と土地
は別個の不動産と扱われているために，地上権を地上物の所有のための権利
と構成する必要がないことから，現行民法では，地上権は「土地を使用する
権利」と構成されたわけである。265 条で工作物や竹木を「所有するため」
という表現がなされているのは，以上のような地上権の沿革によるものと解
されている[2]。

1.1.3　地上権と土地賃借権

　工作物や竹木の所有のために他人の土地を使用する権利には，地上権のほ
かに，賃貸借契約に基づく賃借権がある。地上権は，不動産物権であるか
ら，登記することによって第三者に対抗することができ (177 条)，そのため
に地上権者は，土地所有者に対して，地上権の設定登記を請求することがで
きる。これに対して，土地賃借権は，登記すれば第三者に対抗することがで
きるが (605 条)，債権であるために，当事者間において登記する旨の合意が
ない限り賃借人に登記請求権がなく，地上権に比べて弱い権利となってい
る。民法の起草者は，他人の土地を使用して，建物を建築したり樹木を植栽
したりして所有する場合には，賃借権ではなく地上権によることを想定して
いたようである。しかし，実際には，地上権ではなく土地賃借権が利用され
ることが多かったために，借地借家法などの特別法により土地賃借権の強化
が図られてきた（これを**不動産賃借権の物権化**という。詳細は→契約法の教科書・参

1)　「地上権トハ他人ノ所有ニ属スル土地ノ上ニ於テ建物又ハ竹木ヲ完全ノ所有権ヲ以テ占有スル
　権利ヲ謂フ」(旧民法財産編 171 条)。
2)　以上の地上権の沿革については，川島＝川井・新版注民 (7) 852 頁以下，862 頁以下 [渡辺
　洋三・鈴木禄弥] 参照。

考書参照）。

1.2 地上権の成立

1.2.1 地上権の成立原因

(1) 地上権設定契約・取得時効など

地上権は，原則として土地所有者とその土地を使用する者（地上権者）の間の**地上権設定契約**（物権契約）によって成立する。遺言によって地上権が成立することもできる。このほか，．すでに成立している地上権が相続や譲渡によって承継取得されることも可能である。また，時効によって地上権を取得することはできるが（163条），地上権の時効取得が成立するためには，土地の継続的使用という外形的事実の存在と使用が地上権行使の意思に基づくものであることの客観的表現が必要である（最判昭 45・5・28 判時 596 号 41 頁）。

(2) 法定地上権

同一の所有者に属する土地と建物または立木の一方に抵当権が設定され，その後抵当権の実行によって土地と建物または立木が異なる所有者に属するにいたった場合，地上権が設定されたものとみなされる（388条，立木法5条1項）。債務者が所有する土地と建物または立本の一方が差し押さえられ，その売却によって所有者を異にするいたった場合も同様である（民執 81 条，立本法5条2項）。このように法律の規定によって地上権が成立する場合があり，このような地上権を**法定地上権**という（→松井・担保**第2章** 4.2 参照）。

1.2.2 地上権の対抗要件

地上権は，不動産物権であるから，登記をすることによって第三者に対抗することができる（177条）。建物所有を目的とする地上権については借地借家法が適用されるので（借地借家1条・2条1号），地上権者が登記した建物を所有していれば，地上権の登記がなくても，地上権を第三者に対抗することができる（同法 10 条。詳細は→契約法の教科書・参考書参照）。

1.2.3　地上権の存続期間

　地上権の存続期間については，当事者が設定行為（設定契約）で定める場合とそうでない場合とに分けて考えることができる。

(1)　設定契約で期間を定める場合

　地上権の存続期間について，民法は永小作権（278条）や賃借権（604条）のような期間を制限する規定を設けていないので，当事者は，原則として設定契約で自由に定めることができる。しかし，期間の最長期と最短期について問題がある。

　(ア)　**最長期**　　これについては，存続期間を「永久」と定めることが許されるかどうかが議論となった。判例は，地上権には永小作権のような期間制限の規定がないことなどを理由に，永久の地上権を認めている（大判明36・11・16民録9輯1244頁）。学説では，永久の地上権は土地所有権から土地の利用権限を永久に奪うことになるので認められないとする否定的な見解がかつては有力であった。しかし，近時では，所有権の地代徴収権化および賃借権の物権化と借地権の確立により所有権は分解的傾向を示していることなどを理由に，判例を支持する見解が通説となっている。ただし，判例は，「無期限」と登記された場合については，反証のない限り存続期間の定めのない地上権を指すと解している（大判昭15・6・26民集19巻1033頁）。もっとも，炭坑の運炭車道用レールの敷設の目的で設定された地上権についてなされた存続期間無期限の登記は，反証のない限り地上権を炭鉱の経営中存続させる趣旨のものであると判示した判例もある（大判昭16・8・14民集20巻1074頁）。

　(イ)　**最短期**　　2年や3年という短期の存続期間が約定された場合，地上権が建物所有を目的とするものであれば借地借家法が適用されるので，借地借家法が定める30年の法定の存続期間になる（借地借家3条）。借地借家法の適用がない場合，このような短い期間は地上権設定の目的に反し，存続期間として不合理であるので，地代据置期間や拘束力のない例文と解して，存続期間としての効力を否定し，次に述べる存続期間の定めのない地上権として処理されている。

(2)　設定契約で期間の定めがない場合

　設定契約で存続期間を定めなかった場合，別段の慣習があれば，それに従

うものと解されている（268条1項本文参照。大判明32・12・22民録5輯99頁）。別段の慣習がない場合において，地上権者が地上権を放棄しないときは，裁判所は，当事者の請求により，20年以上50年以下の範囲内で，工作物または竹木の種類および状況その他地上権設定当時の事情を考慮して，存続期間を定める（同条2項）。この期間は，裁判確定の時からではなく，地上権設定の時から算定される（通説）。なお，建物所有を目的とする地上権については，借地借家法によって存続期間は最低の30年になる（借地借家3条）。

1.3　地上権の内容

1.3.1　土地使用権

(1)　土地使用権

地上権者は，地上権設定の目的に従って，他人の土地を使用することができる。その結果，土地所有者の利用が制限されることになる。地上権者は，土地所有者に対して，土地を地上権設定の目的に従った使用に適した状態にするように求める権利を有しないと解されている。地上権は物権であり，その設定によって土地を直接に支配する権原が地上権者に移るからである。これに対し，賃借権は，賃借人が土地所有者に対して土地を使用させるよう請求する権利であるので，賃借人には土地を賃借権の目的に従った使用に適した状態にするように求める権利がある。

(2)　地上権に基づく物権的請求権

地上権は物権であるから，地上権者は，土地の使用が妨げられている場合あるいは妨げられるおそれがある場合には，物権的請求権を行使して，土地の引渡し，妨害の排除あるいは妨害の予防を請求することができる。

(3)　相隣関係の規定の準用

地上権者は土地所有者と同じように土地を使用するものであるから，隣接地との利用の調整を図るために，相隣関係の規定が地上権者間または地上権者と土地所有者の間について準用される（267条本文）。ただし，境界線上に設けた境界標などの工作物の共有推定の規定（229条）は，工作物が地上権の設定後に設けられた場合に限り準用される（267条ただし書）。

(4) 地上権の処分

　地上権者は，土地所有者の承諾がなくても，自由に地上権を譲渡し，また土地を他人に賃貸することができる。さらに，地上権に質権や抵当権を設定することができる（362条1項・369条2項）[3]。地上権の譲渡，土地の賃貸または抵当権などの設定を禁止する特約は，これを登記する方法がないので，地上権の譲受人や抵当権などの取得者に対抗することができない。したがって，このような特約は，当事者間で債権的な効力を有するだけである＊。地上権者が土地の上の工作物または竹木を他人に譲渡したときは，これに伴って地上権も移転すると解されている（大判明33・3・9民録6輯48頁，大判大10・11・28民録27輯2070頁など）。

＊土地賃借権には原則として譲渡性がなく，賃借権が無断譲渡された場合には，賃貸借契約は土地所有者によって解除される（612条）。しかし，今日では，無断譲渡がなされてもいわゆる信頼関係破壊の法理によって土地所有者の解除権が制限されたり（最判昭28・9・25民集7巻9号979頁［百選II 4版-62]），譲渡について土地所有者の承諾に代わる裁判所の許可の制度が設けられており（借地借家19条・20条），譲渡性の制限が緩和されている。しかし，完全に譲渡の自由を獲得しているわけではない（賃借権の譲渡の問題については→契約法の教科書・参考書参照）。

1.3.2 地代支払義務

(1) 地代の支払い

　地上権の設定においては，地代を支払うことは必ずしも要件ではない。地上権者は他人の土地を使用するのであるから，地代を支払うのが普通であるが，当事者間で地代を支払う旨の合意がない限り，無償のものと解されている。地上権者が地代を支払う場合には，地上権設定時に一括して支払う場合と定期的に支払う場合がある。後者の場合には，永小作権に関する274条から276条までの規定と賃貸借に関する規定が準用される（266条）。準用される賃貸借に関する規定は，611条（賃借物の一部滅失などによる賃料の減額請求など），614条（賃料の支払時期），312条～316条（不動産賃貸の先取特権）などであ

3）　我妻・有泉コンメン563頁。

る。

(2) 地代の登記

定期的に地代を支払う特約がある場合，地代とその支払時期は，地上権の登記の登記事項とされている（不登78条2号）。そのため，通説は，この登記がなければ土地所有者は地上権の譲受人に対して地代を請求することができないとしている。これに対し，今日では無償の地上権は極めて例外であり，また建物所有を目的とする地上権については，地上建物の登記が地上権の登記に代わるものとなっており（借地借家10条），そこでは地代の登記は期待することができないことなどを理由に，土地所有者は登記がなくても地上権の譲受人に地代を請求することができるとする有力な見解もある[4]。土地所有権が譲渡された場合には，新所有者は，所有権移転の登記を備えれば，地代の登記がなくても地上権者に地代を請求することができる（大判大5・6・12民録22輯1189頁）。

(3) 地代の額

地代の額は，原則として当事者の合意によって定まる。借地借家法では，地代について増減請求権を定めている。すなわち，地代が，土地に対する租税その他の公課の増減や土地の価格の上昇もしくは低下その他の経済事情の変動により，または近傍類似の土地の地代等に比較して，不相当になったときは，契約の条件にかかわらず，当事者は，将来に向かって地代の額の増減を請求することができる。ただし，当事者間で一定期間地代を増額しない旨の特約があるときは，土地所有者は，地代の増額を請求することができない（借地借家11条1項）。そして，増減額について当事者間に協議が調わない場合には，借地人が増額請求を受けたときは，相当と認める額の地代を支払い，または土地所有者が減額請求を受けたときは，相当と認める額の地代の支払いを請求し，裁判が確定した場合に，差額を調整する旨の規定が置かれている（同条2項・3項）。

4）　川島＝川井・新版注民（7）880頁［鈴木禄弥］，石口・639頁など。

1.4 　地上権の消滅

1.4.1　地上権の消滅原因

地上権も物権の1つであるから，物権に共通する消滅原因（目的物である土地の消滅，存続期間の満了，消滅時効〔166条2項〕，混同〔179条〕など）によって消滅するほか，次の地上権に特有の原因によって消滅する。

(1)　地上権の消滅請求

定期的に地代を支払うべき場合において，地上権者が引き続いて2年以上地代の支払いを怠ったときには，土地所有者は，地上権の消滅を請求することができる（266条1項・276条）。

(2)　地上権の放棄

存続期間の定めがない場合において，別段の慣習がないときは，地上権者は，いつでも地上権を放棄することができる。ただし，地代を支払うべきときは，1年前に予告し，または期限未到来の1年分の地代を支払わなければならない（268条1項）。また，地上権者が不可抗力によって，引き続いて3年以上まったく収益を得られないか，5年以上地代より少ない収益しか得られないときは，存続期間の有無にかかわらず，地上権者は，地上権を放棄することができる（266条1項・275条）。

1.4.2　地上権消滅の効果

(1)　土地の原状回復と地上物の収去

地上権が消滅した場合に，地上権者には土地の返還義務が生じる。土地の返還に際して，地上権者は，土地を原状に復して工作物または竹木を収去することができる（269条1項本文）。地上物は地上権者の所有に属するので，その収去は地上権者の権利といえるが，地上権者は土地上に地上物を保持する権原を失うので，収去と原状回復は地上権者の義務でもある。異なる慣習があれば，それに従う（同条2項）。

(2)　地上物の買取り

地上物は土地から収去されると一般に価値が減少するので，社会経済上不利益となる。そこで，土地所有者に時価相当額を提供して地上物を買い取る

権利が認められ，土地所有者による買取りの通知がなされたときは，地上権者は，正当な理由がなければ買取りを拒絶することができない（269条1項ただし書）。異なる慣習があれば，それに従う（同条2項）。建物所有を目的とする地上権については，借地借家法によって地上権者に建物買取請求権が認められている（借地借家13条）。

(3)　必要費と有益費の償還請求

　地上権者が土地について支出した必要費または有益費の償還請求については，賃貸借のような規定（608条）は設けられていない。しかし，これについては，次のように解すべきものとされている[5]。まず，必要費については，土地所有者に土地を地上権者の使用に適した状態にする義務がないことから，特別の必要費（例えば災害時の土地復旧費）以外は，地上権者は土地所有者に対して償還請求することができない（595条1項の類推適用）。次に，有益費（例えば地盛・道路開設・排水設備のための工事費）については，地上権者の支出による土地の価格の増加を無償で取得することは，土地所有者の不当利得になると考えられるので，地上権の消滅の時に，価格の増加が現存する場合に限り，土地所有者の選択に従って支出額または増加額を償還させることができ，裁判所は，土地所有者の請求によってこの償還に相当の期限を許与することができる（608条2項の類推適用）。

＊区分地上権　(1)　意義　　地下または空間について，工作物を所有するために，上下の範囲を定めて地上権を設定することができる（269条の2第1項前段）。この地上権を**区分地上権**という。例えば，地下鉄・地下街・モノレールなどの建設のために，他人の土地に利用権を設定する場合，必要な地下や空間のみを対象とし，それ以外の土地の部分は所有者や他の使用権者の利用に委ねることが，特に都市における土地の立体的利用のために望ましい。そこで，昭和41（1966）年に，民法に269条の2が追加され，地下または空間の一定範囲の利用を目的とする区分地上権が規定された。

　(2)　効力　　区分地上権の効力の及ばない土地部分の利用が区分地上権の行使を妨げるのを防止するために，設定契約で土地利用の制限を加えることができる（例えば地下の区分地上権の設定の場合に地上に一定以上の重量の建物を建設しないという制限。269条の2第1項後段）。この制限は，区分地上権の登記

5）　我妻＝有泉・373頁など。

の際に，地下または空間の上下の範囲と共に登記することによって（不登78条5号），以後土地について権利を取得する第三者に対抗することができる。また，すでに第三者が土地を使用収益する権利（地上権，永小作権，地役権，賃借権，採石権など）を有している場合であっても，それらの権利またはそれを目的とする権利（地上権を目的とする抵当権など）を有する第三者すべての同意があれば，区分地上権を設定することができ，この場合使用収益権者は，区分地上権の行使を妨げることができない（269条の2第2項）。

第2節　永小作権

2.1　序　説

2.1.1　永小作権の意義

永小作権は，小作料を支払って他人の土地を耕作または牧畜のために利用することができる物権である（270条）。耕作とは，土地に労力を加えて穀物・野菜・果樹などを栽培することをいう。林業の経営のために樹木の苗を植えて他人の土地を利用する場合は，竹木所有を目的とする地上権が設定されることになる。牧畜とは，牛馬その他の家畜を飼育することをいう。永小作権では，地上権と異なり，永小作人が土地利用の対価として小作料を支払うことが要件とされている。

永小作権と同じ目的は賃貸借契約に基づく賃借権によっても達成することができる。そして，永小作権に比べて賃借権の効力が弱いことから，土地所有者にとっては賃借権を用いる方が有利である。しかし，土地を耕作または牧畜のために利用する場合には農地法が適用され（農地2条1項），賃貸借の対抗要件（農地16条），賃貸借の更新や解約（農地17条・18条）などについて，農地賃借権の強化が図られている（不動産賃借権の物権化）。

2.1.2　永小作権の沿革

(1)　永代小作関係・旧民法

民法の永小作権は，系譜的には，江戸時代の永代小作関係につながるとさ

れている[6]。それは，永代小作や永代作などと呼ばれ，永代に及ぶ使用権を
もって耕作を行うことに対して小作料を払うという小作関係であった。この
永代小作関係においては，永小作人の地位は小作料収得者に対してかなり独
立しており，通常永小作地の転貸や耕作権の譲渡が認められていた。明治政
府は，この永代小作関係を消滅させる方針であった。しかし，明治23
(1890) 年に公布された旧民法では，他人の土地を利用する権利として，賃借
権，永借権および地上権の3つがまとめられて規定されていた。永借権は，
必ずしも耕作・牧畜を目的としていないので，現行民法の永小作権よりも広
いものであるが，現行民法の永小作権にあたるものであった。そして，30
年を超える賃貸借を永貸借と規定し（旧民法財産編155条1項），存続期間の長
短によって，賃貸借と永貸借を区別していた。また，永貸借は，50年を超
えることができないとしながら（同条2項），旧民法施行前から存在する賃貸
借については，50年を超えるものでも有効であると規定し（同条5項），さら
に期間を定めないで設定された永小作と称される賃貸借などについて，終了
の時期および条件について後日特別法で定めると規定した（同条6項）。この
ような永借権の扱いについては，慣習を尊重したものと評価されている。

(2) 現行民法

現行民法は，物権としての永小作権を承認したが，存続期間について制約
を加えた。すなわち，新たに設定される永小作権については，その存続期間
を20年以上50年以下とした（278条）。そして，民法施行前に設定された旧
慣による永小作権については，存続期間が50年を超えるものも有効とした
が，民法施行の日から起算して50年を超えるものについては，50年に短縮
すると規定し（民施47条1項），存続期間を定めずに設定された旧慣による永
小作権についても，民法の施行の日から起算して50年で打ち切ることとし
た（同条2項）。しかし，旧慣による永小作権が50年後に無償で消滅するこ
とに対して批判が高まり，その後民法施行法47条に3項が追加され，民法
施行から50年経過後1年以内に所有者が償金を払って消滅を請求すること
ができ，所有者がこの権利を放棄しまたは1年以内に行使しないときは，そ

---

6)　永小作権の沿革について，川島＝川井・新版注民 (7) 904頁以下 ［高橋寿一］，近江・279頁
以下，石口・655頁以下など参照。

の後 1 年以内に永小作人が相当の代価を払って所有権を買い取る義務を負うことになった。これによって，旧慣による永小作権が民法施行の 50 年後に当然に無償で消滅することはなくなったが，これを廃止するという国の方針は依然として維持されたのである。

(3) 農地改革と旧慣による永小作権

　民法施行後 50 年に当たる昭和 23 (1948) 年には，小作人の自営農化を図る農地改革が進行中であった。この農地改革との関係で旧慣による永小作権の対策が問題となり，永小作地についても，土地所有者からの買収が行われ，現実に耕作している小作人に売り渡すことにより旧慣による永小作権が整理された (旧自作農創設特別措置法 3 条 5 項 5 号・16 条)。こうして旧慣による永小作権はほとんど消滅し，また新たに永小作権が設定されることもなくなっている。

2.2　永小作権の成立

2.2.1　永小作権の成立原因

　永小作権は，土地所有者とその土地を利用する者 (永小作人) との間の**永小作権設定契約** (物権契約) によって生ずる。そして，永小作権は，他人に譲渡することができることから (272 条)，売買・贈与などの契約により移転するほか，遺贈や相続によっても移転する。また，永小作権を時効取得することもある。しかし，農地または採草放牧地について，所有権を移転する場合だけではなく，賃借権・永小作権などの権利を設定または移転する場合には，農地法によって農業委員会の許可を受けなければならない (農地 3 条 1 項)。そして，この許可を受けないでなされた権利の設定または移転は，効力を生じない (同条 7 項)。

2.2.2　永小作権の対抗要件

　永小作権の対抗要件は登記であり，永小作権の設定・移転は，登記をしなければ第三者に対抗することができない (177 条)。農地法では，農地または採草放牧地の賃貸借の対抗要件は土地の引渡し (占有移転) とされているが

（農地16条），この規定は永小作権には適用されないとするのが通説である。これに対し，この規定を永小作権に類推適用すべきだとする説もある[7]。

2.2.3 永小作権の存続期間

(1) 存続期間

永小作権の存続期間は，設定行為（設定契約）によって定める場合には，20年以上50年以下とされる（278条1項前段）。設定行為で50年を超える期間を定めたときには，50年に短縮される（同項後段）。反対に，20年未満の期間を定めた場合には，永小作権は成立せず，賃借権になると解されている。また，設定行為において期間が定められなかった場合には，永小作権の存続期間は，別段の慣習がないときには，30年とされる（同条3項）。

(2) 永小作権の更新

永小作権の存続期間が満了したときには，当事者の合意によって永小作権を更新することができる。ただし，その存続期間は，更新の時から50年を超えることができない（278条2項）。農地・採草放牧地の賃貸借について，農地法では，土地所有者の更新拒絶権を制限しているが（農地18条），永小作権には適用されないものと解されている（最判昭34・12・18民集13巻13号1647頁）。

2.3 永小作権の内容

2.3.1 土地利用権

(1) 土地利用権

永小作人は，耕作または牧畜のために他人の土地を利用することができるが，設定契約の内容や土地の性質によって定まった用法に従って，土地を利用しなければならない。永小作人がその用法に違反したときは，設定契約を解除することができるだけでなく，違反行為の停止を請求することができると解されている。また，永小作人は，回復することのできない損害を生ずるような変更を土地に加えることができない（271条）。異なる慣習があるとき

---

7) 末川・346頁，近江・281頁。

は，それに従う（277条）。

　永小作人が土地の使用・収益が妨げられている場合または妨げられるおそれがある場合に，物権的請求権を行使することができることは，地上権の場合と同様である。また，明文の規定はないが，永小作権は土地を使用する物権であるから，相隣関係の規定が永小作人間または永小作人と土地所有者の間について類推適用される。

(2)　永小作権の処分

　永小作権は物権であるから，永小作人は，土地所有者の承諾なしに，永小作権を他人に譲渡しまたは存続期間内において耕作もしくは牧畜のために土地を賃貸することができる（272条本文）。さらに，永小作権の上に質権や抵当権を設定することもできる（362条1項・392条2項）[8]。ただし，いずれについても，設定行為で禁止されたときは，この限りでない（272条ただし書。この禁止特約は登記が可能であり〔不登79条3号〕，登記をすれば土地所有者は禁止特約を第三者に対抗することができる）。さらに，異なる慣習があるときは，それに従う（277条）。

2.3.2　小作料支払義務

　地上権と異なり，小作料支払いは永小作権の要素であり（270条参照），永小作人は定められた小作料を支払わなければならない。以前は，農地法によって，農業委員会の定める最高額を超えない範囲で，小作料が定額化されていた（農地旧21条）。また，小作料を金銭以外のもので支払うこと（物納）は禁止されていた（同法旧22条）。しかし，平成12（2000）年の農地法改正により，農地の流動化および有効利用を促進する観点からこれらの規定は削除され，小作料の定額金納制は廃止された。

　小作料支払義務について，民法には永小作人に過酷な規定が存在している。すなわち，凶作などの不可抗力により，永小作人が収益について損失を受けたときであっても，小作料の免除または減額を請求することができない（274条）。そして，不可抗力によって，引き続いて3年以上全く収益がないとき，または5年以上小作料より収益が少ないときに，永小作人は，その権

8）　我妻・有泉コンメン563頁。

利を放棄することができる (275条)。これらの規定と異なる慣習があるとき
は，それに従う (277条)。なお，農地法では，小作料の増減請求について規
定が設けられている (農地20条)。

このほか，小作人の義務については，永小作権の規定および設定行為によ
る定めのほか，性質に反しない限り賃貸借の規定が準用される (273条)。準
用される規定は，611条 (賃貸物の一部滅失などによる賃料の減額請求など)，614
条 (賃料の支払時期)，312条〜316条 (不動産賃貸の先取特権) のほか，615条
(賃借物につき権利を主張する者があるときの通知義務)，616条・594条1項 (目的
物の用法に従った使用・収益義務) などである (通説)。

2.4　永小作権の消滅

2.4.1　永小作権の消滅原因

永小作権は，物権に共通する消滅原因 (土地の滅失，存続期間の満了，消滅時
効〔166条2項〕，混同〔179条〕など) によって消滅するほか，次の永小作権に
特有の原因によって消滅する。

(1)　永小作権の消滅請求

永小作人が引き続いて2年以上小作料の支払いを怠ったときは，土地所有
者は，永小作権の消滅を請求することができる (276条)。ただし，異なる慣
習があるときは，それに従う (277条)。276条の規定が強行規定であるか任
意規定であるかについて争いがある。判例は，これを任意規定と解している
が (大判明37・3・11民録10輯264頁)，学説の多くは，これを強行規定と解し
ている。

次に，永小作人が土地に対して回復できない損害を与えるような変更を加
えることは禁止されているが (271条)，それに違反した場合あるいは永小作
権設定の目的に反する利用を行った場合には，土地所有者は，541条により
契約を解除して永小作権の消滅を通知することができる (大判大9・5・8民録
26輯636頁)。

(2)　永小作権の放棄

不可抗力によって，引き続いて3年以上全く収益がないとき，または5年

以上小作料より収益が少ないときは，永小作人は，その権利を放棄すること
ができる（275条）。

2.4.2　永小作権消滅の効果

(1)　土地の原状回復と地上物の収去または買取り

永小作権が消滅した場合，永小作人は，土地を返還する義務を負う。その
際，永小作人は，土地を原状に復して植栽した植物を収去する権利を有し義
務を負うこと，土地所有者は，時価を提供してそれを買い取る権利を有する
こと，そして異なる慣習があれば，それに従うことは，地上権の場合と同様
である（279条による269条の準用）。

(2)　必要費と有益費の償還請求

永小作人が土地について支出した必要費または有益費の償還請求について
は，地上権の場合と同様に，通常の必要費は永小作人が負担し，特別の必要
費および有益費は，永小作人が土地所有者に対して償還請求することができ
ると解されている。

第3節　　地役権

3.1 　序　　説

3.1.1　地役権の意義

地役権は，設定行為（地役権設定契約）で定めた目的に従って，自己の土地
の便益のために他人の土地を利用することができる物権である（280条本文）。
ここでいう便益を受ける自己の土地を**要役地**，便益に供する他人の土地を**承
役地**という。例えば，甲土地の所有者Aが，隣接の乙土地を通行するため
に，その所有者Bとの契約によって地役権を設定する場合である。この場
合，便益を受ける甲土地が要役地，便益に供する乙土地が承役地であり，こ
のような他人の土地の通行を目的とする地役権を通行地役権という。そし
て，この地役権が登記されると，乙土地が第三者Cに譲渡されても，Aは

Cに対して通行地役権を主張することができる (177条)。このほか，他人の土地の水を利用するために，引水用の水路をその他人の土地に敷設するための引水地役権や，自己の土地の日照を確保したり眺望を楽しむために，他人の土地に一定の高さ以上の建物を建築させないための日照・眺望地役権を設定することができる。これらの地役権によって要役地の利用価値は増すが，他方で承役地の利用は制限されることになる。このように，地役権は，要役地の利用価値を高めるために，承役地の利用を制限することを内容とする用益物権である。

3.1.2 地役権と類似の制度

地役権と類似の制度として，所有権における相隣関係と土地の賃貸借がある。

(1) 相隣関係

地役権は2つの土地の間の利用を調整するという機能を持っているが，同じ機能を持つものとして，所有権における相隣関係がある。すなわち，袋地所有者の隣地通行権 (210条)，高地の所有者が排水のために低地を利用する低地の通水権 (220条) などのように，ある土地の利用のために他の土地の利用が認められている。利用に供される土地からみれば，他の土地のためにその土地の利用が制限されることになる。このような相隣関係は，隣接する土地相互の所有権行使を調整するものであり，隣接する土地の客観的な状況によって当然に認められ，法律の規定による所有権の制限と解されている。これに対して，地役権は，原則として，要役地の所有者と承役地の所有者の間の地役権設定契約によって設定され，利用の調整も相隣関係より広い内容を持っており，所有権とは別個の用益物権とされている点で，相隣関係と区別される。

(2) 土地の賃貸借

地役権の目的は，土地の賃貸借によっても達成することができる。ただ，賃貸借の場合には，賃借人が賃借地を独占的に利用し，賃貸人がその土地を利用することができないのに対して，地役権の場合には，承役地の所有者も地役権の目的を妨げない範囲で承役地を利用することができる。つまり，地

役権では地役権者と承役地の所有者が共同で利用するような調整が可能であると解されている。さらに，地役権は物権であるので，承役地の所有者に登記義務があり，登記されると要役地または承役地が譲渡されても地役権は効力を失わない点で賃貸借よりも安定している。

＊近隣者相互の土地利用の調節を図る法律制度は，今日では，都市計画法や建築基準法などによる土地利用の公法的制限においてもみることができる（行政地役）。例えば，土地所有者や借地権者が当該土地について一定の区域を定め，その区域内の建築物の敷地・位置・構造・用途・形態などに関する基準を定めた建築協定を全員の合意で結ぶと，それは，特定行政庁の認可の公告以後建築協定区域内の土地の所有者や借地権者となった者をも拘束する（建基69条以下）。この場合，要役地に当たるのは当該地域一帯の土地であって，本来隣接する2つの土地の間の利用関係の調整のための制度である地役権とは性質を異にしているが，集団的な地役権設定の実質を持つものということができる[9]。

3.1.3　地役権の種類

(1)　序

地役権は，要役地の便益のために承役地を使用する権利であるが，便益の種類について特に限定はない。ただし，地役権の内容は相隣関係に関する強行規定に反しないものでなければならない（280条ただし書）。強行規定に反してはならないことは当然であるが（91条），地役権の内容が相隣関係に関するものである場合が多いことから，念のために規定したものである。例えば，袋地の所有者に認められている隣地通行権（210条）を制限するような地役権は認められないと考えられている。

地役権は，便益の目的と権利の行使態様によって，次のように分類される[10]。

(2)　便益の目的による分類

地役権は，便益の目的から，通行地役権，引水（用水）地役権，電線路敷設のための地役権，日照・眺望地役権，田ざわり・蔭打（かげうち）地役権などに分類される。

(ア)　**通行地役権**　　通行地役権は，最も代表的な地役権であり，要役地の

9）　我妻＝有泉・408頁以下，稲本・374頁。
10）　川島＝川井・新版注民 (7) 933頁以下［中尾英俊］。

所有者が承役地を通行することを内容とするものである。通路が開設される
ものとされないものとがある。

(イ) **引水地役権**　　引水地役権は，要役地の所有者が引水あるいは排水の
ために承役地を使用することを内容とするものである。

(ウ) **電線路敷設のため地役権**　　電線路敷設のため地役権は，電気事業者
がその所有する発電所などのために他人の土地に電線路を敷設することを内
容とするものである。

(エ) **日照・眺望地役権**　　日照・眺望地役権は，要役地の日照・眺望を妨
げる建物を建てないことを内容とするものである。

(オ) **田ざわり・蔭打地役権**　　山間部の農村において農地が樹木の陰にな
って農作物の生長が妨げられるのを防ぐために，農地の所有者が隣接する山
林の樹木を刈り取る権利が蔭打地役権であり，山林の所有者が樹木を植栽し
ない義務を田ざわりという。多くは慣習によるものである。

(3) **地役権の行使形態による分類**

地役権は，その行使形態から，作為地役権・不作為地役権，継続地役権・
不継続地役権，表現地役権・不表現地役権に分類される。これらは地役権の
取得時効で問題となることが多い（→ **3.2.1** (2)参照）。

(ア) **作為地役権・不作為地役権**　　作為地役権は，地役権者が積極的な行
為を行い，承役地の所有者はこれを受忍するという内容の地役権をいう。通
行地役権などの多くの地役権がこれに該当する。これに対し，不作為地役権
は，承役地の所有者が消極的にある行為をしない義務を負うことを内容とす
る地役権をいう。例えば，日照・眺望地役権がこれに当たる。

(イ) **継続地役権・不継続地役権**　　継続地役権は，地役権の行使が時間的
に間断なく続いているものをいう。例えば，通路を開設した通行地役権や水
路を設けた引水地役権などがこれに該当する。これに対し，地役権の行使の
ためにその都度権利者の行為を必要とするものを不継続地役権という。例え
ば，通路を開設しない通行地役権がこれに当たる。

(ウ) **表現地役権・不表現地役権**　　表現地役権は，地役権の行使が外部か
ら認識できる外形的事実を伴うものをいい，通行地役権や地上の送水管によ
る引水地役権などがこれに該当する。これに対し，このような外形的事実を

伴わない地役権を不表現地役権という。例えば，地下の送水管による引水地
役権や日照・眺望地役権などがこれに当たる。

3.1.4　地役権の性質

　地役権は，要役地の所有者がその便益のために承役地を使用する用益物権
である。このことから，地役権には次の性質が認められる。

(1)　地役権の付従性

　地役権は，要役地のために存在する権利であるから，要役地の所有権に従
属するものである（地役権の付従性。281条1項本文）。したがって，要役地の所
有権が移転すれば地役権も移転し，要役地に他の権利（地上権・永小作権・質
権・抵当権など）が設定されれば，地役権もその権利の目的になる（同項本文）。
ただし，設定行為で付従性を排除することができ（同項ただし書），この特約
を登記（不登80条1項3号）すれば第三者に対抗することができる。また，地
役権のみを要役地から分離して移転したり，それに権利（質権や抵当権など）
を設定することはできない（281条2項）。

(2)　地役権の不可分性

　要役地または承役地が数人の共有に属する場合，地役権の取得や消滅は共
有者全員について一体的に扱われる（地役権の不可分性）。すなわち，要役地
あるいは承役地の共有者の1人は，自己の持分権について地役権を消滅させ
ることができない（282条1項）。また，要役地あるいは承役地の分割や一部
譲渡の場合には，地役権は分割または一部譲渡された各部分のために（要役
地の場合）あるいは各部分について（承役地の場合）存続する（同条2項本文）。
ただし，地役権がその性質により土地の一部にのみ関するときは，分割また
は一部譲渡後もその部分のためにあるいはその部分について存続する（同項
ただし書）。また，要役地の共有者の1人が時効によって地役権を取得したと
きは，他の共有者もこれを取得する（284条1項）。したがって，地役権の取
得時効の更新は，要役地の共有者全員に対してしなければならない（同条2
項）。また，これらの共有者の1人について時効の完成猶予の事由が生じて
も，時効はこれに関係なく進行する（同条3項）。つまり，取得時効の完成猶
予も，要役地の共有者全員について完成猶予事由がなければ生じない。そし

て，地役権の消滅時効に関して，要役地の共有者の1人のために時効の完成猶予または更新があるときは，その完成猶予または更新は，他の共有者のためにも効力を生ずる (292条)。要役地の共有者の1人でも地役権を失っていなければ，地役権が存続する趣旨であり，取得時効の場合と同じ考え方によるものである。

3.2 　地役権の成立

3.2.1　地役権の成立原因

　地役権は，要役地と承役地の所有者間の地役権設定契約によって成立するのが原則である。しかし，承役地の所有者による遺贈や遺言によっても取得される。また，時効によって取得されるほか，要役地の所有権とともに，譲渡や相続によって承継的に取得される (地役権の付従性)。

(1)　地役権設定契約

　地役権設定契約は，不要式の諾成契約である。対価の支払いがなされるかどうかは，設定契約によって決定される。しかし，対価支払いの合意がなされても，その登記は認められていないため，第三者に対抗することができない。

　地役権は，通常要役地と承役地の所有者間で設定されるが，要役地の利用権者（地上権者・永小作人・賃借人など）は，この地役権を行使することができる。要役地の利用権者が利用地のために地役権を設定することができるかどうかについては，地役権は土地利用の調整を目的とするものであるから，地上権者や永小作人も，利用地のために地役権を設定することができ，また賃借人も，土地賃借権の物権化を理由に地役権を設定することができると解されている (通説)。ただし，要役地の所有者や利用権者は，所有権・地上権・賃借権などの登記をしていなければ，地役権の設定登記をすることができないので (不登80条3項参照)，賃借人に地役権の取得を認めても，多くの場合に対抗力ある地役権を取得することができない。

(2)　地役権の時効取得

(ア)　意義と要件　　地役権は，継続的に行使されかつ外形上認識すること

ができるものに限り，時効によって取得することができる (283条)。地役権は所有権以外の財産権であるので，自己のためにする意思をもって平穏かつ公然と行使する者は，162条の区別に従い，20年または10年の経過後地役権を時効取得することができる (163条)。しかし，283条は，さらに163条の要件を加重し，継続に行使されかつ外形上認識できる地役権に限り，時効によって取得することができると定めた。

　①「継続に行使され」というのは，地役権が間断なく行使されていること (継続地役権) を意味し，②「外形上認識することができる」というのは，地役権の行使が外部から認識できること (表現地役権) をいう。したがって，例えば通路を開設している通行地役権や地上の送水管による引水地役権などがこれに該当する。このような要件が設けられたのは，①不継続な他人の土地使用 (例えば通路を開設しないで他人の土地を通行する場合) は，使用される土地の所有者にとって損害も少なく，近隣のよしみから好意的に黙認されていることが多いので，このような関係を権利にまで高めるのは妥当でなく，また②不表現な他人の土地使用 (例えば地下の送水管による引水) は外部から認識できないので，使用される土地の所有者が自己の権利を主張する機会がないにもかかわらず，時効による地役権の取得を認めるのは妥当ではないからである。

　(イ)　**通行地役権の取得時効**　　判例では，通行地役権について時効取得の成否が争われることが多い。通行という行為は外部から認識可能であるが，常時反復して往来しているわけではないので，継続的行使という要件が問題となる。そのため，戦前の大審院判例は，継続的行使の要件として通路の開設を要求し，通路を設けずに一定の場所を長期間通行しても，地役権を時効取得しないとした (大判昭2・9・19民集6巻510頁)。そして，戦後の最高裁もこの立場を踏襲して，承役地である他人の土地の上に通路を開設することを要求するとともに，通路開設は要役地の所有者によってなされなければならないと判示した (最判昭30・12・26民集9巻14号2097頁)。したがって，承役地の所有者が自己のために開設した通路を要役地の所有者が使用していた場合 (最判昭33・2・14民集12巻2号268頁) はもちろんのこと，承役地の所有者が要役地の所有者のために好意的に通路を開設した場合 (前掲最判昭30・12・26)

でも，通行地役権の時効取得は認められない＊。なお，要役地の所有者が，道路の拡幅のために他人に土地の提供を働きかける一方，自らも所有土地の一部を提供した場合には，要役地の所有者によって通路が開設されたものというべきであるとした判例がある（最判平6・12・16判時1521号37頁）。

> ＊私見　　たしかに，隣人が空き地を通行して自然に通路になった場合に通行地役権の時効取得を認めることは，通行地の所有者が近隣のよしみで通行を黙認していた場合もあるので，問題である。したがって，判例が通行地役権の時効取得を容易に認めないのもそれなりの理由があるといえよう。しかし，通路開設が要役地の所有者によってなされなければならないとする判例の立場は，要件が厳しすぎるといえよう。要役地の所有者が自ら通路を開設しなくても，自己の費用と労力で通路の維持・管理をしておれば足りると解すべきであろう[11]。

(3)　慣習による地役権

　地役権は，慣習によることが多く，明示の設定契約によることはそれほど多くはない。そこで，時効取得のほかに，黙示の意思表示や慣習により地役権を取得することができるかどうかが問題となる。要役地の所有者が承役地を利用している場合において，それが取得時効の要件を満たしていないときに，これらを根拠にすることの意味がある。慣習による地役権の取得について，下級審判例ではあるが，蔭打地役権については認められているが（金沢地判昭39・6・30下民集15巻6号1690頁），引水地役権については認められていない（大判昭2・3・8新聞2689号10頁など）。

3.2.2　地役権の対抗要件

　地役権の対抗要件は登記であり（177条），取得者は，登記をしないと地役権の取得を177条の第三者に対抗することができない。しかし，未登記の通行地役権について，承役地の譲受人が177条の第三者に該当せず，要役地の所有者が通行地役権を対抗することができるとされる場合がある（最判平10・2・13民集52巻1号65頁［百選Ⅰ8版-63］→**第3章3.4.2**(2)(イ)(d)参照）。この場合における承役地の譲受人に対して，要役地の所有者は，地役権に基づいて

---

11)　川島＝川井・新版注民（7）955頁［中尾］。

地役権設定登記手続を請求することができる（最判平成 10・12・18 民集 52 巻 9 号 1975 頁）。なお，地役権の時効取得は，時効完成時の承役地の所有者には登記がなくても対抗することはできるが（大判大 13・3・17 民集 3 巻 169 頁），時効完成後の承役地の譲受人に対しては，登記がなければ対抗することはできない（大判昭 14・7・19 民集 18 巻 856 頁）。

3.2.3　地役権の存続期間

　地役権の存続期間について，民法に規定はないが，当事者が自由に定めることができる。存続期間は，不動産登記法でも「登記事項」とされていないが，従来の学説は，存続期間を登記すれば第三者に対抗することができると解していた。これに対して，存続期間が登記されなくても，地役権自体が登記されておれば，第三者にもその存在が明らかなので，承役地の利用が存続する限り地役権を対抗することができると考えてよいとする見解がある[12]。この見解が妥当であろう。存続期間を「永久」とする地役権が認められるかどうかについては，地役権は土地相互の利用の調節を目的とするものであり，地役権による所有権制限の程度が少なく，その制限の範囲内でも所有者の利用を全く奪うものでないことなどを理由に，肯定するのが通説である。

3.3　地役権の内容

3.3.1　承役地利用権

　地役権者は，設定行為に定めた目的に従って承役地を利用することができる。この地役権者の利用権は，原則として，承役地の所有者が同種の土地利用をすることや承役地の同一部分に同種の地役権が成立することを排除しない。例えば，甲土地所有者の乙土地上の通行地役権は，乙土地所有者の同一場所の通行や丙土地所有者の乙土地の同一場所の通行地役権の成立を妨げない。しかし，関係者の間で利益が衝突する場合があるので，民法は，とくに用水地役権について利益の調整を図っている。すなわち，承役地の水が要役地と承役地の双方の需要をみたすのに足りないときは，設定行為に別段の定

---

12)　近江・289 頁。

めがない限り，各土地の需要に応じて，まず生活用に供し，残余を他の用途
に供するものとされる（285条1項）。生活用というのは，飲用・炊事・洗
濯・掃除・浴用など日常生活に必要な用途を意味する。そして，同一の承役
地に複数の用水地役権が設定されているときには，後の地役権者は前の地役
権者の水の使用を妨げることができない（同条2項）。

地役権は物権であるから，承役地の利用が妨げられたり妨げられるおそれ
があるときは，物権的請求権の行使が認められる。しかし，地役権は承役地
を占有すべき権利を含まないので，返還請求権は否定され，妨害排除請求権
と妨害予防請求権だけが認められる。

3.3.2 承役地所有者の義務

承役地の所有者は，地役権者の権利行使を受忍する義務を負う。しかし，
設定行為または設定後の契約によって，承役地の所有者が自己の費用で地役
権行使のために工作物の設置・修繕の義務を負うことがあり，その場合に
は，この義務は，登記されることによって承役地所有者の特定承継人（例え
ば承役地の買主）にも負担される（286条，不登80条1項3号）。これに対し，承
役地の所有者は，いつでも，地役権に必要な土地の部分の所有権を放棄して
地役権者に移転し，その義務を免れることができる（287条）。この放棄によ
る所有権の移転は無償であり，所有権が地役権者に移転した時に，地役権は
混同（179条1項）によって消滅する。また，承役地の所有者は，地役権の行
使を妨げない範囲内で，承役地上に設けられた工作物を使用することができ
るが，その場合に，承役地の所有者は，利益を受ける割合に応じて工作物の
設置・保存の費用を分担する義務を負う（288条）。

3.3.3 対価の支払い

対価の支払いは，必ずしも地役権の要素ではないが，承役地の所有者から
すれば，要役地の便益のために負担を強いられるのであるから，対価を支払
うのが原則と考えられている。ただ，定期的に支払われるのではなく，補償
金として一時に支払われるのが通常である。

3.4　地役権の消滅

3.4.1　地役権の消滅原因

　地役権は，設定契約に定めた期間の満了によって消滅する。また，地役権者が地役権を放棄することによっても消滅する。前述のように，承役地の所有者が地役権に必要な土地の部分の所有権を放棄して地役権者に移転した場合にも，地役権は消滅する。さらに，要役地または承役地の滅失によっても消滅する。このほか，承役地の時効取得や地役権の時効消滅によって，地役権は消滅する。民法は，最後の2つの消滅原因について，特別な規定を設けている。

3.4.2　承役地の時効取得による消滅

　承役地の占有者が取得時効に必要な要件を具備する占有をしたときは，これによって承役地上の地役権は消滅する (289条)。時効取得は原始取得と解されるので，地役権の消滅は当然のことである。ただし，承役地の占有者が地役権の存在を容認して占有をしたときは，地役権の負担付きの所有権が時効取得される (大判大9・7・16民録26輯1108頁)。また，その占有期間中に地役権者が地役権を行使した場合，時効の基礎である占有は地役権の制限を受けるので，承役地が時効取得されても地役権は消滅しない。290条はこのことを述べたものである。なお，290条の「地役権の消滅時効」は，承役地の時効取得による地役権の消滅のことを指しているが，表現は適切ではない。

3.4.3　地役権の消滅時効

　地役権も166条2項に従って20年の消滅時効により消滅するが，時効の起算点について特則が設けられている。すなわち，不継続の地役権については，最後の行使の時から起算し，継続の地役権については，その行使を妨げる事実が生じた時から起算する (291条)。そして，地役権者が権利の一部を行使しないとき (例えば，2メートル幅の通路を設けることができるのに，1メートル幅の通路しか設けていないとき) は，その不行使の部分について地役権が時効によって消滅する (293条)。

第4節 入会権

4.1 入会権の意義

4.1.1 意 義

一般に，**入会権**は，1個または数個の村（自然村）に居住する住民が一定の山林や原野（入会地）に入って，家畜の飼料となる草を刈ったり，薪を取ったりなどして，共同で利用する権利をいい，民法の制定前から認められてきた慣習上の権利である。江戸時代においては，入会地の所有形態との関係から，村中入会（村の持地に村の住民が入り会うもの），数村持地入会（数村の持地に各村の住民が入り会うもの），他村持地入会（他村の持地に一定の村の住民が入り会うもの）などが区別されていた。

4.1.2 共有入会権と地役入会権

明治31（1898）年に施行された現行民法は，入会慣行に民法上の物権としての地位を認めた。ただ，民法は，入会権については地方の慣習によることを定めているのにとどまり，民法自身がその具体的な内容を明らかにしていない。すなわち，山林原野を入会利用する住民の集団（入会団体）が入会地を共同所有している場合（共有の性質を有する入会権−「共有入会権」と呼ばれる）については，共有のところに規定を置き，各地方の慣習に従うほか，共有の規定が適用されるとしている（263条）。また，入会団体が他人の所有する土地上に入会権を有する場合（共有の性質を有しない入会権―「地役入会権」と呼ばれる）については，地役権のところに規定を置き，各地方の慣習によるほか，地役権の規定が準用されるとしている（294条）*。しかし，入会権について共有や地役権の規定が適用または準用されることはほとんどなく，もっぱら各地方の慣習に従う。

その後，昭和41（1966）年に「入会林野等に係る権利関係の近代化の助長に関する法律」が施行され，入会権の近代化が図られることとなった。この法律で入会権の近代化というのは，林野の高度利用を図るために，入会林野

に存する入会権を消滅させて，所有権，地上権あるいは賃借権などの近代的な権利に置き換えることをいう（入会林野 12 条）。

> ＊厳密にいえば，入会地が入会団体の共同所有（総有）に属する共有入会権は，用益物権に該当せず，他人の所有地を入会団体が利用する地役入会権が本章の用益物権に当たる。

4.2　入会権の内容

4.2.1　入会権の主体

入会権の主体は，慣行上定まっており，通常は村の住民集団（1 つの村あるいは数個の村の住民集団－入会団体）である。その集団の構成員（入会権者）となる資格も慣習によって定められている。本家の家長以外に認められるか，他から移住してきた者に認めるかどうかも慣習によって決まる。他へ移住した者についてはその資格を失うことが多いとされる。

4.2.2　入会地の利用

入会地の利用は，慣習と入会団体における寄合いによって決定される。

(1)　入会権の古典的形態

明治初期までは，山林原野において，入会権者が農業や生活のための物資（薪炭用材・飼料用草・肥料用草・山菜など）を採取することが行われていた。そこでは，採取に使用できる器具，1 回の採取量，入会地で採取する期日などによって，入会地の利用が制限されている場合が少なくなかった。このような利用形態の入会権を「入会権の古典的形態」と呼ばれる。

(2)　近代的な利用形態

社会経済の発展に伴って農村生活が変化し，入会地の利用形態が大きく変化した。近代的な利用形態としては，次の 3 つのものがあるとされている。

(ア)　**団体的直轄利用形態**　　これは，各入会権者の利用を禁じ，入会団体自体が入会地を直轄的に利用して造林などの事業を行い，それによって得た収益を入会権者に分配したり入会団体の事業費（例えば村の学校建設費）に当

てたりするものであり，「留山」と呼ばれる。最高裁の判例には，この形態に属する入会権を認めたものがある（最判昭42・3・17民集21巻2号388頁―入会権の解体消滅を認めた事案）。

(イ)　**個人分割利用形態**　　これは，入会地を分割して個々の入会権者に原則として平等に割り当てて，その個別的利用を許すものであり，「割山」・「分け地」などと呼ばれる。入会地の利用がこのような形態を取る場合，入会権の存在が認められるかどうか問題となるが，最高裁の判例には入会権を肯定したものと否定したものとがある（最判昭40・5・20民集19巻4号822頁［百選I5版補-77]―入会権を肯定，最判昭32・9・13民集11巻9号1518頁―入会権を否定）。

(ウ)　**契約利用形態**　　これは，入会団体が特定の入会権者または第三者と契約して，その者に入会地の全部または一部を利用させるものであり，契約の対価は入会団体が取得する。入会地を利用する特定の入会権者または第三者は，この土地に造林をしたり，牧場・別荘地・ゴルフ場などに利用したりする。

　これら近代的な利用形態では，個々の入会権者による古典的な共同利用は制約ないし禁止されることになる。

4.2.3　入会権の対外関係

(1)　入会権の公示

　入会権は，不動産登記法上，登記が認められていない（不登3条参照）。入会権の内容は，もっぱら各地の慣習によって定まるからである。そのため，入会権は登記がなくても第三者に対抗することができる（大判明36・6・19民録9輯759頁，大判大10・11・28民録27輯2045頁）。ただ，共有入会権については，入会地の所有権が入会団体の代表者名義や村に所在する寺・神社などの名義で登記されている場合があり，その登記を信頼して名義人と取引した第三者との間で入会権の存否をめぐって争いを生じることがある。この場合には，登記を信頼した第三者の保護のために，94条2項が適用または類推適用される余地はない（最判昭57・7・1民集36巻6号891頁）。入会権を登記する方法がないため，入会地について他人名義の登記をしても入会団体に帰責事

由がないからである。

(2)　入会に関する権利の主張

　入会に関する権利主張については，共有における共有物に関する権利主張
(→**第 4 章 5.2.3** 参照) と同様の問題がある。まず，入会権の確認を求める訴え
は，入会権者全員が共同して提起しなければならない固有必要的共同訴訟で
あるとされる (最判昭 41・11・25 民集 20 巻 9 号 1921 頁 [百選 I 初版-77])。共有関
係の主張の場合と同様に，入会権者の 1 人が単独で訴えを提起できるとする
と，その者が敗訴した場合には，原告にならなかった他の入会権者も敗訴判
決による不利益を受けるからである。しかし，その反面，入会権者の 1 人で
も訴えの提起に同調しない場合には，他の入会権者の権利行使が不可能とな
って妥当ではない。そこで，判例 (最判平 20・7・17 民集 62 巻 7 号 1994 頁) は，
訴えの提起に同調しない入会権者があるときは，非同調者も被告に加えて入
会権者全員が訴訟当事者となる形式で入会権確認の訴えを提起することがで
きるとする。また，「村落住民が入会団体を形成し，それが権利能力なき社
団に当たる場合には，当該入会団体は，構成員全員の総有に属する不動産に
つき，これを争う者を被告とする総有権確認請求訴訟を追行する原告適格を
有する」と判示した判例がある (最判平 6・5・31 民集 48 巻 4 号 1065 頁 [百選 I 8
版-78]。権利能力なき社団については→民法総則の教科書・参考書参照)。

　これに対し，入会権者であると主張する者が他の入会権者との間で入会権
を有することの確認を求める訴え (最判昭 58・2・8 判時 1092 号 62 頁) や，入会
地における使用収益権を争いまたはその行使を妨害する者に対する使用収益
権の確認または妨害排除の請求 (前掲最判昭 57・7・1) は，各入会権者が単独
で行うことができる。ただし，入会地について無効な登記が行われた場合に
は，各入会権者はその抹消登記を請求することはできず，入会権に基づいて
入会権者全員が共同して請求しなければならない (前掲最判昭 57・7・1-入会地
の無効な地上権設定仮登記がなれた事案)。無効な登記によって侵害を受けるのは
入会権自体であって，各入会権者の使用収益権の行使は無効な登記の存在の
みによって妨害を受けることはないからである。

4.3 入会権の消滅

4.3.1 入会権者の合意による入会権の消滅

入会権は，前述の入会林野の整備により，所有権や地上権などの近代的な権利に置き換えられることによって消滅する。このほか，入会権者の合意によって消滅する。例えば，共有の性質を有する入会権において，入会権者の合意により，入会地としての管理・利用を廃止し，その土地を他に売却したり入会権者に分割したりする場合である。なお，共有の性質を有する入会権に関する各地方の慣習の効力は，入会権の処分についても及び，入会権者全員の同意を要件としないで同処分を認める慣習であっても，公序良俗に反するなどその効力を否定すべき特段の事情が認められない限り，有効とされる（最判平20・4・14民集62巻5号909頁）。

4.3.2 団体的統制の消滅による入会権の消滅

入会権者の間に明確な合意がなくても，入会団体による集団的な管理・利用がなされなくなれば，入会権は消滅する。その結果，共有の性質を有する入会権では民法上の共有になり，共有の性質を有しない入会権では，土地所有者が自由に所有権を行使できるようになる。

第 6 章　占有権

第 1 節　総　説

1.1　占有権

1.1.1　意　義

　占有権とは，人が物を事実上支配している場合に，物の支配という事実に基づいて生じる権利をいう。民法は，占有権を「自己のためにする意思をもって物を所持すること」により取得する権利と規定している (180条)。そして，「自己のためにする意思をもって物を所持すること」を占有というので，占有権は占有を要件とする権利であり，この占有権という権利から種々の効力が発生するという構成を取っている。

　占有権は，物の支配を根拠づける権利 (本権) の有無を問わず，その支配に基づいて認められる権利であるため，なぜ占有権という特殊な権利が認められているのかという，占有権の存在意義 (占有権が定められている理由) が問題となる。これについては，従来からの支配的な見解によれば，占有権は，人の物支配の現状を保護して自力救済を禁止することにより，社会の平和と物支配の秩序を維持することを目的とするものであるとされる。この見解は，占有の訴え (占有訴権→**3.3** 参照) を中心に占有権の存在意義を一元的に説明するものである。しかし，次に述べるように，占有権の効力は多種多様であり，それに応じて占有権の機能も様々である。そのため，占有権の存在意義を占有の訴えを中心に一元的に説明することは困難であり，現在では占有権の存在意義をその機能の面から多元的に捉えようとする見解が一般的になっている。

1.1.2　占有権の効力の多様性

　占有権の効力として，次のものを挙げることができる。①占有には本権が伴うという権利の推定（188条），②善意占有者の果実取得（189条），③善意占有者の占有物の滅失・損傷に対する責任の軽減（191条），④動産の即時取得（192条～194条），⑤家畜外動物の所有権の取得（195条），⑥占有物返還時の費用償還請求（196条），⑦占有の侵害に対する救済としての占有の訴え（197条～202条），⑧その他の効力（取得時効〔162条〕・動産物権変動の対抗力〔178条〕・無主物先占〔239条〕・遺失物拾得〔240条〕など）。

　このような占有権の効力の多様性は，基本的にはその沿革に由来するといわれている[1]。すなわち，沿革的に見ると，民法の占有権は，ローマ法のポセッシオ（possessio）とゲルマン法のゲヴェーレ（Gewere）の双方に起源をもち，両者の混交的な性質を有している。前者のポッセシオは，物支配の事実を所有権などの物の支配を根拠づける権利から切り離し，物支配の事実をそれ自体として保護することに主眼があり，占有の訴えがその中心におかれていた。上述の②③⑥⑦の効力は，このローマ法のポセッシオに由来している。これに対し，後者のゲヴェーレでは，物支配の事実が一般に本権を表象しまたは本権の表現形式であると捉えられ，そこでは物支配の事実と本権の存在とは密接不可分の関係におかれていた。上述の①④⑤の効力は，このゲルマン法のゲヴェーレに由来している。

1.1.3　占有権の機能の多元性

　1.1.2で述べた占有権の効力の多様性は，占有権の機能の多元性と結びつけて理解することができる。すなわち，第1は，占有保護機能である。これは，物の事実的支配である占有をそれ自体として保護する機能であり，⑦占有の訴えはこの機能と結びついている。第2は，本権取得機能である。これは，占有者の事実的支配を一定の要件の下で本権に基づく支配に昇格させる機能である。②善意占有者の果実取得，⑤家畜外動物の所有権の取得のほか，⑧の取得時効・無主物先占・遺失物拾得などがこの機能と結びついている。第3は，本権表章・公示機能である。これは，①権利推定の効力（188

1）　舟橋・272頁以下，我妻＝有泉・457頁以下。

条）によって占有者が物権者の外観を持つことにより，この外観に対する第三者の信頼を保護する機能である。⑧の動産物権変動の対抗力（占有の公示力）と④動産の即時取得がこの機能と結びついている。第 4 は，占有物返還における善意占有者保護機能である。これは，主として所有者などの本権者（回復者）に占有物を返還する場合に，本権があると誤信していた善意占有者を保護する機能である。そして，③占有物の滅失・毀損に対する善意占有者の責任軽減や⑥占有物返還時の費用償還請求がこの機能に結びついている。

占有権は，以上のような多様な効力と結びついた多元的な機能を果たす権利と捉えることができる。

＊**1.1.2** で述べたような効力を生じるための要件となっているのは，「占有権」という権利ではなく，「占有」という物支配の事実そのものであり，民法は，占有に様々な効力が認められることから，あたかも占有の背後に占有権という 1 つの権利が存在するかのような理論構成を採っているにすぎない，とする見解が主張されている[2]。理論的にはそのように考えることも可能であるが，「占有」の効力と考えるか「占有権」の効力と考えるかは説明の違いにすぎないので，以下では従来どおり「占有権」の効力と考える。

1.2 　占有権の成立

1.2.1 　序 説

占有権が成立するためには，物の所持という客観的な要素だけで足りるのか，そのほかに占有意思という主観的な要素を必要とするかという問題が，古くドイツにおいて「占有理論」として激しく争われた。そして，この問題については，主観説と客観説の 2 つの考え方に分かれていた。

(1) 主観説

主観説は，占有権の成立要件として物の所持のほかに占有意思を必要とする見解であり，占有意思をどのように理解するかによって，この見解は，①所有者としての意思を必要とする所有者意思説，②所有者意思ではなくて物を支配する意思でよいとする支配者意思説，さらには③自己のためにする意

2） 淡路ほか・111 頁［原田純孝］。

思で足りるとする自己のためにする意思説に分かれていた（歴史的には，①→②→③の順で学説は展開してきた）。

(2) 客観説

客観説は，占有権が成立するためには物の所持だけで足りるとする見解である。この見解については，まず①物を支配するにはその利益を享受しようとする意思が働いて，それが発現して外部に所持として現れるのであるから，占有権の成立に必要な意思は所持意思で足り，それは所持に含まれるとする見解が主張され，その後②占有権の成立には純粋に客観的な物の支配という事実で足り，所持意思さえも必要ではないとする純客観説が主張されるにいたった。そして，ドイツではこの純客観説が定説となった。

(3) 主観説から客観説への進展

以上のような「占有理論」をめぐる見解は，学説では主観説から客観説へと進展していったが，この傾向は各国の立法例にも反映している。すなわち，1804年のフランス民法（2228条・2229条）と1811年のオーストリア民法（309条）は所有者意思説を採用したが*，1896年のドイツ民法（854条）と1907年のスイス民法（919条）は純客観説を採っている。

(4) 日本民法の立場

わが国の民法は，「自己のためにする意思」をもって「物を所持すること」によって占有権が成立するとしており，占有権の成立のために物の所持のほかに占有意思を要求しているので（180条），主観説の立場にあると解することができる。しかし，所持者の意思は外部から知ることができず，所持者自身もまたこれを証明することは困難であるから，占有における意思の要件を厳格に要求することは妥当でない。そこで，「自己のためにする意思」をできるだけ緩やかに解そうとするのが一般的な傾向である（→ **1.2.2**(2)参照）。

> ＊フランス民法は所有者意思説を採る立法例として指摘されるが，所有者意思が要求されるのは，取得時効の要件としての占有についてであり（フ民2229条），占有の訴えの要件としての占有については規定がないので，解釈上「自己のために行為する意思」で足りるとされている[3]。

3）　川島＝川井・新版注民（7）12頁［稲本洋之助］。

1.2.2　占有権の成立要件

わが民法における占有権の成立要件は，①自己のためにする意思（占有意思）の存在と②物の所持である。

(1)　所　持

(ア)　意　義　　**所持**とは，人が物を事実上支配していることをいう。それは，社会観念上物がその人の支配内にあると認められる客観的関係があればよく，必ずしも物を物理的に持っていることを必要としない。例えば，旅行中の人は，留守宅にある家財道具などについて所持を有している。判例では，空き家の所有者が隣家に居住し，その建物への出入りを日常的に監視して人の出入りを容易に制止できる状況にあるときは，空き家に表札や施錠がなくても，建物所有者にその空家の所持を認めたものがある（最判昭27・2・19民集6巻2号95頁）。物の支配が一時的である場合には，所持は成立しない。例えば，旅行中に列車の隣の席の人から時刻表を借りた場合などである。

(イ)　他人の支配による所持の成立　　所持は本人の直接的な物の支配によって成立するだけでなく，他人の支配を介して成立することができる。

(a)　占有補助者（占有機関）による所持の成立　　その1つは，物を直接支配している他人が独立の所持者としての地位を有しない場合である。この場合には，その他人は本人のいわば手足として補助的に物を支配しているのであり，所持は本人についてのみ成立する。このようなある人の物の支配を補助する人のことを**占有補助者**または**占有機関**という（→ **1.3.1** (2)(ア)参照）。例えば，店員は商店の主人の占有補助者として商品を支配するだけであり，店員ではなく商店の主人について商品の所持が成立する。

(b)　占有代理人による所持の成立　　その2つは，物を直接支配している他人が独立の所持者と認められる場合である。この場合には，その他人を**占有代理人**といい，本人はこの占有代理人を介して所持すると解されている。そして，所持が本人と占有代理人にそれぞれ成立するので，占有も両者それぞれに成立する。このような占有代理人を介して成立する本人の占有を**代理占有**という（→ **1.3.1** (1)参照）。例えば，建物賃借人がここでいう占有代理人に該当し，建物賃借人に建物の所持が成立し，それを介して賃貸人にも建物の所持が成立する。そして，建物賃借人に建物の占有が成立するとともに，賃

貸人にも建物の占有が成立する。

(2)　自己のためにする意思

　自己のためにする意思とは，物を自己の利益のために所持するという意思をいう。前述したように，この意思をなるべく緩やかに解釈するのが現在の一般的な傾向である。すなわち，まずこの意思の有無は，所持を生じた原因または権原の性質から客観的に判断され，所持者の内心の意思は問題とされない。したがって，所有者，地上権者，賃借人はもとより他人の物を盗んだ者も，その様な者であるというだけで自己のためにする意思があるとされる。また，他人の利益のために物を保管する受寄者，受任者，運送人なども，自己の責任で物を所持しており，所持を失わないことに利益があるので，自己のためにする意思があるとされる。

　次に，自己のためにする意思は，一般的・潜在的にあればよいとされる。例えば，郵便受けや牛乳受けを設置することは，その中に投入される郵便物や牛乳を自己の利益のために所持する一般的・潜在的な意思があるとみられる。したがって，本人の知らない間に郵便受けや牛乳受けに投入された郵便物や牛乳について本人の占有が成立する。なお，自己のためにする意思は，占有が成立するための要件にとどまり，占有が継続するための要件ではないと解されている[4]。

1.3　占有の種類

1.3.1　代理占有

(1)　意　義

【設例Ⅵ-1】　Aは，所有の建物についてBと賃貸借契約を結び，これをBに引き渡した。この建物には，現在賃借人Bが住んでいる。この場合における建物の占有関係はどうなるか。

　代理占有とは，他人（占有代理人）の所持によって成立する占有をいう（181条）。これに対し，自己の直接の所持によって成立する占有を**自己占有**

---
4 ）　我妻・有泉コンメン 421 頁。

という。【設例Ⅵ-1】の建物の賃貸借において，建物を直接所持している賃借人Ｂについて占有が成立するが，賃貸人Ａにも賃借人Ｂの所持を介して建物の占有が成立する。この場合の賃貸人Ａの占有を代理占有，賃借人Ｂを占有代理人，Ｂの占有を自己占有という。

　代理占有の関係は，他人の所持によって本人が占有を取得するという点で民法総則の代理（99条以下）と似ているので，民法はこの他人を「代理人」と称している。しかし，①本人の占有の取得は他人の意思表示の効力ではなく，他人の所持という事実関係の効力であり，②代理では代理人の意思表示の効力は全部本人に帰属するが，代理占有では他人の所持の効力は本人のみならず占有代理人自身にも帰属することから，代理占有は代理の一種ではない。なお，講学上，ドイツ民法にならって本人の占有を「間接占有」，本人を「間接占有者」，占有代理人の占有を「直接占有」，占有代理人を「直接占有者」と呼ぶことがある。表現としては，こちらの方が優れている。

(2) 代理占有の成立要件

　代理占有の成立要件は，①占有代理人が独立した所持を有すること，②占有代理人が本人のためにする意思を有すること，③本人と占有代理人の間に占有代理関係が存在すること，である。

(ア) 占有代理人の独立の所持

代理占有が成立するためには，第１に，占有代理人が独立の所持を有していることが必要である。本人以外の者が現実に所持しているように見える場合であっても，その者に独立の所持が認められないことがある。この場合には，本人についてのみ自己占有が成立する。このように，現実に所持していても独立して物を所持していると認められない者を占有補助者（占有機関）という。例えば，株式会社の代表取締役が会社の代表者として土地を占有している場合（最判昭32・2・15民集11巻2号270頁［百選Ⅰ8版-66]）や，使用人が雇主の家屋に居住している場合（最判昭35・4・7民集14巻5号751頁［百選Ⅰ3版-64]），これらの者は本人（会社や雇主）の占有補助者にすぎず，これらの者が所持していても本人に所持があると解され，本人の自己占有が成立するにすぎない。

　もっとも，実際の所持者が占有補助者であるかどうかは，原理的に決まるのではなく，占有の効力をその者に帰属させるのが妥当かどうかを考慮しな

がら，個別具体的に判断される。そのため，一般的に占有補助者とされる者であっても，特別の事情により占有者と認められる場合があるとされる。なお，夫が占有する家屋について妻は従来占有補助者とされてきたが，現在では夫と共同の占有者であると解するのが一般的である。

　(イ)　**占有代理人の本人のためにする意思**　　代理占有が成立するためには，第2に，占有代理人に本人のためにする意思があることが必要である。本人のためにする意思とは，本人の利益のために所持するという意思である。この意思は，自己占有における自己のためにする意思と同様に，所持を生じさせた原因または権原の性質に従って客観的に判断される。したがって，この要件は，次の占有代理関係の要件に吸収される。

　なお，この本人のためにする意思は，占有代理人自身の自己のためにする意思と併存することが可能である。例えば，【設例Ⅵ-1】の建物賃借人Bには，賃貸人Aのためにする意思とともにB自身のためにする意思がある。そのため，賃借建物についてAの代理占有とBの自己占有が成立する。

　(ウ)　**占有代理関係の存在**　　代理占有が成立するためには，第3に，本人と占有代理人との間に**占有代理関係**がなければならない。占有代理関係とは，簡単にいえば，占有代理人が本人に対して物の返還義務を負う関係をいう。そして，占有代理人が地上権・質権・賃貸借・使用貸借・寄託などに基づいて物を所持しておれば，本人と占有代理人との間にこの占有代理関係があるとされる。占有代理関係を生じる法律行為は有効である必要はない。例えば，【設例Ⅵ-1】におけるAB間の建物賃貸借が当初から無効であっても，AB間に占有代理関係があるとされ，本人Aは代理占有を取得する。

　(3)　**代理占有の効果**

　代理占有によって，本人は占有代理人が所持する物の上に占有権を取得する。また，占有代理人も自己占有によって占有権を取得する。占有が侵奪されたかどうかは，占有代理人について判断される（大判大11・11・27民集1巻692頁）。そして，占有代理人について占有侵奪が判断された場合には，本人も占有代理人も占有回収の訴えをすることができる（197条・200条→**3.3.3**(1)参照）。

1.3.2　自主占有と他主占有

(1)　意　義

自主占有とは，所有の意思に基づく占有をいう。所有の意思は，所有者と同様に物を排他的に支配しようとする意思であり，自己が所有者であると信じる必要はなく，また所有権を有していることも必要でない。この意思は，所持を生じさせた原因または権原の性質から客観的に判断される（最判昭45・6・18判時600号83頁）。例えば，物の買主や他人の物を盗んだ者の占有は，そのことだけで自主占有となる。売買が無効であっても関係がなく，無効な売買の買主の占有は自主占有である。これに対し，**他主占有**とは，所有の意思のない占有をいう。これは，他人に所有権があることを前提とした占有であり，賃借人や受寄者などの占有は，当然に他主占有となる。なお，占有者は自主占有者と推定される（186条1項）。

　自主占有と他主占有の区別は，取得時効（162条），無主物先占（239条1項），占有物の滅失・毀損に対する占有者の責任（191条ただし書）などについて意味がある。

(2)　**他主占有から自主占有への転換**

　他主占有であっても，次の場合には自主占有に変わる。第1は，他主占有者が，自己に占有させた者に対して所有の意思のあることを表示した場合である（185条前段）。例えば，賃借人が賃貸人に対して所有の意思のあることを表示した場合である。この場合には，所有の意思が表示された時から他主占有は自主占有に変わる。しかし，所有の意思も所持を生じさせた原因または権原の性質から客観的に判断されることから，他主占有者の意思の表示だけで占有の性質が変更するのは妥当でなく，新たに自主占有となるべき客観的な原因または権原が必要であるとする見解が主張されている[5]。

　第2は，他主占有者が，新たに自主占有権原を取得し，この権原に基づいて占有を開始した場合である（185条後段）。例えば，賃借人が賃貸人から賃借物を買い取った場合であり，この場合には賃借物の売買が自主占有権原に当たり，賃借人が買い取った時から賃借人の他主占有は自主占有に変わる。なお，相続が185条後段にいう「新権原」に当たるかどうか問題となるが，

---

5)　我妻＝有泉・394頁，石口・416頁など。

これについては後述する（→ **2.3.3** 参照）。

1.3.3　その他の種類

(1)　善意占有と悪意占有

善意占有とは，所有権・地上権・永小作権・賃借権などの本権がないにもかかわらず，本権があると誤信してなされる占有をいう。これに対し，**悪意占有**は，本権がないことを知りながら，または本権の有無について疑いを持ちながらなされる占有をいう。一般に善意はある事実についての不知を意味し，疑いを持つ場合でも善意とされるが，善意占有の効果は短期取得時効・即時取得・果実の取得などの本権取得的な効果であるので，本権の有無について疑いを有する場合には悪意と解されている（通説）。なお，本権のない占有者は善意で占有するものと推定される（186条1項）。しかし，果実の取得については特則がある（189条2項→ **3.2.1** (2)参照）。

善意占有と悪意占有の区別は，取得時効，占有者の果実取得（189条・190条），占有者の責任（191条），即時取得（192条），占有者の費用償還請求（196条）などについて意味がある。

(2)　過失ある占有と過失なき占有

これは善意占有についての区別であり，本権がないのに本権があると誤信することについて過失があるかどうかによる区別である。そして，過失がある場合の占有を**過失ある占有**，過失がない場合の占有を**過失なき占有**という。この区別は，取得時効や即時取得などについて意味がある。

善意占有者の無過失は推定されない（186条参照）。しかし，即時取得については，188条によって占有者の無過失が推定されることは，即時取得の箇所で述べたとおりである（→第3章 **4.4.2** (5)参照）。

(3)　瑕疵ある占有と瑕疵なき占有

瑕疵ある占有とは，強暴・隠匿・悪意・有過失・不継続などの完全な占有としての効力の発生を妨げる事情のいずれかを伴う占有をいい，これらの事情のいずれも伴わない占有を**瑕疵なき占有**という。強暴とは暴行または強迫をいい，この反対が平穏である。隠匿とは，他人に占有の事実を知らせないために故意に隠蔽することをいい，この反対が公然である。また，不継続と

は，ある時点でだけ占有が成立することをいい，継続がこの反対である。したがって，瑕疵なき占有とは，平穏・公然・善意・無過失・継続の占有をいう。

　瑕疵ある占有は，取得時効や即時取得などについて不利益を受け，占有の承継に関して問題となる（187条2項→ 2.2 参照）。なお，無過失以外については，占有は瑕疵のないものと推定される（186条）。

第2節　　占有権の取得

2.1　　原始取得と承継取得

　占有権の取得には，①占有権を原始的に取得する場合と，②すでに成立している占有権を承継的に取得する場合とがある。

2.1.1　占有権の原始取得

　占有権は占有を要件とする権利であるから，占有が新たに成立することによって占有権が原始取得される。すなわち，**占有権の原始取得**とは，自己のためにする意思で新たに物を事実上支配することによって占有権を取得することをいう。例えば，猟師が山林で狸を見つけて岩穴に追い込み，逃げられないように入口を石塊でふさいだ場合（大判大14・6・9刑集4巻378頁）や，知事から海岸に散在する貝殻の払い下げを受けた者が公示のために標杭を立てて監視員を置いた場合（大判昭10・9・3民集14巻1640頁）には，狸や貝殻について占有権の原始取得が認められる。占有権の原始取得については，占有物について前の占有者がいる場合といない場合とがある（上の2例は，いずれも前の占有者がいない場合である）。また，占有権は，占有代理人が占有を新たに取得することによって，本人も原始的に取得することができる（181条）。

2.1.2　占有権の承継取得

(1)　占有権の承継取得

占有権の承継取得とは，同一性を保ちながら前の占有者の占有権を引き継ぐことをいう。例えば，物がAからBに売却されて引き渡された場合，物の引渡しによってAの占有権がBに移転され，BはAの占有権を承継取得する。占有権の取得について実際上重要なのは，占有権の承継取得である。

(2)　承継取得の方式

承継取得の方式には，①現実の引渡し（182条1項），②簡易の引渡し（同条2項），③占有改定（183条），④指図による占有移転（184条）の4つがある。これらについては，動産物権変動の対抗要件との関係ですでに説明したので，ここでは省略する（→第3章 4.2 参照）。

2.2　占有権承継の効果

2.2.1　占有権取得の二面性

占有権を承継取得した者は，一面では前主の占有権を引き継いだとみることができるが，他面では自ら占有権を原始取得したとみることができる。すなわち，①前主の占有権の承継取得と②承継人による占有権の原始取得の二面性がみられる。例えば，BがAから物を買い受けて引渡しを受けた場合，譲受人Bは，一面ではAの占有権がBに移転されたことによってAの占有権を承継取得したということができるが，他面では目的物の支配を新たに獲得したことによって占有権を原始取得したとみることができる。

そのため，占有権の承継取得者は，その選択に従い，自己の占有のみを主張することもできるし，自己の占有と前主の占有を併せて主張することもできる（187条1項）。ここでいう前主には直前の占有者だけでなく，占有の承継関係が続く限り，任意に選択された前主も含まれる。そして，前主の占有を併せて主張する場合には，前主の占有の瑕疵も承継する（同条2項）。例えば，A→B→Cと占有が承継されてきた場合において，①Aは4年間の悪意占有，Bは3年間の善意占有，Cは5年間の善意占有を継続してきたとき，CがABの占有を併せて主張すれば，Aの占有は悪意という瑕疵のある

占有であるので，12 年の悪意占有になる。これに対し，② ABC の占有がすべて善意占有であれば，C は AB の占有を併せて 12 年の善意占有を主張することができる。また，③ AC は善意占有であるが，B が悪意占有であるとき，ABC を併せた 12 年の占有は善意占有になるのか悪意占有になるのか問題となるが，これについては次で述べる。

2.2.2　占有権の承継と所有権の取得時効

　占有権の承継が実際に問題となるのは，占有者が所有権の取得時効 (162条) を主張する場合である。

> **【設例Ⅵ-2】** D 所有の土地について，A (占有期間：4 年) → B (3 年) → C (5 年) と占有が承継された。ABC の占有はいずれも平穏・公然・善意・無過失の瑕疵なき自主占有である場合，C は D に対して AB の占有を併せて 10 年の短期取得時効を主張することができるか。

　この場合，C は AB の占有を併せて 12 年の平穏・公然・善意・無過失の自主占有を主張することができるので (187条1項)，D の土地に対する C の短期取得時効が認められる (162条2項)。

> **【設例Ⅵ-3】** **【設例Ⅵ-2】** において，A と C の占有は瑕疵なき占有であるが，B の占有が瑕疵 (悪意) ある占有の場合には，C の短期取得時効は認められるか。
> A (瑕疵なき占有：4 年) → B (悪意占有：3 年) → C (瑕疵なき占有：5 年)

　【設例Ⅵ-3】 の場合，短期取得時効の要件である善意・無過失は最初の占有者 A の占有開始時点で判定すればよいのか (162条2項参照)，それとも C が併せて主張する占有には中間者 B の悪意占有が承継されるのかが問題となる。前者であるとすれば，ABC の占有を併せた 12 年の占有は善意・無過失の占有となり，後者であるとすれば，それは 12 年の悪意占有となる。この問題について，判例は前者の見解をとり，占有開始時に善意・無過失であることという短期取得時効の成立要件は，同一人により継続された占有が主張される場合だけでなく，2 個以上の占有が併せて主張される場合にも適用され，後者の場合には，善意・無過失は併合された占有の最初のものについ

てその開始時において判断すればよいと判示した（最判昭 53・3・6 民集 32 巻 2
号 135 頁［百選 I 8 版-46］）。一般に，善意・無過失で開始された占有が時効期
間の途中で悪意占有に転じても，それによって時効の完成が妨げられないか
らである。したがって，【設例 VI-3】では，C が併せて主張する占有の最初
のものである A の占有が瑕疵なき占有であるので，C は 12 年の瑕疵なき占
有を主張することができ，短期取得時効が認められる。

　しかし，学説では，187 条 2 項により C は B の占有の瑕疵も承継すると
解して，短期取得時効が成立するためには ABC 全員の占有が瑕疵なき占有
であることを要すると解する有力説もある。

2.3　占有権の相続

2.3.1　相続による占有権の承継

　占有権は，相続によっても承継取得される（最判昭 44・10・30 民集 23 巻 10 号
1881 頁。通説）。相続による占有権の承継は，相続人による相続開始の知・不
知や相続財産の現実的所持の有無に関係なく法律上当然に生じ，純粋に観念
的なものである。このような相続による占有権の承継を認めないと，相続人
がまだ相続財産を現実に所持していない場合には占有の訴え（→ 3.3 参照）
を行使することができなくなり，また被相続人の占有と併せた取得時効の主
張が困難となり，不都合が生じるからである。

2.3.2　相続人の占有権取得の二面性

　相続人の占有権取得についても二面性があり，一面では被相続人から占有
権を承継したとみることができ（被相続人の占有権の承継取得），他面では相続
人が事実上相続財産を所持することによって占有権を原始的に取得したとみ
ることができる（相続人による占有権の原始取得）。そのため，相続による占有
権の承継についても 187 条が適用されるかどうか問題となる。これについ
て，判例は当初，相続人は被相続人の占有を承継するだけであり，自己の占
有を主張することができないとして，相続による占有権の承継について 187
条の適用を否定していた（大判大 4・6・23 民録 21 輯 1005 頁）。しかしその後，

この見解を改めて相続人の占有権取得の二面性を認め，相続人はその選択に従い自己の占有のみを主張し，または被相続人の占有に自己の占有を併せて主張することができるとして，187 条の適用を肯定するにいたった（最判昭 37・5・18 民集 16 巻 5 号 1073 頁）。

2.3.3　相続と新権原

前述したように，相続が 185 条後段にいう「新権原」に当たるかどうかが問題となる。

> 【設例VI-4】　父親 A は，C から依頼されて管理のために鹿児島にあるその所有建物甲に長年の間 1 人で居住していた。A の 1 人息子 B は，早くから東京に出て働いていたが，A が死亡したので東京から戻り，甲建物に居住を始めた。そして，事情を知らない B は，相続によって A から甲建物の所有権を取得したと信じていた。この場合に，B の甲建物に対する占有は自主占有になるか。

判例は当初，相続人は被相続人の占有を承継するだけであると解していたことから，被相続人の占有が他主占有である場合には，それが相続人に引き継がれるだけであり，相続人は 185 条後段の新権原による自主占有への転換を主張することができないとしていた（大判昭 6・8・7 民集 10 巻 763 頁）。しかしその後，これを改めて相続人の占有権取得の二面性により相続人自身の占有を肯定し，他主占有者の相続人が新たに物を事実上支配することにより占有を開始し，相続人に所有の意思があると認められる場合には，相続人は 185 条後段にいう「新権原」によって自主占有を始めたものと解している（最判昭 46・11・30 民集 25 巻 8 号 1437 頁〔百選 I 4 版-63〕――ただし，相続人が一時賃料を支払っていたことから，所有の意思を否定された事案）。

この判例は，相続それ自体が常に「新権原」に当たるのではなく，相続人固有の占有について所有の意思が認められる場合に相続が「新権原」に当たるとするものである。すなわち，権原の客観的性質から自主占有を判断するのではなく，相続人固有の占有が所有の意思に基づくものとみることができる場合には，相続を「新権原」とした自主占有が認められるという逆転した判断構造になっている[6]。そして，相続人に所有の意思が認められるために

は，「その事実的支配が外形的客観的にみて独自の所有の意思に基づくもの
と解される事情」（**自主占有事情**）が必要とされる（最判平 8・11・12 民集 50 巻 10
号 2591 頁［百選 I 8 版-67]）。例えば，相続人が登記済証を所持していること，
固定資産税を継続して納付していること，物の管理使用を専行していること，
賃借人から取り立てた賃料を生活料に費消してきたことなどの事情があ
れば，相続人は独自の所有の意思に基づいて占有を開始したと判断される
（前掲最判平 8・11・12［百選 I 8 版-67]）。なお，自主占有事情のあることは，相
続人が証明しなければならない（前掲最判平 8・11・12［百選 I 8 版-67]）。

第 3 節　占有権の効力

　占有権の効力は，占有制度上は，①占有には本権が伴うという権利の推定
（188 条），②善意占有者の果実取得（189 条），③善意占有者の占有物の滅失・
損傷に対する責任の軽減（191 条），④動産の即時取得（192 条〜194 条），⑤家
畜外動物の所有権の取得（195 条），⑥占有物返還時の費用償還請求（196 条），
⑦占有の侵害に対する救済としての占有の訴え（197 条〜202 条）であり，そ
の他の制度上は，取得時効（162 条），動産物権変動の対抗力（178 条），無主
物先占（239 条），遺失物拾得（240 条）などである。これらのうち，取得時効
は民法総則で扱われ，動産物権変動の対抗力，即時取得および無主物先占・
遺失物拾得は**第 3 章第 4 節** `4.2` と `4.4` および**第 4 章第 4 節** `4.2` でそれぞれ取
り上げたので，以下ではそれら以外のものを説明する。

`3.1`　本権の推定

3.1.1　占有による本権の推定
　占有者が占有物について行使する権利は，適法に有するものと推定される
（188 条）。本条の推定は，多くの場合占有者は物の支配を正当化づける権利

---

6)　安永・214 頁。

（本権）に基づいて物を所持しているという蓋然性を根拠としている。そして，占有者は，占有の事実を立証しさえすれば本権を適法に有するものと推定されるので，本権を立証すべき負担が軽減される。もっとも，「推定」は相手方の反証によって破られるまでは正当なものとされるという消極的な意味しか持たないので，推定が相手方の反証によって破られた場合には，占有者は本権を立証しなければならない。

　188条によって占有者が適法に有するものと推定される権利は，所有権に限られず，物権と債権を問わず占有を正当化するすべての権利（地上権・永小作権・賃借権など）を含む。具体的にどの権利が推定されるかは権利行使の外形から判断されるが，占有者は所有の意思をもって占有するものと推定されるので（186条1項），特段の事情のない限り所有権が推定されることになろう。

3.1.2　本権の推定が働かない場合

　188条による本権の推定は，占有者がその物の前主に対して本権の存否を争っている場合（例えば，占有者Aが所有者Bとの間で賃借権の設定を争っている場合や，占有者CがDから所有権を譲り受けたことをDとの間で争っている場合）には働かない。占有による本権の推定は権利の存在や帰属について働くだけであり，賃借権の設定や所有権の取得などの権利変動については，占有から推定することができないからである[7]。上記の例では，ABやCDの間では権利変動である賃借権の設定や所有権の取得の存否が争われているので，188条による本権の推定は働かない（最判昭35・3・1民集14巻3号327頁）。したがって，AやCは，自己の占有を根拠にして賃借権や所有権の取得を推定されないので，有効に賃借権や所有権を取得したことを自ら立証しなければならない。

3.1.3　不動産の占有と本権の推定

　わが国の民法は，ドイツ民法（1006条）やスイス民法（930条）と異なり，占有による本権の推定を動産に限定していない。しかし，不動産に関する権利の存在および変動は，不動産登記法によって登記されることになってい

7）　舟橋・308頁，川島＝川井・新版注民（7）97頁［田中整爾］。

る。そして，登記があれば登記の推定力（→**第3章3.5.1**(2)参照）が働くから，登記されている不動産については登記の推定力が優先し，未登記不動産についてのみ占有による本権の推定が働くと解されている（通説）。

3.2 占有者と回復者間の法律関係

　占有者と回復者（所有者などの本権に基づいて占有物の返還を請求する者）との間の法律関係として，①占有者の果実取得，②占有物の滅失・損傷に対する占有者の損害賠償義務，③家畜外動物の所有権取得，④占有者が占有物について支出した費用の償還請求が民法で規定されており，以下ではこれらについて説明する。

3.2.1　果実の取得

(1)　善意占有者の果実取得権

　善意の占有者は，占有物から生じる果実を取得する（189条1項）。果実を収取する権限がないにもかかわらずあると誤信した占有者は，果実を収取し消費するのが通常であり，後にその返還またはその代償を請求されるのは気の毒であるからである。ここでいう善意占有者とは，所有権・地上権・永小作権・不動産質権・賃借権などの果実収取権を伴う本権を持っていると誤信している占有者をいう。留置権や動産質権などの果実収取権のない本権を持っていると誤信した占有者や，果実収取権のない本権に収取権があると誤信した占有者は含まれない。善意であることについて占有者の過失の有無は問わない。

　果実には，天然果実と法定果実が含まれる（88条）。天然果実については，元物から分離する時に善意で収取した物を取得し，法定果実については善意占有の存続した期間の日割りで取得する（89条）。さらに，占有物を利用したことによる利益（利用利益）も含まれる（大判大14・1・20民集4巻1頁）。

(2)　悪意占有者の果実返還義務

　悪意の占有者は，現存の果実を返還し，かつすでに消費し，過失によって損傷し，または収取を怠った果実の代価を償還する義務を負う（190条1項）。

悪意占有者とは，果実収取権のある本権がないことを知っている占有者，またはこのような本権の有無について疑いを持っている占有者をいう。果実収取権のない本権を持っていると誤信した占有者や，果実収取権のない本権に収取権があると誤信した占有者も，悪意占有者と同様に扱われる。暴行・強迫または隠匿による占有者も悪意占有者と同視される（同条2項）。また，善意の占有者が本権の訴え（→ 3.3.5 参照）において敗訴したときは，その訴えの提起の時から悪意の占有者とみなされる（189条2項）。

＊189条・190条と不当利得法の関係[8]　　不当利得に関する703条と704条によれば，法律上の原因なく他人の財産から利益を受け，そのために他人に損失を及ぼした者（受益者）は，善意の（法律上の原因があると誤信していた）場合には，利益の存する限度で返還しなければならないが（703条），悪意の（法律上の原因がないことを知っていた）場合には，受けた利益を全部返還しなければならない（704条）。そうすると，悪意占有者の返還義務は，190条による場合と704条による場合とで大きな違いは生じないが，善意占有者は，189条によれば果実の返還を一切免れるのに対し，703条によれば現存する果実は返還しなければならない。そのため，善意占有者について189条と703条のどちらが適用されるのか問題となる。

　これについて，善意占有者には189条を適用して703条の適用を排除するのが判例（前掲大判大14・1・20，最判昭42・11・9判時506号36頁）および従来の通説である。しかし，今日では不当利得について類型論に立つ学説が多くなり，この立場から占有者の果実取得については189条や190条の適用を主張する見解が有力になっている。

　類型論は，不当利得を「給付不当利得」と「侵害不当利得」に類型化する。「給付不当利得」は，契約に基づいて財産的利益を給付したが，契約が無効・取消し・解除によって効力を失った場合に，給付された利益の返還を求める不当利得であり，「侵害不当利得」は，契約関係にない当事者間において，一方の権利を他方が侵害し利益を得た場合に，その利益の返還を求める不当利得である。そして，「侵害不当利得」の場合には，189条と190条のみが適用されるが，前者の「給付不当利得」の場合には，契約関係の清算という性格が重視されて，売買に関する575条の類推適用を主張する見解や両当事者が契約によって受け取ったものを同時履行の関係（533条）の下で返還しあうものとすればよいという見解などが主張されている（→不当利得に関する教科書・参考書参照）。

8）　佐久間・287頁以下参照。

3.2.2　占有物の滅失・損傷に対する損害賠償義務

　占有物が占有者の責めに帰すべき事由によって滅失または損傷したとき
は，占有者は，占有物の回復者に対して次のような責任を負う。すなわち，
①悪意の（本権のないことを知っている）占有者は，損害の全部を賠償する義務
を負う（191条本文前段）。そして，②善意の（本権があると誤信している）所有意
思のある占有者は，滅失または損傷によって「現に利益を受けている限度」
で損害を賠償する義務を負う（同条本文後段）。ただし，③所有の意思のない
占有者（質権者や賃借人などの他主占有者）は，善意であっても損害の全部を賠
償しなければならない（同条ただし書）。

　ここでいう占有物の滅失・損傷には，物理的な滅失・損傷だけでなく，社
会的・経済的にみて発見の困難な紛失や動産が即時取得された場合も含まれ
る[9]。善意の自主占有者の負う「現に利益を受けている限度」での賠償（現
存利益の賠償）義務は，自己の所有物と誤信している善意の自主占有者に全損
害を賠償させるのは気の毒であるので，不当利得の原則（703条）に従って
現存利益の限度に賠償責任を軽減したものである。したがって，例えば売買
契約が無効なのに自分の物だと誤信した家屋の占有者（買主）がそれを損傷
したときは，損傷したままで所有者である売主に家屋を返還すればよい。こ
れに対し，他主占有者は善意であっても全部の損害を賠償しなければならな
いのは，他主占有者はもともと他人の物として占有しているからである。

3.2.3　費用償還請求

(1)　必要費の償還請求

　占有者が占有物を返還する場合には，善意・悪意や所有意思の有無を問わ
ず，回復者に対して，占有物の保存のために支出した金額その他の必要費全
額の償還を請求することができる（196条1項本文）。必要費とは，物の保存や
管理のための費用をいい，家屋の修繕費，家畜の飼育費，租税などがこれに
当たる。ただし，占有者が果実を取得したときには，通常の必要費（通常の
修繕費や租税など）は占有者の負担となり（同項ただし書），臨時または特別の必
要費（災害による家屋の特別の修繕費など）について償還請求することができる。

9）　我妻＝有泉・497頁。

必要費償還請求権の履行期は，占有者が占有物を返還する時に到来する。

(2)　有益費の償還請求

　占有者が占有物の改良のために支出した金額その他の有益費については，その価格の増加が現存する場合に限り，回復者の選択に従い，支出した金額または増加額の償還を請求することができる（196 条 2 項本文）。有益費とは，物を改良して物の価値を増加させる費用をいい，土地の土盛りの費用，通路の舗装費，店舗の内装替えの費用などがこれに当たる。しかし，「利得の押しつけ」はできるだけ避けるべきであることから，有益費に該当するには，単に物の価値を増加させるだけでは不十分であり，それが支出されなければその物の通常の利用にも支障を来すことが必要とする見解もある[10]。

　有益費についても占有者の善意・悪意を問わない。ただし，悪意占有者については，裁判所は，回復者の請求によって有益費の償還義務について相当の期限を許与することができる（196 条 2 項ただし書）。この場合の有益費償還請求権の履行期は，占有者が占有物を返還する時には到来しない。

(3)　費用償還請求権と留置権

　占有者の費用償還請求権は，「他人の物の占有者」が有する「その物に関して生じた債権」に該当するので（295 条 1 項本文），占有者は費用が償還されるまで留置権を行使して占有物の返還を拒むことができる。しかし，悪意占有者の有益費償還請求権について裁判所が期限を許与したときは（196 条 2 項ただし書），占有者が占有物を返還する時には有益費償還請求権の履行期は到来せず占有物の返還が先履行になるので，留置権は成立せず（295 条 1 項ただし書），占有者は占有物の返還を拒否することができない。また，占有が不法行為によって始まった場合には，留置権は成立しない（同条 2 項）。そして，判例は，占有者が費用支出の時に占有権原がないことについて悪意または善意有過失であれば，この 295 条 2 項を類推して留置権の成立を否定する（大判大 10・12・23 民録 27 輯 2175 頁，最判昭 41・3・3 民集 20 巻 3 号 386 頁，最判昭 46・7・16 民集 25 巻 5 号 749 頁［百選 I 8 版-80］→松井・担保**第 4 章 1.2.4** 参照）。そうすると，回復者は，占有者の費用支出時の悪意を立証するだけで占有者の留置権を否定することができるので，留置権の否定のために期限の許与をわざわ

---

10)　佐久間・291 頁。

ざ裁判所に求める意味はないといわれている[11]。

3.2.4　家畜以外の動物の取得

　家畜以外の動物で他人が飼育していたものを占有する者は，その占有の開始の時に善意であり，かつその動物が飼主の占有を離れた時から1か月以内に飼主から回復の請求を受けなかったときは，その動物について行使する権利を取得する（195条）。人が飼育している家畜（牛馬・豚・犬・猫など）を占有するのは，遺失物拾得（240条→**第4章 4.2.2** 参照）による所有権取得の問題となり，また野生の家畜以外の動物（熊・猿・雀・雉・イタチなど）を占有するのは，無主物先占（239条1項→**第4章 4.2.1** 参照）による所有権取得の問題となる。これに対し，195条は両者の中間的な場合に該当し，本来は家畜以外の動物であるが人に飼育されていた場合に，このことを知らない善意の占有者の所有権取得を認めたものである。これは，人に飼育されていた家畜以外の動物が飼主から逃げ出した場合には，拾得者はこれを無主の野生動物と考えやすいし，飼主の方もあきらめがちであるからである。

　195条でいう善意とは，人に飼育されていたことを知らないことをいう。飼主がいると信じても，それが誰か知らなかったにすぎないときは善意とはいえない（大判昭7・2・16民集11巻138頁）。家畜以外の動物とは，もっぱら人に飼育されないで生活しているのが通常の状態である動物をいうが，家畜以外の動物かどうかは地域によって異なる。例えば，九官鳥は，わが国ではもっぱら人に飼育されて生活しているのが通常の状態であるから，家畜とされる（前掲大判昭7・2・16）。

3.3　占有の訴え

3.3.1　占有の訴えの意義

　占有の訴え（占有訴権）は，占有者が他人に占有を侵害されまたは侵害されるおそれがある場合に，侵害の排除または侵害の予防を請求することができる権利であり，占有（物の支配）という事実状態を本権の有無とは無関係

---

11)　佐久間・293頁。

に暫定的に保護するものである。占有の訴えは，占有に対する侵害の排除やその予防を請求して完全な物の支配状態を回復または維持することを内容とする，裁判外でも行使可能な実体法上の権利である。これが「占有の訴え」(197条以下) や「占有訴権」と呼ばれるのは，沿革上の理由によるものである[12]。そして，占有の訴えは物権的請求権の一種と解されている (通説)。これに対し，物の支配を正当化づける本権を保護する物権的請求権と本権の有無に関わりなく物の事実的支配状態を保護する占有の訴えを同列に捉えるべきでないとする反対説もある。

　民法は，占有侵害に基づく損害賠償請求権を占有の訴えの規定の中で定めている (198条～200条)。しかし，これは性質上不法行為に基づく損害賠償請求権 (債権的請求権) であり，その要件と効果は不法行為の規定に従う。

3.3.2　占有の訴えの機能

　なぜ本権の有無に関係なく占有を保護する占有の訴えが定められているのかについては，占有の訴えが持つ機能から説明することができる。そして，占有の訴えの機能には，次の3つのものがあるとされている。

(1)　社会秩序の維持・自力救済の禁止

　1つは，占有が本権に基づくか否かを問わず占有者に占有の訴えを認めることによって，現在存在している物に対する事実上の支配状態を一応保護して社会の秩序を維持し，そのことによって自力救済を禁止するという機能である。例えば，A所有の甲土地をBが不法に占拠していたところ，Aより甲土地を買い受けたCが暴力を用いてBを追い出した場合，たとえBは不法占拠者であるとしても，ともかく平穏に甲土地を占有していたところを，所有権を取得したCによって暴力でもって追い出されたのであるから，社会秩序の維持のためにBの占有を一時的にでも保護する必要がある。その上で，BとCのどちらが占有すべき権利 (本権) を持つかを決定すればよい。このように，とりあえずBの奪われた占有を回復して社会秩序を維持するために占有の訴えが認められているのである。このことは，正当な権利者で

---

12)　占有の訴えの沿革については，川島＝川井・新版注民 (7) 243頁以下参照 [広中俊雄・中村哲也]。

あっても，国家の定める手続によらないで自力を用いて自己の権利の防衛や実現を図ることができないということ，すなわち自力救済が禁止されることを意味している＊。なお，このような占有の訴えの機能からすると，占有が侵害された場合には迅速な保護を与えるための手続が用意されていなければならないが，わが国では占有の訴えに特別の迅速的な訴訟手続は認められておらず，民事保全法の定める仮処分がその役割を果たしている。

＊判例は，自力救済を全面的に禁止してはおらず，一般論ではあるが，特別な事情がある場合には例外的に認めている。すなわち，「私力の行使は，原則として法の禁止するところであるが，法律に定める手続によったのでは，権利に対する違法な侵害に対抗して現状を維持することが不可能又は著しく困難であると認められる緊急やむを得ない特別の事情が存する場合においてのみ，その必要の限度を超えない範囲内で，例外的に許される」としている（最判昭40・12・7民集19巻9号2101頁）。

(2)　本権者の保護

2つは，本権を保護する機能である。すなわち，所有権などの物権たる本権を持っている者は，物権に基づいて侵害の排除や予防を請求することができるが，そのためには物権を持っていることの立証が必要となる。この立証が困難なときには，占有を根拠として占有の訴えにより妨害の排除や予防を請求することによって本権を保護することができる。しかし，今日では，登記や占有には本権を推定させる効力が認められているので，本権の立証はそれほど困難ではない。

(3)　債権的利用権者の保護

3つは，賃借人や使用借主などの債権的利用権者の保護という機能である。これらの利用権者は債権的な利用権しか持っていないので，物の利用を妨害されても本来物権的請求権を行使して妨害を排除することができない。しかし，債権的利用権者であっても物の利用を妨げられてはならないので，占有の訴えによって妨害の排除を求めることができる。もっとも，債権的利用権者の保護として最も重要な不動産賃借人の保護については，対抗要件を備えた賃借権に基づく妨害の停止や返還の請求が認められている（605条の4）。また，賃借人は，賃借権を被保全債権として賃貸人（所有者）の妨害排

除請求権（物権的請求権）を代位行使することができる（債権者代位権の転用→松井・債権**第4章1.5.2**参照）。

　以上のようにみてくると，占有の訴えの3つの機能は，実際にはそれほど大きな意味を持っているわけではないといえよう。

3.3.3　占有の訴えの当事者

(1)　占有の訴えの主体

　占有の訴えの主体（原告）は，占有者である（197条前段）。自主占有者，他主占有者いずれでもよい。占有者が本権を持つかどうかも問わない。悪意の占有者も原告になることができる。自己占有者であると占有代理人による占有者であるとを問わない。しかし，占有補助者は，独立の所持を有していないので，占有の訴えをすることができない。受寄者や受任者などの他人のために占有をする者（占有代理人）も，原告になることができる（同条後段）。

(2)　占有の訴えの相手方

　占有の訴えの相手方（被告）は，占有の侵害者である。しかし，誰が侵害者であるかについては，占有侵害の排除請求と損害賠償の請求とで区別して考えられる。

　(ｱ)　**占有侵害の排除請求の相手方**　　妨害の停止（198条）・妨害の予防（199条）・物の返還（200条1項）の請求を受ける相手方は，それぞれ現に妨害をなし，妨害をなすおそれがあり，物を所持する者である。ただし，物の返還請求の相手方については，200条2項の特別規定がある（→**3.3.4**(3)(ｱ)参照）。占有の侵害について侵害者の故意・過失を必要としない。また，占有侵害を自ら引き起こした者であっても現在占有を侵害していなければ相手方にすることはできない（盗品を他人の引き渡してしまった泥棒など）。

　(ｲ)　**損害賠償請求の相手方**　　損害賠償請求の相手方は，侵害によって自ら損害を発生させた者およびその包括承継人（相続人）であり，特定承継人（侵奪された物の譲受人など）は相手方にならない。損害賠償の請求には，相手方の故意・過失を要件とする。

3.3.4　占有の訴えの種類

　占有の訴えの種類には，①占有保持の訴え，②占有保全の訴え，③占有回収の訴えの3つがある。

(1)　占有保持の訴え

　(ｱ)　**意　義**　　占有者がその占有を妨害されたときは，妨害の停止と損害の賠償を請求することができる (198条)。この占有者の妨害停止と損害賠償を請求することができる権利を**占有保持の訴え**という。物権的妨害排除請求権に対応するものである。占有の妨害とは，占有の侵奪と違って部分的な侵害を意味し，占有者がなお占有を保持する場合である。占有の妨害は主として不動産について生じる。例えば，Aが占有している甲土地に，建築業者Bが所有する建築資材を放置している場合である。

　(ｲ)　**内　容**　　占有保持の訴えの内容は，妨害の停止と損害賠償の請求である。妨害の停止とは，妨害者の費用でもって妨害を排除し，妨害前の状態に戻すことであると解されている (大判大5・7・22民録22輯1585頁)。妨害が相手方の責めに帰すべき事由によらないで生じた場合に，妨害の停止に必要な費用を妨害者と占有者のどちらが負担すべきかについて，学説は分かれているが (行為請求権説と忍容請求権説)，これについては物権的請求権で述べたところに譲る (→第2章 **2.3** 参照)。損害賠償請求権は，前述したように，その性質は709条の不法行為に基づく損害賠償請求権であり，その要件は不法行為の要件に従う。

　(ｳ)　**訴えの提起期間**　　占有保持の訴えは，妨害の存する間またはその消滅後1年以内に提起しなければならない (201条1項本文)＊。しかし，妨害が存続していてもそれが工事によって生じた場合には，工事着手の時から1年を経過しまたは工事が完成したときは，この訴えを提起することができない (同項ただし書)。この期間制限は損害賠償請求にも適用される。なお，これらの期間は，いずれも除斥期間である。

＊妨害の停止は妨害が消滅した後には請求することができないから，妨害の消滅後1年以内というのは，損害賠償の請求に関わるものであると解されている。すなわち，妨害の消滅後は妨害の停止を求めることができず，ただ損害賠償だけが妨害の消滅後1年以内に求めることができると解されている。し

かし，この説に対しては，次のような異なる見解が主張されている。占有妨害を動的妨害（占有妨害行為）と静的妨害（占有妨害行為によって生じた妨害状態）に分け（例えば，Aの占有地に隣地の所有者Bがゴミを投棄している場合，投棄行為が動的妨害（占有妨害行為）であり，投棄されたゴミの堆積が静的妨害（占有妨害行為によって生じた妨害状態）である），動的妨害と静的妨害が生じている場合には，動的妨害が続く限り，つまり（動的）妨害の存する間，その停止とすでに生じている静的妨害の除去を求めることができ，動的妨害が消滅してから1年を経過するまで，つまり（動的）妨害の消滅後1年以内は，静的妨害の除去を求めることができるとする説である[13]。この見解が実際的であり，妥当であろう。

(2) 占有保全の訴え

(ア) 意　義

占有者がその占有を妨害されるおそれがあるときは，妨害の予防または損害賠償の担保を請求することができる（199条）。この占有者の妨害の予防または損害賠償の担保を請求することができる権利を**占有保全の訴え**という。例えば，Aが占有する甲土地に隣地のB所有の建物が倒壊しかかっている場合に，AがBに対して建物の倒壊防止の措置を求めることである。物権的妨害予防請求権に対応するものである。占有保全の訴えは，過去に生じた妨害が再発するおそれがある場合と初めて妨害が発生するおそれがある場合とを問わない。しかし，妨害のおそれは主観的なものではなく，高度の蓋然性のあるものでなければならない。

(イ)　**内　容**　　占有保全の訴えの内容は，妨害の予防または損害賠償の担保の請求である。両者のどちらかの選択的請求である。損害賠償の担保の種類には制限がなく，金銭の供託，保証人を立てること，抵当権を設定することなどいずれでもよい。損害賠償の担保は，将来の損害発生に備えて予め提供させるものであるので，担保の請求に当たっては損害発生のおそれについて相手方に故意または過失があることを必要としない。しかし，現実に損害が発生した場合に損害賠償請求ができるかどうかは，相手方の故意または過失を必要とする。

(ウ)　**訴えの提起期間**　　占有保全の訴えは，妨害の危険の存する間は提起

---

13)　広中・339頁。

することができる。しかし，工事によって占有物に損害を生じるおそれがあるときは，占有保持の訴えと同様に，工事に着手した時から1年を経過しまたは工事が完成したときは，この訴えを提起することができない（201条2項）。この1年も除斥期間である。

(3)　占有回収の訴え

(ア)　**意　義**　(a)　**占有侵奪**　占有者がその占有を奪われたときは，その物の返還と損害の賠償を請求することができる（200条1項）。この占有者の物の返還と損害の賠償を請求することができる権利を**占有回収の訴え**という。物権的返還請求権に対応するものである。占有回収の訴えは，占有侵奪の場合に提起することができる。占有侵奪とは，占有者がその意思に反して所持を失ったことをいう（大判大11・11・27民集1巻692頁）。したがって，占有者が欺かれて占有物を引き渡したり，賃借人が賃貸借終了後も占有を継続するなどの場合には，占有侵奪があるとはいえない。占有代理人によって占有する者について占有侵奪があったか否かは，占有代理人について判断される。Aが占有代理人Bによって物を占有している場合に，BがCによって占有を奪われたときは，AはCに対して，自己への返還を請求することもBへの返還を請求することもできる[14]。

(b)　**訴えの相手方**　侵奪者が物を第三者に占有させている場合（例えば侵奪者が物を第三者に賃貸している場合）には，侵奪者自身に対する占有回収の訴えが認められる（大判昭5・5・3民集9巻441頁）。侵奪者の占有が代理占有によって継続しているからである。問題は，その第三者（占有代理人）に対する占有回収の訴えが認められるかであるが，判例は，次に述べる200条2項の特定承継人に代理占有者も含まれると解している（大判昭19・2・18民集23巻64頁）。

占有回収の訴えは，占有侵奪者の特定承継人（占有侵奪者から侵奪された物の占有を引き継いだ人，例えば盗品の買受人・賃借人・受寄者など）に対しては提起することができない（200条2項本文）。ただし，その承継人が侵奪の事実を知っていたとき（悪意のとき）には，この者に対して占有回収の訴えを提起することができる（同項ただし書）。「侵奪の事実を知っていた」といえるためには，

---

14)　広中・356頁。

特定承継人が何らかの形で侵奪があったことについて認識していることが必要であり，占有侵奪の可能性を認識している程度では不十分とされる（最判昭56・3・19民集35巻2号171頁）。いったん善意の特定承継人の占有に帰したならば，その後の特定承継人が悪意であっても，その者に対して占有回収の訴えを提起することができない（大判昭13・12・26民集17巻2835頁）。善意の特定承継人による物の支配状態が築かれた以上，占有侵奪の瑕疵は消滅し，新たに完全な物の支配状態が生じているので，その後の特定承継人の善意・悪意は問うべきではないからである。

　(イ)　**内　容**　　占有回収の訴えの内容は，物の返還と損害賠償の請求である。損害賠償は，占有を奪われたことによる損害の賠償であるので，物の価格によるべきではなく，物の占有の価格，したがって物の使用価格によって算定される。

　(ウ)　**訴えの提起期間**　　占有回収の訴えは，占有を奪われた時から1年以内に提起しなければならない（201条3項）。占有侵奪後1年も経過すると，通常新たな占有状態が形成されているからである。この1年も除斥期間である。

　(エ)　**交互侵奪**

【**設例Ⅵ-5**】　Bは駅前に自転車を止めていたところ，Aによってその自転車を盗まれた。Bは盗まれた自転車を探していたところ，ある日Aの家の前に自分の自転車が置かれているのを見つけ，それを勝手に持ち帰った。この場合に，AはBに対して占有回収の訴えを提起して，自転車の返還を請求することができるか。

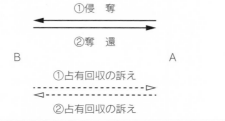

　交互侵奪（相互侵奪）とは，【**設例Ⅵ-5**】においてBの自転車に対する占有がAによって奪われたので，BがAから奪い返したというように，占有侵

奪行為が交互（相互）に行われた場合をいう。この場合，Ｂは，当初の侵奪者Ａに対して占有回収の訴えを提起することができる。しかし，その後Ｂはａから自転車を奪い返したので，Ａの自転車に対する占有を侵奪したことになる。そのため，ＡのＢに対する占有回収の訴えが可能かどうか問題となる。

　この問題について，判例は，占有訴権の行使については占有者の悪意・善意は問題にならないので，悪意の占有者ＡはＢに対して占有回収の訴えを提起することができるとする（大判大13・5・22民集3巻224頁［百選Ⅰ5版補-68]）。これに対し，学説は，Ａの侵奪行為から1年を経過しておらず，Ｂが占有回収の訴えを提起できる場合には，Ａの占有回収の訴えを認めるべきでないとするのが通説である。その理由として，①Ａの占有回収の訴えを認めても，Ａの侵奪行為から1年以内であれば，Ｂは改めて占有回収の訴えを提起して奪われた物を取り戻すことができるので（201条3項），訴訟手続上不経済であること，②Ａの侵奪の方がＢの奪還よりも非難の度合いが大きいこと，③Ａの侵奪行為から1年以内であればＢの当初の占有はまだ継続しており，Ｂの奪還行為は占有秩序の回復として保護されるべきであることがあげられている。これに対し，通説のように解すると，結局Ｂの自力救済を認めたことになるので，Ａの占有回収の訴えを認めるべきであるとする有力説もある。

　＊交互侵奪であっても，【設例Ⅵ-5】のＢの自転車の奪還行為が自力救済の禁止に反しない場合には，ＢはＡの自転車の占有を奪ったことにはならないので，Ａの占有回収の訴えは認められない。判例によれば，自力救済は，「法律に定める手続によったのでは，権利に対する違法な侵害に対抗して現状を維持することが不可能又は著しく困難であると認められる緊急やむを得ない特別の事情が存する場合においてのみ，その必要の限度を超えない範囲内で，例外的に許される」（前掲最判昭40・12・7）。また，Ａが自転車を盗んでから1年経過後にＢが自転車を奪い返した場合には，201条3項によりＢのＡに対する占有回収の訴えは認められないから，Ａの占有回収の訴えのみが認められる。

3.3.5　占有の訴えと本権の訴えの関係

　占有の訴えは，占有という物の事実的支配状態をそのまま保護することを目的とするものである。これに対し，**本権の訴え**は，所有権や地上権などの物の支配を正当化づける観念的な権利（本権）に基づく訴えをいい，物のあるべき支配状態の回復を目的とするものである。具体的には，所有権や地上権などに基づく物権的請求権を指す。この2つの訴えの関係を定めたものが202条である。まず同条1項は，占有の訴えと本権の訴えは別個のものであり，両者は互いに無関係に取り扱われなければならないことを定めている。また，同条2項は，占有の訴えを本権に基づいて裁判することができないことを定めている。

(1)　占有権と本権が同一人に帰属する場合

　202条1項は，「占有の訴えは本権の訴えを妨げず，また，本権の訴えは占有の訴えを妨げない」と定めている。これは，占有権と本権が同一人に帰属する場合における占有の訴えと本権の訴えの関係について定めるものである。これによれば，例えば所有者Aが自己の占有物をBに奪われた場合には，所有権に基づく返還請求権（本権の訴え）と占有回収の訴え（占有の訴え）の2つの訴えが成立するので，AはBに対して，本権の訴えと占有の訴えを同時に提起してもよいし，別々に提起してもよい。さらに一方の訴えで敗訴しても，他方の訴えを提起することができる。この202条1項は，占有の訴えは物の事実的支配の保護を目的とするものであるので，物の支配を正当化づける観念的な本権の保護を目的とする本権の訴えとは関係がないということを前提にした規定である＊。

＊本文で述べた考え方は，民事訴訟法学において旧訴訟物論といわれる旧来の立場に立ったものである。旧訴訟物論では占有の訴えと本権の訴えはそれぞれ別個の訴訟物になると解されるので，本文のような考え方になる。これに対し，新訴訟物論といわれる立場では，占有の訴えと本権の訴えは，侵奪者に対する物の返還という1個の給付を求めることのできる所有者の法的地位に関する2つの根拠であると解する。そこでは，訴訟物は1つであり，物の返還という1個の給付が訴訟物ということになる。この新訴訟物論の立場では，占有の訴えと本権の訴えの一方を主張して訴訟を起こしている所有者がさらに他方を主張して別の訴えを提起することは二重訴訟（民訴142条）とし

て認められない。また，一方のみを主張して敗訴した所有者がさらに他方を主張して訴えを提起することも，敗訴判決の既判力が及ぶために認められないことになる（→民事訴訟法の教科書・参考書参照）。このような考え方が民事訴訟法学はもとより，民法学でも有力になっている。しかし，この考え方は202条1項の規定と矛盾することになり，妥当ではないとする批判も出されている。

(2)　占有権と本権が別人に帰属する場合

202条2項は，「占有の訴えについては，本権に関する理由に基づいて裁判をすることができない」と定めている。これは，占有権と本権が別人に帰属する場合における占有の訴えと本権の関係について規定するものである。例えば，Aの所有地甲を無権原で占有しているBの抗議を無視して，Aが木材を運び入れた場合に，Bが占有の訴え（占有保持の訴え）を提起して木材の除去を求めたとき，裁判所は，Aが甲土地の所有権を有することを理由にBの請求の可否を判断することができない。占有権と本権が全く別個のものである以上，占有の訴えの行使の場合に本権の有無を考慮して判断を下すことは許されないからである。したがって，上の例では，Aは占有の訴えにおいては敗訴するが，AがBに対し本権の訴え（所有権に基づく甲地の返還請求の訴え）を起こせば勝訴できるので，最終的には本権の訴えによって決着が付くことになる。

このように，Bの占有の訴えの相手方Aは，202条2項により自己に本権（所有権）があることを抗弁として主張することはできない。これに対し，占有の訴えの中で本権に基づく反訴（所有権に基づく甲土地の返還請求の反訴）を提起することは認められている（最判昭40・3・4民集19巻2号197頁［百選Ⅰ8版-70]）（抗弁や反訴については→民事訴訟法の教科書・参考書参照）。

第4節　占有権の消滅

占有権は，目的物の滅失という物権一般に共通な事由によって消滅する。しかし，消滅時効や混同（179条3項）によっては消滅しない。占有権に特殊

な消滅事由は，次のとおりである。

4.1 　自己占有の消滅事由

　占有者の直接の所持によって成立する自己占有は，次の事由によって消滅する。

4.1.1　占有意思の放棄

　占有権は，占有者が占有意思を放棄することによって消滅する（203条本文）。占有意思の放棄とは，占有者が自己のためにする意思を持たないことを積極的に表示することをいう。占有権は占有意思と物の所持によって成立するが，占有意思は占有権の成立要件にとどまり，占有権の存続要件ではない。しかし，占有者が積極的に占有意思を放棄するときには，占有権は当然に消滅することになる。

4.1.2　占有物の所持の喪失

　占有権は，占有者が占有物の所持を失うことによって消滅する（203条本文）。所持は占有権の中心的な要件であるので，所持の喪失によって占有権は消滅することになる。ただし，占有者が占有回収の訴えを提起し，これに勝訴した場合には，占有権は消滅しなかったものとされる（同条ただし書）。

4.2 　代理占有の消滅事由

　占有代理人の所持によって成立する代理占有は，次の事由によって消滅する（204条1項）。第1は，本人が占有代理人に占有させる意思を放棄したことである。この放棄の意思は，積極的に表示されることが必要である。第2は，占有代理人が本人に対して以後自己または第三者のために占有物を所持する意思を表示したことである。これは，占有代理人の本人のためにする意思の欠如であり，第1の事由とともに，代理占有を存続させる必要性がなくなる事由である[15]。第3は，占有代理人が占有物の所持を失ったことである。

　なお，代理占有は，代理権の消滅のみによっては消滅しない（同条2項）。ここでいう「代理権」とは，賃貸借や寄託などの代理占有を生じる原因となった法律関係をいう。したがって，この規定は，例えば賃貸借契約が終了した場合のように，本人と占有代理人との間の占有代理関係を発生させた法律関係が消滅しても，代理占有そのものは当然に消滅しないことを定めたものである。

第5節　準占有

　占有は物の事実的支配状態に関わるものであるが，財産権についてもその事実的支配状態を考えることができる。そして，権利者でない者が自己のためにする意思をもって財産権を行使することを**準占有**という。

　「財産権の行使」とは，財産権がその人に帰属しているとみられる外形的な関係があることをいい，占有における「所持」に該当する。また，「自己のためにする意思」は，財産権を自己の利益のために行使する意思をいい，占有における「占有意思」に当たる。それは占有の場合と同様に客観的に判断される。

　準占有の認められる権利は，物の占有を伴わない財産権であり，地役権・先取特権・抵当権・通常の債権・著作権・特許権・商標権などである。準占有には，占有に関する規定が準用される（205条）。本権の推定・果実の取得・費用償還請求・占有の訴えなどの規定の準用が考えられるが，具体的には準占有される財産権の性質によって判断される。これに対し，即時取得の規定は，動産取引の安全保護のために設けられたものであるので，準用されない。

15）　石口・476頁。

事項索引

判例索引

[著者紹介]

松 井 宏 興（まつい　ひろおき）

1970年　大阪市立大学法学部卒業
1976年　同大学大学院法学研究科博士課程単位取得満期退学，
　　　　甲南大学法学部講師，助教授，教授，
　　　　関西学院大学法学部教授，法科大学院教授を経て，
2016年　関西学院大学停年退職
現　在　甲南大学名誉教授

[主要著作]

『抵当制度の基礎理論』（法律文化社，1997年）
『民法の世界2　物権法』（編著，信山社，2002年）
『プリメール民法2　物権・担保物権法〔第3版〕』（共著，法律文化
　　社，2005年）
『導入対話による民法講義（債権総論）』（共著，不磨書房，2002年）
『導入対話による民法講義（物権法）〔第2版〕』（共著，不磨書房，
　　2005年）
『導入対話による民法講義（総則）〔第4版〕』（共著，不磨書房，
　　2007年）
『担保物権法〔第2版〕』（成文堂，2019年）
『債権総論〔第2版〕』（成文堂，2020年）

物権法〔第2版〕　　　　　　　　　　　　［民法講義2］

2017年1月10日　　初　版第1刷発行
2020年12月1日　　第2版第1刷発行

著　　者　　松 井 宏 興

発 行 者　　阿 部 成 一

〒 162-0041　東京都新宿区早稲田鶴巻町514

発 行 所　株式会社　成 文 堂

電話 03（3203）9201（代）　Fax 03（3203）9206
http://www.seibundoh.co.jp

製版・印刷　シナノ印刷　　　　　　　製本　弘伸製本
☆乱丁・落丁本はおとりかえいたします☆
©2020　H. Matsui　　　　　　　　Printed in Japan
ISBN978-4-7923-2760-6　C3032

定価（本体2700円＋税）